《广州大典研究》编委会

廣州大典研究

STUDIES ON GUANGZHOU ENCYCLOPEDIA
（2021 No.2）Vol.8

二〇二一年第二辑　总第八辑

主编　刘平清

国家图书馆出版社

图书在版编目（CIP）数据

广州大典研究 . 2021 年 . 第 2 辑：总第 8 辑 / 刘平清
主编 . — 北京：国家图书馆出版社，2021.12
ISBN 978-7-5013-7389-5

Ⅰ . ①广… Ⅱ . ①刘… Ⅲ . ①地方文献—研究—广州
Ⅳ . ① K296.51

中国版本图书馆 CIP 数据核字（2021）第 212172 号

书　　名　广州大典研究（2021 年第 2 辑　总第 8 辑）
著　　者　刘平清　主编
责任编辑　王　晓
封面设计　程言工作室

出版发行　国家图书馆出版社（北京市西城区文津街 7 号　100034）
　　　　　（原书目文献出版社　北京图书馆出版社）
　　　　　010-66114536　63802249　nlcpress@nlc.cn（邮购）
网　　址　http://www.nlcpress.com
排　　版　九章文化
印　　装　北京金康利印刷有限公司
版次印次　2021 年 12 月第 1 版　2021 年 12 月第 1 次印刷

开　　本　710×1000　1/16
印　　张　17.75
字　　数　281 千字
书　　号　ISBN 978-7-5013-7389-5
定　　价　88.00 元

卷首语

本辑共收录文章18篇，分为"广州十三行印章印迹整理研究"特约栏目和"文献天地""综合研究""民国专题""研究动态"四个栏目。

"广州十三行印章印迹整理研究"特约栏目为本集刊首次设置，成为新增的一大亮点。集刊编辑部邀请到澳门科技大学社会和文化研究所访问教授、博士生导师冷东作为专栏主持学者。冷东教授在广州十三行领域研究成果丰硕，是国内相关研究领域的权威专家。此次冷东教授研究团队主要围绕广州十三行历史文献资料中目前研究相对薄弱的印章印迹进行多方位探讨，通过整理考证档案文献及图录上的印章印迹等，进而研究以广州十三行为代表的中国古代商会组织、贸易体系、规则机制及中西文化交流等方面内容。专栏下有5篇文章，其中《广州十三行印章印迹整理研究评析》一文，从广州十三行印章印迹相关文献资料整理成果、学术研究成果及社会影响三个角度进行梳理，呈现出整体概览式的介绍。《广州十三行伍氏家族印章印迹辑考》一文，以长期担任十三行总商的伍氏家族印章印迹为研究对象，首先梳理了相关研究现状，并对新发现的伍氏家族印章印迹进行考证，得知伍氏家族先后建立的源顺行和怡和行都使用了不同印章，还产生了许多不同形式的标识印记，得以初步填补伍氏家族印章印迹研究方面的空白。《广州十三行之东裕行》一文，通过结合新发掘的东裕行英文签字及英国东印度公司帮助东裕行租赁广东官田的史料，对东裕行的基本情况、商业经营等方面进行了详尽的分析和叙述，反映出一个家族和商行在历史巨变过程中留下的痕迹。《飘扬的印迹：广州十三行与中西旗帜文化交流》一文，则以广州十三行商馆区的旗帜为切入点，从旗帜文化中以小见大，分析在特定时期中西方文化的交流与冲突。《鸦片走私文献的铁证》一文，依托在英国剑桥大学图书馆藏怡和洋行中文档案中发现的一份鸦片走私贸易原始文献，具体分析了文献内容、格式、涉及人物，并还原出当时所进行的鸦片走私贸易过程。

"文献天地"栏目收录3篇文章。其中《明代岭南文人黎贞年谱》一文作者即是第6辑中《〈明代黎贞著作考〉补遗》一文题中《明代黎贞著作考》的作者之一。黎贞作为元末明初具有独特代表性的岭南文人，生平事迹甚少为人所知，该文参考了黎贞本人所著文集、相关县志资料及黎氏族谱等文献资料，得以将黎贞生平较为清晰、完整地呈现出来。《温汝能〈粤东诗海〉与清代中叶广东文化认同的再塑造》一文，通过考察《粤东诗海》的编纂缘由、选诗原则及其微言大义，探讨在19世纪初广东学术文风转变前期这一阶段，广东士人通过对广东文献的辑录、编纂等方式，再次构建广东地域文化认同的过程。《〈秌音集〉：岭南词人陈洵与黎国廉的唱和之歌》一文具体考察了陈洵与黎国廉的交游过程及二人填词唱和的形式，论述了《秌音集》两个版本的细微差异，并结合时代背景对词人心路历程进行了详细分析。

"综合研究"栏目收录6篇文章，各有千秋。《区域藏书史的学术传承与问题意识：以广东藏书史为中心的初步思考》一文认为，藏书史研究的新出路之一是从"地方藏书史"走向"区域藏书史"，结合广东藏书史探索新的叙事可能。《"四书"拉丁文译本：从广州译稿到巴黎刊印本》一文主要围绕来华耶稣会士在广州期间完成的《大学》《中庸》《论语》拉丁文译稿与经柏应理校订、最终在巴黎出版的两个文本做具体对比研究，为中外文化交流及耶稣会士在中学西传中的角色的相关历史研究提供参考。《清前期增城县土地清丈的实施流程与人役组织——〈增城县清田集〉初探》一文则详细梳理了《增城县清田集》的整体内容，探讨清康熙后期广州府增城县土地清丈实施流程的具体细节和人役组织构成，考察土地清丈对当地赋税秩序重建的作用。《清末粤方言白话报刊语词札记》一文以清末两种在广州创刊的粤语白话报刊为中心，举例考察其中所用的若干方言语词，以此为材料研究清末广州方言口语特有的面貌特征。《近代西方文献所见的"爱情溪"位置及航行问题研究》一文否定了"爱情溪"磨碟沙涌及黄埔涌两种位置误说，考定其方位当为今赤岗涌的位置，并对外国人在"爱情溪"的航行情况进行论述，还探讨了近代"弗利德水道"与"爱情溪"混淆的背景及原因。《关赓麟和他的〈东游考察学校记〉》一文分上下两篇，文章通过对相关史料的详细考证，串联并勾勒出一个近代广州青年对日本的细微观察与思考。本辑刊出上篇，主要内容为关赓麟生平概说、近代留日兴起与广东选派学子赴日的缘起、《东游考察学校记》篇章序跋和《日本学校图论》的关系，对人物生平、时代背景和主要文献进行系统梳理。

"民国专题"栏目收录3篇文章。《汪伪统治下的伪省立广东大学》一文对汪伪统治下的伪省立广东大学的成立背景、机构设置、师生来源、办学宗旨和教学研究等方面进行探究。《梁寒操的三次新疆之行》一文，对曾任国民党中央党部书记长等职的梁寒操的三次新疆之行进行梳理，简要述评其背景、行程和意义等，细节较为详尽，从侧面反映了所属时期的特殊历史背景。《韦瀚章的艺术歌词与民国歌词学的发生》一文，对在清末民初文学改良和音乐改良运动中，与韦瀚章有重要关涉的中国歌词文体的独立过程，《宋词选注》与韦瀚章歌词中的古典词曲印象，歌词创作的"三项原则"（音、情、文相生）等议题进行了比较细致的梳理和分析，肯定了韦瀚章在理论和实践上所做出的历史贡献。

"研究动态"栏目收录《广州高第街许氏家族研究综述》，由许氏族人执笔，对近年来学界关于许氏家族及其族人的研究与讨论进行了分类梳理，是对广州大典研究中心即将于2022年举办的"广州许氏家族与中国社会近代化研讨会"的一个预热，期待学界对曾经的"广州第一家族"历史有更精彩的发掘和研究。

本辑文章征集工作始于2021年初，随着新冠肺炎疫情逐渐得到控制，原预计相关工作将按部就班地顺利开展，未曾想狡猾的病毒于5月底正面袭穗，并持续近一个月。因配合防疫，多项工作进度受到影响，也正因如此，在这次疫情阻击战中，我们切实感受到了大家的坚守与信念。经历过种种困难，终于盼到本辑的最终出版，唯愿今后所遇皆安，顺遂无虞。

蒋 方

2021 年 12 月

目 录
CONTENTS

民国专题

研究动态

特约栏目：
广州十三行印章印迹整理研究

按语：2016年10月13日，"《广州大典》与广州历史文献保护学术研讨会"在广州图书馆举行。时任广州市人大常委会主任、《广州大典》主编陈建华同志在讲话中提出，希望能够将"广州十三行"起源及名称、概念考证清楚。对此，冷东教授研究团队另辟蹊径，从印章印迹的角度来进行研究，经过五年的努力，这一冷门绝学领域已经取得了进展，本栏目的一组文章即是部分阶段性成果，希望得到各方专家的批评指正。

广州十三行印章印迹整理研究评析[*]

沈晓鸣[**]

澳门科技大学，澳门，999078

摘　要：印章的使用是人类活动的普遍现象。以广州十三行为中心的中外商民，曾在海外贸易和文化交流中广泛应用印章。尽管绝大多数印章实体已经遗失，但是经过世界范围的搜罗汇辑，大量档案文献遗存的印章印迹依然鲜红清晰。这是十三行的文化印记，也是十三行历史文献资料的重要组成部分，同样值得重视和研究。相比官私印章在中国玺印学中已取得的丰硕成果，包括广州十三行在内的中国古代商务印章资料建设和学术研究却几近空白，属于十三行学术领域的薄弱环节。整理考证档案文献及图录上的印章印迹，对研究包括广州十三行在内的中国古代商帮组织、贸易体系、规则机制的发展变化及其影响作用，以及玺印学和中国商帮印章文化比较研究，具有重要的意义和影响。

关键词：冷门绝学；印章印迹；广州十三行

从乾隆二十二年（1757）实行"一口通商"政策至道光二十二年（1842）《南京条约》签订，清朝通过粤海关实行"以官制商、以商制夷"的外贸体制，其管理的行会组织，无论学术界还是社会民众皆已习惯称

---

* 本文为2020年度国家社科基金冷门绝学研究专项"广州十三行印章印迹整理研究"（批准号：20VJXG005）阶段性成果、2021年度广东省普通高校人文社会科学省市共建重点研究基地嘉应学院客家研究院特别委托课题"清代梅州商业用印比较研究"（批准号：21KYKT13）阶段性成果。

** 沈晓鸣（1987—　　），男，汉族，广东广州人，澳门科技大学社会和文化研究所博士研究生。

之为"十三行",似乎已成定论①。但是"十三行"之名最早起始于何时?为何冠以"十三行"之名?这又是学术界"一个没有解决的历史疑案"②。2016年10月13日,"《广州大典》与广州历史文献保护学术研讨会"在广州图书馆10楼大会议室举行。时任广州市人大常委会主任、《广州大典》主编陈建华同志在讲话中提出,希望能够将"广州十三行"起源及名称概念考证清楚。为探讨这些问题,以冷东教授为首的研究团队以印章印迹的角度来进行研究。经过五年的努力,在这一"冷门绝学"领域已经取得了阶段性成果。

一 资料建设初见成效

印章是人们思想艺术的物质载体,是人类文明的留存痕迹,在行政管理、商贸经济、文化生活领域发挥着重要作用。古今中外,概莫能外。中华民族印章文化源远流长,堪为中国历史文化的典型标识。其数量丰富,内容宏博,遂成专学绝艺,亦为公私所珍视而竞相庋藏研习。

广州十三行的资料建设已经取得丰富成果,但是印章印迹的整理却近乎空白,是其薄弱环节。究其原因,主要是印章实体在漫漫历史长河中不知所终,留有印章印迹的文献保存至今日者也相当珍稀,又分散于国内外众多档案馆、博物馆、图书馆之中,寻觅起来十分困难。近年来,有志者多次访问保留有广州十三行商务印章印迹资料的英国、葡萄牙、西班牙、荷兰、法国、美国、瑞典、丹麦、奥地利、德国、意大利、澳大利亚等国家及中国香港、澳门、台湾等地区的高等院校及文博部门,整理出部分文献成果:

1.冷东、梁承邺、潘剑芬主编,叶霭云、邢思琳副主编:《广州十三

---

① 明末清初人屈大均的著作《广东新语》中收录的《广州竹枝词》,已有"洋船争出是官商,十字门开向二洋。五丝八丝广缎好,银钱堆满十三行"的诗句,从此"十三行"的名称延续至今,为学界及民众所接受。(清)屈大均:《广东新语》,中华书局,1985年,第427页;另参见冷东:《"十三行与清代中外关系"国际学术研讨会综述》,《广州大学学报(社会科学版)》2012年第4期,第92—96页。

② 彭泽益:《清代广东洋行制度的起源》,《历史研究》1957年第1期,第1—24页;彭泽益:《广州十三行续探》,《历史研究》1981年第4期,第110—125页。

行天宝行海外珍稀文献汇编》（广东人民出版社2019年版）。该书共44万字，精选与广州十三行之天宝行有关的海外原始档案200余份。全书分为四编，从天宝行印章画押、天宝行直接贸易文献、天宝行参与十三行管理文献、天宝行前后时代相关文献四个角度，对收藏于英国国家档案馆和英国剑桥大学图书馆等公共文化机构的关于天宝行的历史档案文献资料进行梳理辑析，是在印章印迹基础上研究天宝行存世时期的历史背景及重大历史事件的资料成果。本书收录档案的价值，诚如中山大学黄启臣教授在序言中指出："这批首次发掘和首次影印出版的档案文献，对于进一步深化广州十三行特别天宝行的研究具有极其重要的历史价值。我们重新检阅之前研究出版有关天宝行的论著，就算是天宝行行主梁经国的第四代孙梁嘉彬所著的《广东十三行考》，也未曾利用过这批文献。所以这批档案文献的出版，对于天宝行的创立、商行地址、商行与外商贸易运作、商行与清朝官府的关系、商行与外商的关系等等问题，都会提供新的史料证据，有些文献还具填补空白的价值。"

2.李国荣、李黎、莫伟琼、冷东主编：《清代广州十三行编年史略》（岭南美术出版社2019年版）。该书共4册120万字，为首部广州十三行编年体例的工具书，依据翔实的皇家档案和文献典籍，上限为1647年，下限至1856年，展现清代广州十三行发展兴衰的历史脉络和面貌，成为研究广州十三行印章印迹的重要辅助工具。

3.冷东、潘剑芬、沈晓鸣主编：《英国剑桥大学图书馆藏怡和洋行中文商业档案辑考》（广西师范大学出版社2022年版）。该书汇辑了藏于剑桥大学图书馆的怡和洋行中文档案700余份，为首次整理出版。这批至今鲜有人利用的档案集中、系统地反映了怡和洋行早期在中国的发展过程，揭示了十三行商馆区变迁原始契约，展现了外国商行在中国的发展脉络，丰富了鸦片问题研究的史实，保留了广州珍贵图像资料，为中外关系史、中西商贸史、广州十三行等研究的深化提供了第一手资料。

英国怡和洋行（Jardine, Matheson & Company），前称查顿洋行，是最早进入中国的外国洋行之一。该洋行的创办人威廉·查顿（William Jardine, 1784—1843）与合伙人詹姆士·马地臣（James Matheson, 1796—1878）于1832年在广州租赁义和馆并开设查顿洋行，通过与广州十三行密切的商务往来发展壮大，成为日后影响世界的著名财团怡和洋行。怡和洋行保留了大量档案，后来捐给剑桥大学图书馆，设立了怡和洋行档案资料室，其中编号为MS JM/H系列的中文档案是由各种各样的商业、法律以及官方的中文档案组成的，内容提要如下：H1为贸易单据，1809—1914年，合计577件；H2为法律文件，1766—1868年，合计35件；H3为海关文件，1852—1866年，合计17件；H4为钱庄票据，1877年，合计15件；H5为官方文件，1830—1935年，合计41件；H6为其他文件，约1852—1885年。合计51件。所有档案总数736件并收入上述图书。

怡和洋行中文档案包含大量盖有印章的正式商业文书，与英国国家档案馆藏英国东印度公司广州商馆特选委员会FO 1048系列档案、葡萄牙东波塔档案馆藏清代澳门中文档案等互为补充印证，是研究广州十三行印章印迹的文献宝库。

二　学术研究取得突破

学术研究离不开原始资料的发掘和利用，失却这一基础，任何学术性原创工作都无法开展。在广州十三行和近代中西关系研究领域，越来越多的学者将视野投向海外收藏的相关中文档案。研究者们在英国、美国、葡萄牙等国家发掘的原始档案，为深化对广州十三行印章印迹的研究提供了资料准备。得益于此，学界目前已取得了一些阶段性成果：

1.冷东、罗章鑫：《"外洋会馆图记"之发现暨"十三行"正名考》（《古代文明》2018年第3期）。文章考证了2017年在英国剑桥大学图书馆和英国国家档案馆找到的"外洋会馆图记"印迹，即为广州十三行行会组织"公行"隐没已久的印章。"外洋会馆图记"是一枚复合型印章，"外洋"代表1760年成立的专管欧洲贸易的"外洋行"行会组织——"公行"；"会馆"代表当时的行会建筑"公所"，但是采用中国传统社会更加流行的"会馆"；"图记"是区别于玺、印、关防等公务印章的印文规制。依据这些档案并与其他文献参酌分析，"外洋行"是"十三行"的正名，而"十三行"其实是一个地理概念，以印章印迹为凭据作为制度和组织的"十三行"当开始于1760年。作为长期存在、发挥重要影响又由多家商行组成的商业组织，广州十三行是否有行会印章，过去没有任何资料证据和研究成果。这篇论文是广州十三行印章印迹研究的关键性成果，对考证十三行起源、十三行命名等问题具有重要意义。

2.邢思琳、冷东:《广州十三行之西成行补遗》(《暨南史学》第十七辑,暨南大学出版社2018年版)。文章通过对最新发掘的西成行海外原始档案进行分析,为学界提供了关于西成行的经营发展和衰落倒闭的更多信息,并探讨了西成行印章及用印程式,为广州十三行印章印迹增添了新的个案研究。

3.潘剑芬:《剑桥大学怡和洋行档案中的十三行潘宅买卖契约考释》(《暨南史学》第十八辑,暨南大学出版社2019年版)。文章讨论了英国剑桥大学图书馆藏怡和洋行档案中,与广州十三行商务往来的文献里面,最新发现的一批盖有广州十三行行商印章的回澜桥房屋买卖契约。其内容丰富,前后衔接,真实再现了清代广州房产交易的文书格式、买卖程序,是研究清代中外贸易和广州十三行商馆区的重要文献依据。

4.冷东、邢思琳:《罕见广州十三行商签字画押的发现》(《当代广州学评论》第五辑,社会科学文献出版社2019年版)。文章在对英国发现的一批新资料进行研究后发现,签字画押也是广州十三行商常用文书形式,对中外商贸活动及信息交流产生重要影响,甚至影响到英国东印度公司大班也使用了签字画押,是影响贸易文书制度和中西文化交流的宝贵例证。

5.冷东、邢思琳:《清代广州十三行之福隆行》(《中国经济史评论》2019年第1期)。文章利用最新发现的有关福隆行的海外原始档案,使学界对福隆行的印章印迹、盛衰过程有了更多了解,并为广州十三行印章印迹研究再添新的个案。

6.冷东、潘剑芬:《英国怡和洋行中文档案价值初探》(《历史档案》2019年第4期)。文章梳理介绍了英国剑桥大学图书馆收藏的这批档案文献,特别介绍了这批正式商业文书中丰富的印章相关内容,突出了怡和洋行档案对研究广州十三行印章印迹所具有的重要文献和学术价值。

7.冷东、潘剑芬:《广州十三行天宝行印章的发现及其意义》(《广州文博》第十三辑,文物出版社2020年版)。文章通过收集考证海内外关于天宝行的档案文献,使消失数百年的天宝行印章印迹重见天日,印证了商行发展阶段,揭示了贸易模式特点,拓展了海外文献资源,填补了该研究领域的空白。

8.冷东、邢思琳:《清代中期英国东印度公司在澳门印行的二份中文传单》(《澳门研究》2020年第3期)。文章提出在19世纪中英商贸及文化领域的交流、纠纷和交涉中，从马戛尔尼访华到洪任辉天津告状，英国一直努力昭示着自己的主见、号召与呈请，力图改善或者突破清代的商贸管理体制和文化隔阂。英国东印度公司广州商馆大班马治平与马礼逊联袂完成的中英文《大英国人事略说》长文及其以"告白"形式出现的精简版本，以中文活字印刷品的形式在中国国内散发，在中国朝野引起一定反响，甚至得到道光皇帝的御览，初具了英国对中国政治宣言的色彩，并在其后的鸦片战争和《南京条约》中最终完成其内容中的目的，成为研究中英关系及澳门印刷史的重要历史文献。

9.邢思琳：《广州十三行同文（孚）行印章印记研究》(2020年广州大学硕士毕业论文)。论文基于海内外档案文献，考证了消失数百年的同文（孚）行印章印记，通过印章印记印证了商行各阶段的变迁，并理清了该行商的往来文书格式，补充了过往同文（孚）行研究的不足，是广州十三行同文（孚）行研究的新成果。

10.冷东、邢思琳：《从一封信管窥19世纪广州邮政》(《集邮博览》2018年第8期)。文章根据1801年美国"太平洋商人号"商船自澳门寄往广州的一封信件，考证了19世纪初期澳门与广州之间邮政网络鲜为人知的内容，也为中外印章印迹的比较提供了翔实有趣的个案，凸显了印章在中外文书传递中的重要作用。

11.邢思琳、冷东：《英国发现清代嘉庆朝南海县衙告示考释》(《广州文博》第十四辑，文物出版社2021年版)。文章考证了英国国家档案馆收藏的一份清代嘉庆朝南海县衙纸质告示。告示针对清代中期广州十三行商馆区特有的中外商业纠纷事件，宣示了清代严格的涉外管理制度，揭示了广州城市经济生活的活跃，提供了外国商馆及商馆区的宝贵信息，特别是公告上加盖了南海县印，以及文中使用了勾、点、圈、拖长等多种"标朱"形式，显示了文书事关政通人和的功能，为作为清代管理十三行商馆区的要素之一的公务印章规制研究提供了宝贵的文献例证。

以上原创性的研究成果，特别是对"十三行"的正名，既填补了广州十三行印章印迹研究领域空白，也是向陈建华同志提出的研究目标交上的一份合格答卷。同时，研究成果也对一些争议领域提供了借鉴。

（一）正"十三行"之名

印章是身份和名称的信物，是权力和职能的标志，也是验明"十三行"正身的有力证据。十三行的名称经历了一个漫长的发展变化过程，如果以印章为标志，"外洋会馆图记"的发现，证明了"外洋行"才是"十三行"的正名；"外洋会馆图记"是外洋行的公章，表明了这一行会组织和制度的成熟。这是十三行研究的一个发展，今后应该将这一阶段的海外贸易制度和贸易组织定名为"外洋行"方为严谨科学。

（二）溯"十三行"之源

广州十三行最早起始于何时？这是自20世纪以来学术界一直存在争议的一个问题。主要有明代起源说、顺治四年（1647）起源说、康熙二十四年（1685）粤海关设立之前起源说、康熙二十四年（1685）粤海关设立之后起源说、康熙五十九年（1720）起源说、雍正五年（1727）起源说、乾隆二十五年（1760）起源说等。"外洋会馆图记"的发现，证明了"外洋行"是"十三行"的本名，因此"外洋行"成立之年1760年便是"十三行"在制度层面上的起源之年。

（三）核"十三行"之实

"十三行"名称的本义是什么？随着资料不断发现及研究的深入，我们对"十三行"名称的含义有了新的认识，清代广州"十三行"名称具有双重含义，既可以是指行商团体，也可以指行商从事对外贸易活动的一个特定的地域——广州的十三行商馆区。从目前查阅的英国档案文献来看，更加证实了"外洋行"商馆区的地理属性。同时十三行也逐渐成为这一行会组织的同义词，延续至今。

（四）扩"十三行"之军

除了行会公章"外洋会馆图记"，行会下属的单独行商有无自己的印章呢？该问题目前也取得了重要进展。梁嘉彬《广东十三行考》有《广东十三行行名、人名及行商事迹考》一章，记述历年中外文献所载洋行39家、茶行1家，合计40家。而上述冷东教授研究团队已经发掘了其中35家行商的印章印迹，只有茂生行林应奎、万成行沐士方、义成行叶上林、而益行石中和、丰进行倪宏文五家行商暂时没有发现印章印迹。

除了上述梁嘉彬提及的行商，在海外原始文献中还新发现了数十家十三行行商。关键问题在于如何判定是新发现的行商，还是与外国商人进行贸易的行外商人。研究团队主要基于几个角度进行考证：一是处于广州十三行的存世期限内（1685—1856）；二是与外国商人有稳定长期的直接贸易关系；三是有明确的以"行"命名的商号及商名后缀"官"；最重要的证据还是印章印迹。通过十三行印章印迹的研究，大大扩展了十三行行商队伍的规模，也为以后的深入研究打下基础。

（五）增《广州大典》之色

篆刻与金石书法是构成清代及民国学术文化的一个重要方面，向为广州行商及岭南学界所热衷。清代广州在古玺印的搜集和篆刻理论方面均取得了骄人的成就，这是行商与广州文人学者共同努力的结果。例如潘有为既是行商族人，也是清代著名学者翁方纲的弟子，其收藏书画鼎彝印纽甚富。有言："潘毅堂宦游京师，始博收鉨印回粤。看篆楼一谱，实为权舆，嘉惠于百粤印坛者不鲜。"[①]《广州大典》中亦收录了《绿杉轩集印》《听飀楼古铜印汇》《吉金斋古铜印谱》《风满楼古铜印谱》《宝琴斋古铜印汇》等与十三行行商家族相关的印谱多种。继续收集、研究、编纂广州十三行行商家族关于印章印迹方面的文献史料，可以进一步丰富《广州大典》与广州历史文化研究在篆刻学、玺印学等相关领域的内容。

三　社会影响有所提高

广州十三行是享誉世界的外贸体系和商人团体，而作为职权标志和身份信物的印章资料建设及研究却迟迟未开展，这影响了诸多关键领域研究的深入。经过多年的努力，现这一领域研究的社会影响日益扩大。

---

① 黄文宽：《寸草藏鉨跋》，冼玉清著，陈莉、谢光辉整理：《广东印谱考》（校订本），文物出版社，2010年，第41页。

（一）科研立项

科研项目是学术创新的重要依托。冷东教授领衔的研究团队在广州十三行印章印迹资料的收集整理、科研立项上取得诸多成果。该团队2017年成功申报国家社科基金重点项目"广州十三行与海上丝绸之路发展变化研究"，2019年以良好等级结项，同名书稿将由广州出版社出版；2018年广州海关项目《粤海关人文历史资源调研报告》顺利结项，成果待出版；2019年广州市海珠区文联项目《广州十三行天宝行海外珍稀文献汇编》定稿，已于同年由广东人民出版社出版；2019年北京用友公益基金会"商的长城"重点项目"英国怡和洋行中文商业档案整理研究"提前结项，书稿将由广西师范大学出版社出版；2019年《广州大典》与广州历史文化研究专项课题"广州十三行印章汇考"也已顺利结项。

值得一提的是，研究团队开展的新课题"广州十三行印章印迹整理研究"也顺利入选了2020年度国家社科基金冷门绝学研究专项。冷门学科主要是指一些学术关注度低、成果产出难、研究群体小的传统人文学科领域和研究方向；绝学是冷门学科中文化价值独特、学术门槛很高、研究难度极大、研究群体很小甚至后继无人的濒危学科。甲骨学、简牍学、敦煌学、古文字学、濒危语言（方言）研究、少数民族语言文字与历史研究（藏学、蒙古学、西夏学等）、特色地域文化研究、传统文献和出土文献整理与研究等，均属于冷门绝学的范围。本研究专项旨在重点支持对国家发展、文明传承、文化安全具有重要意义或填补空白，但目前投入不足、人才匮乏、研究断档、亟须抢救的冷门绝学，侧重人文基础研究，鼓励学者根据学术兴趣和学术积累运用新理论、新方法进行跨学科、跨领域研究。上述课题的入选，表明广州十三行印章印迹研究已经得到学界和社会的认可，也同时推动其攀登新的高度。

（二）科研获奖

科研获奖是学术评定和社会认可的重要标志。冷东、潘剑芬的《广州十三行天宝行印章的发现及其意义》（《广州文博》第十三辑，文物出版社2020年版），连续获得2019年广州地方志理论研讨活动征文一等奖、2020年广东方志理论研讨活动征文一等奖，是该领域研究取得的可喜成绩。

（三）咨询报告

将学术成果转化为咨询报告，供有关部门参考，是社会服务的重要内容。2018年3月5日，研究团队呈交的《十三行印章重见天日的报告》，获得时任广州市人大常委会主任、广州大典研究中心名誉主任陈建华同志的批复："十三行印章的发现，对推动十三行和清代广州外贸等研究具有重要意义。广州大典研究中心应以此为契机，加强与学术界各方力量合作，共同开展与此相关的海内外广州历史文献资源的发掘整理和开发利用。对冷东教授和研究团队表示感谢，并期待开展更加深入的交流与合作。"这是对项目研究的肯定，也将鼓励研究团队继续努力。

（四）学术活动

开展学术活动、加强学术交流是扩大社会影响的重要手段。研究团队积极开展有关广州十三行印章印迹的学术讲座和学术报告，得到各界的广泛好评。2017年，在广州十三行博物馆开展题为《广州十三行名称考》的学术讲座，在广州市荔湾区"海外文献与广州十三行高端论坛"做题为《十三行印章海外发现及其意义》的学术报告，在上海中国航海博物馆开展题为《十三行印章的故事》的学术讲座。2018年，在广州博物馆开展题为《方寸之痕天海间：失而复得的广州十三行印章与博物馆建设》的专题讲座，在广州市越秀区图书馆开展广府学堂暨广府新语系列讲座之一的《千年商都的记忆：十三行印章传奇》学术讲座，在中共广州市委宣传部等主办的"地方文献保护与整理出版研讨会"做题为《方寸之痕天海间：寻觅广州十三行印章的成果与意义》的学术报告，在广州"2018广州学与全球城市发展国际论坛"做题为《海外文献资源与罕见十三行商签字画押的发现》的学术报告，在为庆祝西泠印社创立115周年而举办的"世界图纹与印记国际学术研讨会"做题为《印章在历史学中的重要作用：以海外发现"外洋会馆图记"为例》的学术报告。2019年，在广东省档案馆开展题为《广州十三行名称及起源谜团与海内外档案文献互证》的学术讲座。2020年，在广州十三行博物馆举行的学术讲座中介绍冷门绝学课题"广州十三行印章印迹整理研究"的申报经验及工作计划。2021年，在山东大学历史文化学院开展题为《方寸之痕天海间：以印章印迹为视角的文献收集与利用》的学术讲座。

（五）文博联合

广州十三行印章印迹研究涉及历史学、文献学、艺术学等多项学科，在科研过程中得到了文博机构的鼎力相助。其中，广州博物馆的大力支持和合作研究，是上述冷门绝学课题"广州十三行印章印迹整理研究"得以立项的重要保证。广州博物馆肇建于1929年，是广东省乃至中国为数不多的早期博物馆之一，馆址位于全国重点文物保护单位镇海楼。其收藏、展览、科研等诸项业务工作均基于"以广东为范围，以广州为重点"而展开，已经发展成为一座收藏、研究、展示、宣传广州历史文化的地志性综合博物馆，汇集藏品约13万件（套），包括考古发掘品、传世文物、民俗文物和现代美术品，并且大多为具有广州特点的历史文物，在国内外享有盛誉。

广州十三行是广州文化名片之一，发掘整理广州十三行印章印迹，也是广州博物馆文物收藏和学术研究的关注领域。广州博物馆收藏有丰富的与广州十三行有关的印章实物，拥有成果丰富的研究队伍，已经举办的相关展览及出版的《广州历史文化图册》《广州旧影》《镇海楼史文图志》《海贸遗珍——18—20世纪初广州外销艺术品》《十九世纪中国外销通草水彩画研究》《广州定制——广州博物馆藏清代中国外销纹章瓷》《字字珠玑：广州博物馆典藏铭文刻辞类文物选》等学术成果，皆获得了良好的学术评价及社会声誉，为"广州十三行印章印迹整理研究"课题的进行提供了坚实基础。

2020年12月30日研究团队与广州博物馆就"广州十三行印章印迹整理研究"课题举行了第一次编委会会议，2021年3月30日举行了第二次编委会会议，课题组及博物馆负责人在两次会议中商讨了研究分工及文物文献收集整理等工作计划。这些合作必将促进课题的顺利进行，并为日后的出版奠定坚实基础。

研究团队也注重通过展览和影视等手段扩大广州十三行印章印迹研究的社会影响。例如为广东省博物馆2020年举办的"三城记——明清时期的粤港澳湾区与丝绸外销"展览提供《天宝行参与致函英国大班纺织品贸易事宜（1831年）》和《丝绸行业锦联堂公约（1841年）》两份文献；为丹麦驻广州总领事馆筹备中的"中丹两国历史文化交流艺术展"提供了早期丹麦在广州的档案,得到总领事安雅(Anja Villefrance)女士的感谢。冷东教授也于2021年1月6日在广州十三行博物馆接受中国中央电视台采访,又作为主讲专家参加8集电视纪录片《广州告诉世界》的录制,并在这些活动中介绍印章印迹与广州十三行名称起源等有关内容。

综上可见,广州十三行印章印迹研究经过多年努力,档案文献资源收获丰富,学术研究成绩斐然,政府部门逐渐重视,社会及学术活动日益活跃,电视媒体介入宣传,文博机构参与展览研究,已经具有一定社会影响,在广州十三行学术领域的地位日益提高。

四 发展趋势任重道远

越来越多中外文献上的印章印迹被留意和发掘,使学界得以重新审视广州贸易的实际运行体制,发现更多清代中西贸易、对外管理及文化交流中的细节。清代广州十三行印章印迹研究虽然在各方面都取得一定进展,但是仍有很大发展空间。

印章广泛应用于商业文书,商人以印章为凭证与信誉,商业运转对于印章的依赖日益制度化。世界性的近代化进程,构成了广州十三行与海上丝绸之路的时代背景和基本趋势。16世纪世界开启了"海洋时代",地理大发现和远洋贸易把世界连在一起。巨大的商业网络把除了十三行行商外的更多中外商人吸纳进来。广州之外的中国商人虽未能直接与外商贸易,但大量的茶商、瓷商、布商等,也希望通过转卖的方式从十三行贸易中分一杯羹。而中国的丰饶物产和巨大市场吸引西方资本主义国家的东印度公司、其他商业组织或个人,携商品、货币和西方文明从海路蜂拥而至。他们对推动清代中外贸易做出巨大贡献,在与广州十三行的商贸活动中保留了丰富的印章印迹资料。冷东教授的研究团队目前虽已发现并整理出160余家参与十三行贸易的中外散商的印章印迹,但参与中外贸易的商人数量并不仅限于此,大量外商及中国散商的印章印迹仍埋没在故纸堆中有待发掘。整理发掘这些行商的印章印迹,不但可以使隐没于历史中寂寂无闻的中外商人重见天日,甚至可以扩充参与十三行贸易的商人种类,扩大十三行贸易的地域范围,扩展更多参与十三行贸易商人的个案研究。

中国古代封建社会以文书治国。皇帝以玉玺为权威信征，向臣僚和全国民众发布谕令；臣僚以印章为凭证，向上级奏报工作，并且纵横交错地与平行机构进行文书传递。这样的文书治国方式，同样以"文书治外"的方式应用于广州十三行的运行体制中。清代前期广州中西贸易的封建外贸体制包括四个环节：粤海关负责征收关税并管理行商，十三行经营对外贸易并管理约束外商，澳门为来粤贸易的西方各国商人的共同居留地，黄埔为西方各国商船停泊的港口。这体现了"以官制商、以商制夷"的原则，同时国际贸易体系的口岸遍布广东省沿海，具体处理过程中必然与地方司法、行政、防务等各方面的当地文武官员相联系，自两广总督以下，包括广东巡抚，广东布政使，粤海关监督，广州府及下辖的南海、番禺、香山三县，包括澳门同知等各级官员均会参与相关事宜，因此广州十三行档案中也有大量广东省各级衙署的关防印章印迹。此外在鸦片战争中，保留下来和硕恭亲王、直隶总督、两江总督、闽海关、按察使司分巡台澎兵备道、福建督标中协、福建都标中军、福建水师营、福州府海防分府、提督福建全省水师军门、镇守福建金门总镇等钤印公文，亦可促进清代公文制度研究。还有终结广州十三行制度的《南京条约》等条约上的中外印章印迹和火漆签押，也映衬着中国近代社会变迁的悲壮和中外印章规则的差异。上述直接或间接与广州十三行相关的公务印章，也是今后需要加强研究的内容。

明清之际，天主教耶稣会教士利玛窦、汤若望等自广东进入中国，代表了第一次西学东渐，由于清康熙末年传教士内部的中国礼仪之争，导致康熙帝与罗马教廷的决裂①。其后雍正帝颁布禁教令（1724年）和罗马教皇克莱孟十四世下令取缔耶稣会（1773年），西方宗教进入中国的进程暂时中断。基督新教兴起后，在广州一口通商的历史条件下，广州成为西方传教士进入中国的必经中转站，他们在十三行夷馆居住，使十三行成为基督教来华传播之基地。从19世纪开始，以马礼逊为代表的基督新教来华教士们，开始了在中国的传教之旅。信息传递是宗教传播最重要的手段，印章印迹也成为西方宗教传播中的重要内容。

十三行存续时期的金融票据、信封花笺、商标广告、旗帜徽标、碑刻铭文、纹章瓷器、烂板银元等考古文物或外销艺术品上的形象标识，也是

---

① （清）李光地著，陈祖武点校：《榕村语录　榕村续语录》，中华书局，1995年，第643页。

关涉广州十三行研究的特殊形式的"印迹"以及文书制度研究和中西文化交流的宝贵文献。整理研究这些内容广泛的资料也是一项难题。

除了档案史料中留下的印文，我们还应关注印章实体本身。印章实物的出土发现，是玺印学最重要的证据。严格的玺印学研究，必须标明每方印章的尺寸、纽式、印材、重量、文字、出处和藏所，方可对印章的内容、形制、风格进行考证和论述。到目前为止，虽然个别十三行行商或后裔的私章偶有出现，但是十三行"公行"的印章及独立行商的公章实物尚未发现，研究者发现和利用的都是保留在档案上的印文。这是个巨大的遗憾，也不免让人留下很多遐想：广州十三行行商与岭南文人交游甚密，刻印者为哪方大师？印章材质为铜为金？如果为石是田黄还是寿山？有无边铭记载更多史实？印上是有龟纽还是兽形？平时保管何处？如何用印？

此外，目前发现的印章印迹形式多种多样，书体众多，模糊于文献字体之中，涉及艺术、书法、篆刻等多种学科领域，辨识难度较大。因此亦需结合文字学、艺术学、经济学、档案学、金石学、宗教学等学科的理论与方法，深化对印章印迹的认识。

结　语

钤有印章的原始档案相对于其他文字史料具备两个特征：一是存世数量相对较少，二是证史及艺术价值更高。几百年前的已经泛黄破碎的文件上，方寸印迹依然鲜红清晰，得以成为研究全球视野下商务外贸的组织队伍、贸易体系、规则机制的发展变化及文化艺术影响的重要资料。发现和阐扬这些方寸印迹的历史价值和艺术魅力，对促进商业史、中外关系史、档案学、玺印学等领域的学术研究，具有重要的历史意义和现实意义。冷僻的印章，会导出研究之热点，更可能爆出崭新的历史资讯，开创学术研究和文献整理的新思路。

作者通信地址：澳门特别行政区氹仔伟龙马路澳门科技大学社会和文化研究所，邮编：999078。

责任编辑：陈子

广州十三行伍氏家族印章印迹辑考[*]

冷 东^{**}

澳门科技大学，澳门，999078

摘 要：印字，其篆体左半边"爪"，即手；右半边"节"，即符节；合起来手持符节，在中国传统社会具有体现身份、权力和诚信的功能。清代中期政府通过粤海关建立了"以官制商、以商制夷"的外贸体制即广州十三行商会组织，其中又以世界首富和长期担任十三行总商的伍氏家族最为显赫。但作为伍氏家族身份地位象征的印章印迹却湮灭消失。填补这一空白领域，已经成为广州十三行暨伍氏家族研究的迫切任务。

关键词：伍氏家族；源顺行；怡和行；印章印迹；广州十三行

一　伍氏家族印章印迹研究状况

广州十三行豪商巨富必举潘、卢、伍、叶四大行商，其中又以曾为世界首富和长期担任十三行总商的怡和行伍氏家族最为显赫。研究专著尚无，有关论文成果则十分丰富，如格林比《清代广东十三行行商伍浩官轶事》（《亚细亚杂志》1925 年 10 月号），章文钦《十三行行商首领伍秉鉴和伍崇曜》（《广州十三行沧桑》，广东省地图出版社 2001 年版），谭赤子《伍崇曜的经济与文化活动述略》（《华南师范大学学报》2002 年第

---

* 本文为 2020 年度国家社科基金冷门绝学研究专项"广州十三行印章印迹整理研究"（批准号：20VJXG005）阶段性成果。

** 冷东（1953— ），男，汉族，吉林长春人，香港大学博士，澳门科技大学社会和文化研究所访问教授，博士生导师。

3期），杨红林《投资美国修建铁路 跻身千年五十巨富：1834年，中国出了位世界首富》（《湖北档案》2006年第6期），张景华《一个生活在没落王朝的世界富豪》（《紫禁城》2007年第1期），梁小民《红顶商人伍秉鉴》（《新财经》2008年第3期），魏纪侯《伍秉鉴——天下第一富》（《英才》2008年第10期），杨红林《清朝"世界首富"伍秉鉴》（《兰台内外》2009年第5期）等文章。比较有影响的是章文钦《从封建官商到买办商人——清代广东行商伍怡和家族剖析》（《近代史研究》1984年第3、4期），以行商伍怡和的发展为例，借对伍氏家族的剖析来表达行商地位的演化，梳理该家族清乾隆四十二年（1777）到同治二年（1863）期间由伍国莹至伍绍荣各阶段的发展，包括伍氏家族与官府、其他行商及外商的关系，亦涉及外交事务及禁烟运动等中角色的问题；文中后半部分对伍氏家族的历史地位作出了评价，指出该家族由封建商人到买办商人的历史发展过渡性角色，讲述了伍氏家族对地方公益及文化事业的贡献，最后讨论了伍氏家族衰落的原由。

此外周湘《广州外洋行商人》（广东人民出版社2002年版），黄国信、黄启臣、黄海妍《货殖华洋的粤商》（浙江人民出版社1997年版），陈国栋《东亚海域一千年·清代中叶广东行商经营不善的原因》（山东画报出版社2006年版），黄启臣、庞新平《明清广东商人》（广东经济出版社2001年版）等著作中，均对怡和行及伍秉鉴等人有详细的评价，将伍氏家族发展史分为"家族创业期""家族全盛期"和"家族由盛转衰期"三大部分，介绍了伍怡和家族通过经营对外贸易成为行商，之后由于勾结西方商人、贿赂官吏而遭禁，由封建官商逐步转化为买办商人的历史。

作为闻名世界的行商，与怡和行有关的文献在国外也被广泛收藏，例如马萨诸塞州历史协会（Massachusetts Historical Society）收藏有浩官的书信集，哈佛大学商学院的贝克图书馆里收藏着比较齐全的浩官书信集（1841—1843）。

2018年2月，受十三行行商之首伍秉鉴在澳大利亚的后裔Sandra Frawley邀请，广州大学叶霭云博士和笔者陪同伍家后人伍凌立先生到访澳大利亚，开展为期一个月的学术交流和考察活动。根据伍凌立提供的伍家族谱，伍秉鉴第七个、也是最小的儿子伍崇晖，在鸦片战争前后被族人送去英国。伍崇晖据说到英国后又去澳大利亚落地生根，以 AhKin Howqua 为名（暂译阿金·浩官）入籍澳大利亚，其家族一直保持"浩官"（即十三行伍氏家族从商的商号）这一姓氏，以示对故土家庭的眷恋和尊敬。而本次活动的发起人 Sandra 正是阿金的外曾孙女，并提供了浩官家族在澳洲的族谱供研究。她还介绍了其他浩官家族成员与研究团队见面交流，双方进一步探讨了十三行行商与澳大利亚早期华侨的关系。对照中澳双方整理的族谱，并通过本次研究之旅所挖掘到的阿金·浩官的入籍文件、法庭记录、当地报纸等在澳原始史料，不排除伍崇晖就是阿金·浩官的可能性。但是，由于中方的原始资料阙如，还需进一步挖掘材料才能断定两人的关系。

虽然伍氏家族的研究取得丰富成果，但是仍有很大发展空间，其一是作为最主要的行商首领和家族，却迄今没有相关研究专著问世；其二是有关伍氏家族的印章印迹研究也近乎空白。只是在范岱克（Paul A. Van Dyke）教授出版的 *The Canton Trade：Life and Enterprise on the China Coast*[①]、*Merchants of Canton and Macao：Politics and Strategies in Eighteenth-Century Chinese Trade*[②]、*Merchants of Canton and Macao：Success and Failure in Eighteenth-Century Chinese Trade*[③]、*Americans and Macao：Trade，Smuggling，and Diplomacy on the South China Coast*[④] 等著作中彩印的十三行行商与外国公司签订的七十多份合同上，我们看到了个别怡和行的印章印迹。虽然作者没有对这些印章印迹进行专门考证和论述，却为我们的研究提供了重要可靠的原始依据和线索。

近年来笔者多次前往欧洲和美国，全面收集研究了伍氏家族原始档案，又发现了新的伍氏家族印章印迹证据，将这些资料与范岱克教授的成果结合起来，得知伍氏家族先后建立的源顺行和怡和行都使用了不同印

---

① Paul A. Van Dyke, *The Canton Trade：Life and Enterprise on the China Coast*, Hong Kong University Press, 2005.

② Paul A. Van Dyke, *Merchants of Canton and Macao：Politics and Strategies in Eighteenth-Century Chinese Trade*, Hong Kong University Press, 2011.

③ Paul A. Van Dyke, *Merchants of Canton and Macao：Success and Failure in Eighteenth-Century Chinese Trade*, Hong Kong University Press, 2015.

④ Paul A. Van Dyke, *Americans and Macao：Trade，Smuggling，and Diplomacy on the South China Coast*, Hong Kong University Press, 2012.

章，还产生了许多不同形式的标识印记，得以初步填补伍氏家族印章印迹研究的有关内容，下文分别介绍。

二 源顺行印章印迹

怡和行伍家早年世居福建莆田，后迁泉州晋江安海乡，至伍朝凤自闽入粤，清康熙初籍隶南海。

清乾隆二十二年（1757），经两广总督奏准，加征浙海关关税，上谕专限广州一口与西方商船贸易，由此开始了长达80余年的广州一口通商时期。行商地位大为增强。乾隆二十五年（1760），遂分外洋行、本港行、福潮行三项名目，外洋行商人乃不兼办暹罗等国及潮州、福州诸货税，专办欧洲贸易，行商队伍需要扩充。乾隆四十七年（1782）伍朝凤曾孙伍国莹[①]创建源顺行，是伍氏家族在广州建立的第一个商行。

伍国莹的记载很少，乾隆三十七年（1772），伍国莹开始出现在18世纪西方档案中[②]。乾隆三十七年至乾隆四十四年（1772—1779），伍国莹曾任泰和行的司事，因不具行商资格而借泰和行之名私下做生意。乾隆四十七年（1782）被任命为源顺行行商，在十位公行商人中位列第七。源顺行1772年开始向荷兰东印度公司供茶，以松萝、屯绿等绿茶为主[③]。1784—1789年，荷印公司每年输入货物的20%—35%由源顺行代理，年贸易额达25万两[④]。源顺行贸易受到欧洲人的普遍尊重，同时因资金雄厚而深得内地供货商的信任[⑤]。

乾隆五十七年（1792），伍国莹次子伍秉钧创办怡和行，同时源顺行仍在经营，因此在文献中可以看到怡和行与源顺行印章印迹并存的情况。

① 伍国莹字明石，号琇亭。

② *Resolutie*（*18 maart 1772*），NFC 35.

③ 参见*Resoluties*（*1771—1773*），NFC 35−36；*Dagregisters*（*1771—1773*），NFC 81−82.

④ Paul A. Van Dyke, *Merchants of Canton and Macao：Success and Failure in Eighteenth-Century Chinese Trade*, Hong Kong University Press, 2015, p.196.

⑤ *Diary and Consultations*（*29 December 1782*），IOR／G／12／76；Cheong, *Hong Merchants*, p. 89.

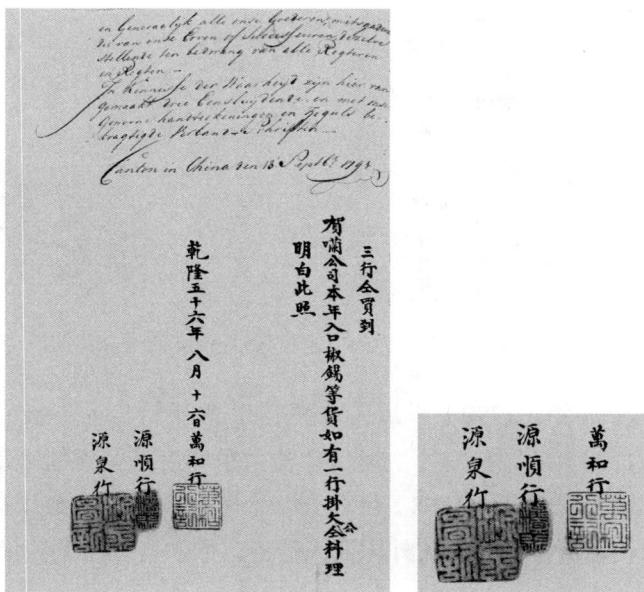

图1 清乾隆五十六年（1791）源顺行与荷兰东印度公司贸易契约印章印迹①

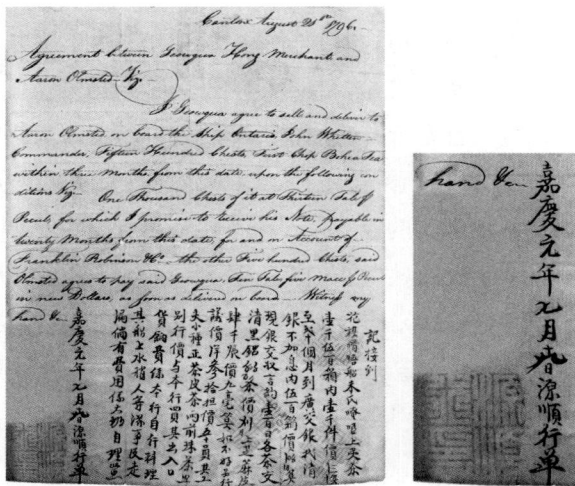

图2 清嘉庆元年（1796）源顺行与美国方面贸易契约印章印迹②

---

① Paul A. Van Dyke, *Merchants of Canton and Macao：Politics and Strategies in Eighteenth-Century Chinese Trade*, Hong Kong University Press, 2011, Plate 10.12.Courtesy of national archives, The Hague（NAH：VOC 4433）.

② 美国康州历史学会所藏。Aaron Olmsted Agreement with Geowqua Hong, 1796.

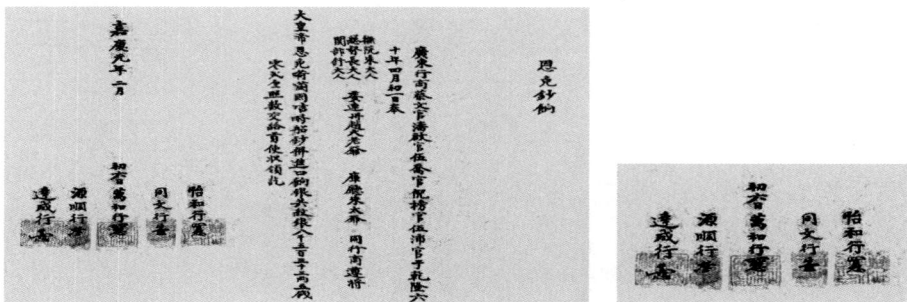

图3 清嘉庆元年（1796）源顺行和怡和行印章印迹①

乾隆五十五年（1790）以后，源顺行生意开始步入下坡路，而乾隆五十九年（1794）源顺行主要贸易伙伴荷兰东印度公司无船来华对其更是一大打击。清嘉庆三年（1798）位列公行十家行商第二的源顺行因债宣告破产。伍秉钧还清源顺行所欠外国商人债务，怡和行开始单独经营。

三 怡和行印章印迹

嘉庆六年（1801）伍秉钧病逝，行务由其弟伍秉鉴②接办。嘉庆十二年（1807），怡和行居于行商第二位。十四年（1809），跃居首位。十八年（1813）被列为众商之首，登上首席行商的位置，此后一直居于行商之首。

道光六年（1826），由伍秉鉴主持，伍氏家族实行分家析产，将家产平分给四房，三房保留怡和行的经营权。伍秉鉴将行务交由第四子伍元华③掌管，由其继承首席行商的地位。伍秉鉴退居幕后，仍然掌握怡和行和公行的实权。道光十三年（1833），伍元华去世，行务由其五弟伍崇曜接办④。道光十四年（1834），伍秉鉴宣布其拥有家财2600万两墨西哥鹰洋银元，折银1872万两，接近清代每年国家财政收入4000万两的一半，马士称："在

---

① Paul A. Van Dyke, *Merchants of Canton and Macao：Success and Failure in Eighteenth-Century Chinese trade*, Hong Kong University Press, 2015, Plate 02.04.Courtesy of national archives, The Hague（NAH：0IC 238Q）.

② 伍秉鉴字成之，号平湖，又有敦元、庆昌等别名，西人称其为浩官三世（Howqua Ⅲ）或沛官二世（Puiqua Ⅱ）。

③ 伍元华，字良仪，号春岚，以受昌为商名，西人称之为浩官四世（Howqua Ⅳ）。

④ 伍崇曜，又名伍元薇，字紫垣，以绍荣为商名，西人称之为浩官五世（Howqua Ⅴ）。

当时这是一笔很大财产，或许是世界上最大的商业资财。"①道光二十三年（1843），伍秉鉴病逝，其时五口通商已开，十三行的垄断地位已告结束，怡和行亦改为茶行，由伍崇曜继续经营，直到咸丰六年（1856）第二次鸦片战争中十三行毁于大火。在此期间怡和行一直使用固定的印章，没有变化，印文篆体"怡和行印"如下。

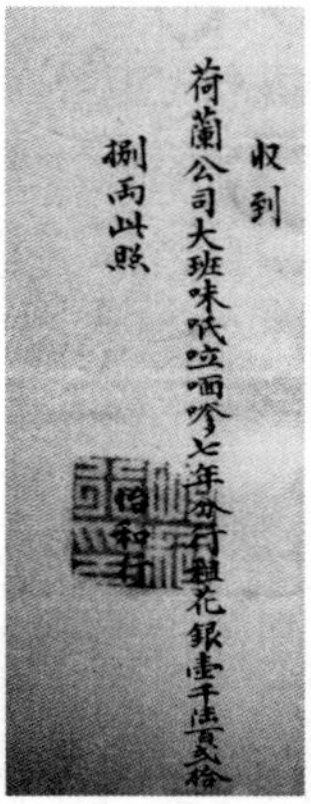

图4 清嘉庆十年（1805）怡和行印章印迹 ②

四 怡和行其他标识印记

除了典型的印章印迹，怡和行存世期间还产生了许多不同样式的标识印记，具有丰富的历史内涵和多样的风格形式，承载着中华民族的文化基因，成为怡和行印章印迹的丰富外延。

（一）英文签字

清代中期广州成为中西商贸和文化交流的中心，首先需要解决的就是语言上的沟通问题。为此怡和行商成为中国传统社会利用外语从事贸易的商人先驱，在国际商贸和文化交流活动中扮演了不可替代的角色，英文私章的使用，就是一个例证。在国际贸易中，浩官的英文印章"Howqua"，经常出现在文献中。

---

① ［美］马士著，张汇文等译：《中华帝国对外关系史》第一卷，上海书店出版社，2006年，第98页。

② 英国国家档案馆FO 1048/2/3。

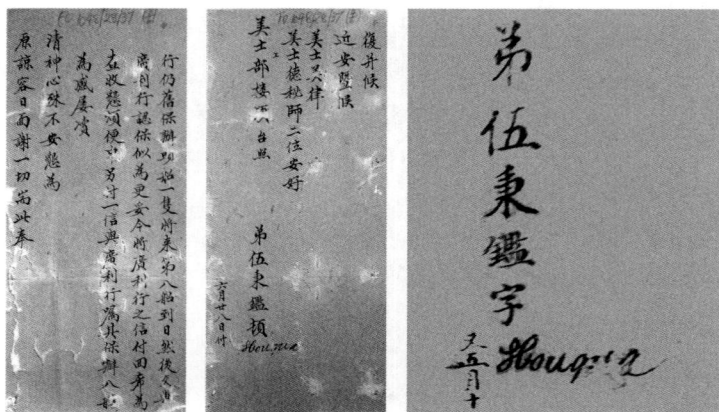

图5 清道光八年（1828）伍秉鉴"浩官"英文私章①

（二）怡和行画押

画押是指在公文、契约等文书上署名或作私记，作为同意、认可、承担责任或义务之证明。画押源于先秦，汉唐以降，逐渐渗入民众生活，成为日常习见的私记。唐宋时流行以草书字体签署自己的名字，以求防伪及表现个人特色，又称为"花押"，即所谓的"名字稍花之"。元代以后为使画押以简单的符号快速书写又不易为人模仿，开始画押"入印"，流行押印。清代押印在铸造方式、文字特点与印式外形上，均有很大改变，成为一支独立而有特色的印系。怡和行也继承了这一传统签押符号。

图6 伍秉鉴画押②

图7 伍元华（受昌）画押③

---

① 英国国家档案馆FO 1048/28/37。
② 英国国家档案馆FO 1048/12/29。
③ 英国剑桥大学图书馆藏怡和洋行档案MS JM/H1/49/06。

（三）护封

护封是古代的一种印章，印面刻"护封"二字。护封印多用在信札的封口处，功用是防止别人打开偷窥信的内容。在一些文件、文书的接缝处，人们往往也要盖上印，即所谓骑缝印，也是怕人动手脚。护封印的起源，应是古代的封泥。

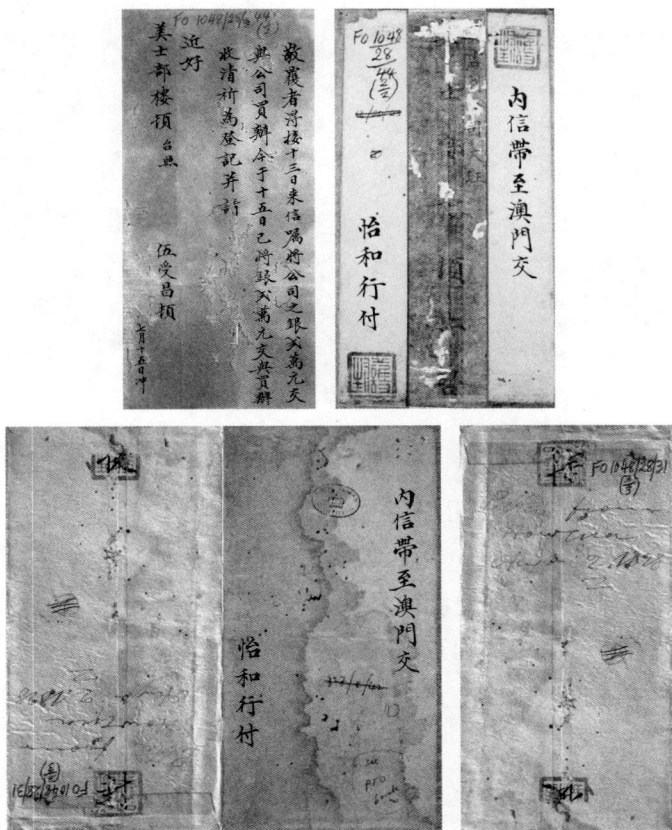

图8　清道光八年（1828）怡和行的护封[①]

（四）信封信纸

人类的历史是信息交流的历史，雁去鱼来、音问相继的交流从来没有

---

① 英国国家档案馆FO 1048/28/31。

停止。怡和行适逢近代电信时代之前的书信年代，人们通过书信互相问候、贸易往来、交流思想，更事关商业成败。信封信纸本身也成为特殊的信息载体，映射出与印章类似的印记功能，为19世纪中国邮政史的发展提供了翔实有趣的见证个案，完全可以称为"商书抵万金"了。

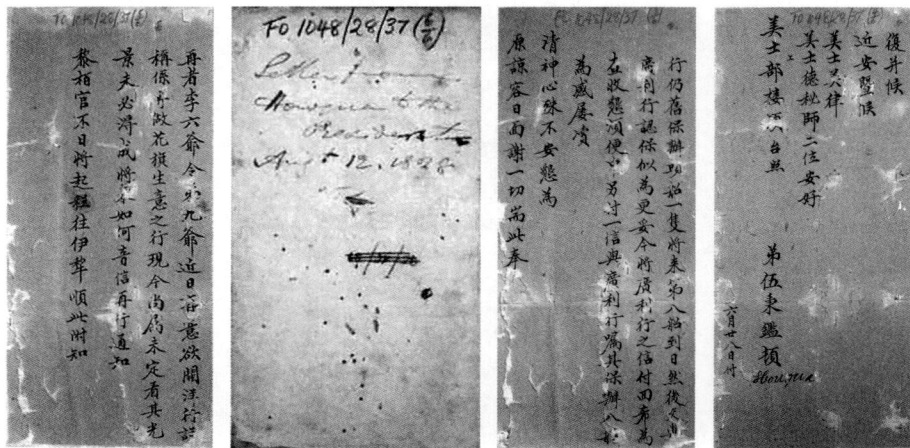

图9　怡和行专用红色信笺

五　伍氏家族与玺印学发展

伍氏家族凭借雄厚的经济实力致力于文化事业，特点之一就是热衷收藏文物，在古玺印的搜集和篆刻理论方面均取得了骄人的成就，对岭南社会乃至中国的玺印业发展起了积极作用。

（一）粤雅堂与玺印学

伍元华、伍崇曜兄弟先后担任行商，而性耽风雅。伍元华筑听涛楼于万松山麓（在今广州海珠区），收藏甚富。伍崇曜更大事营建粤雅堂，出资延请谭莹代为校刻书籍，计有《岭南遗书》62种，《粤十三家集》182种，《粤雅堂丛书》180种，《楚庭耆旧遗诗》74卷，王象之《舆地纪胜》200卷，凡2400余卷，为跋200余篇，可谓有功于乡邦文献与文化事业，玺印学也是其中重要组成部分。

粤雅堂成为岭南玺印业中心之一，吸引了许多玺印名家，进一步推动了玺印业的发展。例如浙派印风的传承者柯有榛[1]，工山水、花卉、人物，尤善摹古，所拟沈石田、文徵明、陆包山、恽南田诸家皆得其神理。谭莹称其"画埒三王"。其主持南海伍氏粤雅堂多年，为粤中名士治印甚多，从学者多。辑有《里木山房印存》二册。余曼庵，又号万莽，原籍浙江山阴。清道光年间游幕粤地，曾在肇庆府为幕友，后居可园鬻印授徒，晚寓于张嘉谟所筑之曼陀花馆，遂终老于莞城。余氏工书画，篆刻得陈曼生之传，在粤期间，曾为粤地富商潘氏、伍氏诸家刻制书画收藏印甚多，为伍氏刻印达170方之多，辑有《曼陀花馆印存》二卷、《曼陀庵印谱》等。粤人所辑的《文印楼印存》《辑雅堂印存》等多种印谱均录其所作。粤地从其治印者众，可知他在岭南地区颇有影响。谭崇徽（筱竹），阳江人[2]，辑伍氏粤雅堂旧印成《欣所遇斋印谱》四册。尚辑黄士陵等刻印成《自刻印存》。

（二）伍德彝与玺印学

伍德彝[3]是伍秉鉴第五代子孙，父伍延鎏为一时名士，能书画，精鉴赏。幼承家学，于诗、书、画、印、金石考古无所不窥，为居廉入室弟子。画则山水、人物、花鸟、草虫，无一不精；字则篆隶楷草，无一不妙。又善诗词，允称三绝，尤工古籀篆刻[4]。张之洞督粤时，尝至其家，燕赏其画。迨五十赐寿，所有礼物均璧，独受其所绘九如图，大为欣赏。番禺梁鼎芬采李白论画句云"轻如松花落金粉，浓似苔锦含羞滋"，谓其画景得轻浓二字之妙。因以名其馆曰松苔，并号松苔馆主。尝谓：书画一道，勿扭于一隅，须多见多闻，多读多写，集各名家之大成，一炉而冶之，方可出人头地云。德彝晚年失明，犹能以指画扇头册页[5]。与黄士陵、符翕相交甚善。曾参与创办广州南武学校，兼任图画教师，还聘请印人杨其光等授课，课余为爱好者传授治印技法。《岭南画征略》《广印人传补遗》曾载其小传。著有《松苔馆诗钞》《浮碧词集》，辑《绿杉轩印谱》《懿庄印存》。

---

① 柯有榛(1814—？)，字云虚，号里木山人，又号有辛、云虚散人，别署迂道人，广东南海人。
② 梁晓庄：《岭南篆刻史》，广东人民出版社，2017年，第423页。
③ 伍德彝(1864—1927)，字懿庄，号逸庄，亦号乙公，别署花田逸史，广东南海人。
④ 黄任恒：《番禺河南小志》，广东省立中山图书馆河南黄氏所藏稿本，第937页。
⑤ 黄任恒：《番禺河南小志》，广东省立中山图书馆河南黄氏所藏稿本，第937页。

伍氏通印学，篆刻宗汉印及黟山。"汉瓦楼""爟印"两印乃汉人韵致，古朴苍劲，亦有可观[1]。

李寿庵[2]，幼习画，早年肄业于香港英文学院。师从伍德彝，博涉诸艺，颇得真传。治印初宗秦汉印，继而专事私淑黟山一路印风。工书画，精鉴赏，擅篆刻。后以教画为业。民国初年与李瑶屏等宣传传统国画技法，力倡保持国粹。尝于广州《越华报》主编《越华书画刊》。抗战后移居香港，创办蒲社以授徒为业。著有《翰云楼杂记》《蒲社画法类编》等。辑有《就山堂印草》《翰云楼印存》[3]。

可见，伍氏家族经过三代人五位浩官的经营，擅于处理与官府、外商及其他行商的关系，精于货殖之道，不但在海外贸易中积累巨额财富，而且在清代岭南玺印界扮演重要的角色。广州博物馆还保留有伍氏家族多枚印章，成为研究冷门绝学的宝贵资源。

结　语

在颜色已经泛黄的档案文献上，数百年前的印章印迹鲜红醒目，画押特色鲜明别致，成为伍氏家族最好的历史见证。在交织着家运、国运、世运的历史巨变之中，伍氏家族留下了一项具有世界意义的文化遗产，并日益成为一个具有国际影响的学术领域，值得我们去珍惜和探索。

作者通信地址：澳门特别行政区氹仔伟龙马路澳门科技大学社会和文化研究所，邮编：999078。

责任编辑：赵新良

---

① 梁晓庄：《岭南篆刻史》，广东人民出版社，2017年，第238页。
② 李寿庵（1896—1974），号琴客、老夏、夏叟、夏山翁，其斋曰就山堂、山抱轩、翰云楼，广东番禺人。
③ 梁晓庄：《岭南篆刻史》，广东人民出版社，2017年，第274页。

广州十三行之东裕行[*]

肖楚熊^{**}

容山中学，广东佛山，528303

摘　要： 广州十三行是由诸多商行组成的商会组织，迄今为止仍有部分商行鲜为人知。本文经过发掘考证英国收藏的档案文献，得以对福建籍东裕行的商行成员、经营发展和衰落倒闭有了更多了解，并第一次发现东裕行英文签字及英国东印度公司帮助东裕行租赁广东官田的史料，为广州十三行及中国经济史研究增添了新的个案。

关键词： 广州十三行；东裕行；东兴行；印章印迹

广州十三行是由诸多商行组成的商会组织，商行及人物是十三行研究的主体内容。梁嘉彬《广东十三行考》设有《广东十三行行名、人名及行商事迹考》一章，记述历年中外文献所载洋行39家、茶行1家，对商行的数量、行名、人物的由来及其变化进行了陈述。遗憾的是除少数商行内容较为详细，大多数商行只是罗列个别史料，无法得见全貌。只有同文（孚）行潘氏家族、天宝行梁氏家族有研究著作问世，并有较为丰富的论文成果[①]；怡和行伍氏家族、广利行卢氏家族也有较多学者关注；此外泰和行颜

---

* 本文为2020年度国家社科基金冷门绝学研究专项"广州十三行印章印迹整理研究"（批准号：20VJXG005）阶段性成果。

** 肖楚熊（1984—　　），男，汉族，广东陆丰人，广东省佛山市顺德区容山中学学生发展服务中心副主任，广州大学硕士研究生。

① 潘刚儿、黄启臣、陈国栋编著：《广州十三行之一：潘同文（孚）行》，华南理工大学出版社，2006年；黄启臣、梁承邺编著：《广东十三行之一：梁经国天宝行史迹》，广东高等教育出版社，2003年。

时瑛、义成行叶上林、达成行倪秉发、万成行沐士方、兴泰行严启昌只有个别文章研究涉及①。至于东裕行则暂时未见任何研究成果。笔者近期查阅了英国剑桥大学图书馆藏怡和洋行档案、英国国家图书馆G12系列档案、英国国家档案馆广州商馆中文史料（即编号FO 1048的档案），发现许多东裕行行商的亲笔信函、与外商的交易赊借契约及货品清单等。这些资料体现了东裕行由通事成为行商的一种典型方式。比较有新意的是东裕行英文签字、英国东印度公司帮助东裕行租赁广东官田的资料，及首次发现的东兴行接替后使用的印章印迹，可为了解广州十三行和外国商人在中国的经济活动提供新的参考。

一　东裕行基本情况

东裕行行商谢嘉梧，清乾隆二十四年（1759）出生，原籍福建漳州府诏安县，名庆泰，别号凤翔。嘉庆十四年（1809）谢嘉梧及其弟谢嘉桐合伙开设东裕行，成为行商，商名谢鳌官，而粤人多呼之为髦官，英文商名Goqua②。而谢有仁（谢嘉梧儿子，字棣华）的叔叔谢治安（谢伍爷）也辅佐行务，后因帮助洋人代雇轿舆出入，被禁狱中③。由此可推测谢嘉梧还有其他兄弟。

谢嘉梧出身通事，《达衷集》卷下记载嘉庆五年（1800）有通事谢鳌、林杰、蔡铨、林广等，谢鳌即谢嘉梧。嘉庆十一年（1806）谢嘉梧升为总通事，但彼已有不欲再当通事，而愿承充洋行商人之意。嘉庆十三年（1808），英国海军少将度路利（William Obrien Drury）率兵在澳门登陆，引起广东官府和澳葡当局的反对，两广总督吴熊光下令封舱，停止贸易。双方较量近半年，始以英军撤离澳门了结。英军以谢嘉梧为通事，他熟悉澳门事务，在交涉过程中发挥了重要作用，也因此深得英国方面信任，为日后成为行商与英国东印度公司关系密切奠定了基础。

---

① 冷东、赵春晨、章文钦、杨宏烈：《广州十三行历史人文资源调研报告》，广州出版社，2012年。
② 英国国家档案馆FO 1048/11/43。亦写作Gowqua。
③ 梁嘉彬：《广东十三行行名、人名及行商事迹考》，《广东十三行考》，广东人民出版社，2009年，第291页。

外国商人来到中国，语言不通，不熟悉中国社会文化风俗，要从事复杂的商业贸易，除了行商以外，联系最密切的就是翻译"通事"了。清廷因"民夷杂处"，出于防范外人与民众"勾串"的需要，对通事的作用尤加重视。在战前及战争初期，清朝官员即曾不断对"夷人"使用汉字汉语表示担忧。如道光十二年（1832）魏元烺讨论反映胡夏米船案的奏折中即提出："先因查阅夷书纸片字画，似系内地样式，恐有内地奸民，为之翻刻。"道光帝则在朱批中一口咬定："何似之有，直系内地手笔，无非上下朦混规避而已。"[1]林则徐指出："且称荷兰国王特差，并将荷字抬一格写……此必胆大之汉奸，代为混写。"[2]

而英国商人对待为他们服务的通事的态度也令人印象深刻。例如与谢嘉梧同时期的李怀远（李耀）是19世纪初东印度公司在华贸易的重要通事，英国商人们经常通过他打听广州的商情、市价等情报，他于1814年被官方以"曾为夷人服役"的罪名逮捕[3]，随后被流放伊犁。在英国国家档案馆FO 1048档案里保存有关于他的文书约40封[4]，显示出英国东印度公司对其案件非常重视，甚至不惜冒与中国官府冲突决裂的危险，积极奔走营救，在他被捕后予以丰厚金钱资助[5]。

与其他广州十三行行商家族一样，东裕行也有"贾而好儒"的色彩，支持教育文化活动。嘉庆十五年（1810），伍怡和、卢广利、潘能敬堂、谢东裕、梁天宝、关福隆、李万源、叶大观堂、潘丽泉、麦同泰、黎西成等行商捐出西关下九铺绣衣坊公产房屋，兴办文澜书院，作为十三行行商公益文教事业的贡献[6]，此时的"谢东裕"即是东裕行谢嘉梧。

蔡鸿生教授提出，广州行商直接参与华洋互市，处于中西文化交汇的前沿，他们对中西文化差异的感知程度如何？形成什么样的西洋观？这是一个值得探索的问题。蔡鸿生教授以乾隆年间十三行总商潘有度20首《西

---

① 中国史学会主编：《鸦片战争》一，上海人民出版社，2000年，第95—96页。

② 中国史学会主编：《鸦片战争》二，上海人民出版社，2006年，第304页。

③ 英国国家档案馆 FO 1048/14/46。

④ 参见 FO 1048 档案1814、1815、1817年部分。

⑤ ［美］马士著，区宗华译：《东印度公司对华贸易编年史》第三卷，中山大学出版社，1991年，第210—212页。

⑥ 转引梁嘉彬：《广东十三行考》，广东人民出版社，2009年，第391—393页。

洋杂咏》诗为标本，探究了清代广州行商的西洋观，认为中国传统文化仍然是十三行商的主体思想①。谢鳌官的正楷书法使人印象深刻，雄浑有力，工整美观，信中文字也充满了中国传统文化底蕴。

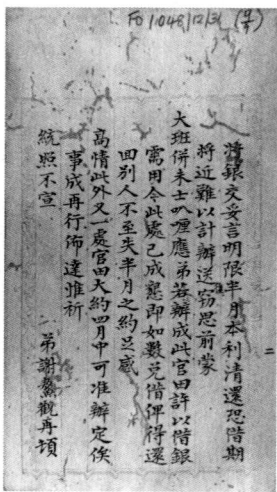

图1　谢嘉梧笔迹及东裕行专用信纸②

谢嘉梧身体多病，信中经常提到"奈身有病，未能来粤面谈，一切祈勿见怪""又值身体有病，所以不能面晤"等语，同时也经常提醒英国商人"本年风色不好，大班务宜节饮食慎，起居诸允，调养为要""知大班垂爱殷殷情见乎词，不胜愧感""感激栽培之高谊，惟知铭于心肺而已"等。如嘉庆二十一年（1816）给英国大班斯当东信中称："月前十八日仁兄下澳，弟因官事所羁，未及远送，殊为歉仄。想风帆恬利，所到一路福星，诸凡叶言，定符遥祝耳。启者：弟屡叨雅爱，无日不铭感于心，惟愿足下时加珍重，节饮食、慎起居，长施德泽是所切祷。现在弟之官事虽已得脱身在外，但未得十分停妥，不知何日可了结矣。至未士费礼喳，想近日身体渐次康宁，祈为转致问好，深加保养为要。"③与其他行商在信件末端签字不同，谢嘉梧与英国商人的许多信件并不落款，而是署名"知名恕

---

① 蔡鸿生：《清代广州行商的西洋观——潘有度〈西洋杂咏〉评说》，《广东社会科学》2003年第1期，第70—76页。

② 英国国家档案馆 FO 1048/12/31。

③ 英国国家档案馆 FO 1048/16/13。

具"等，反映了其担任通事以来和英国商人结下的深厚友谊。

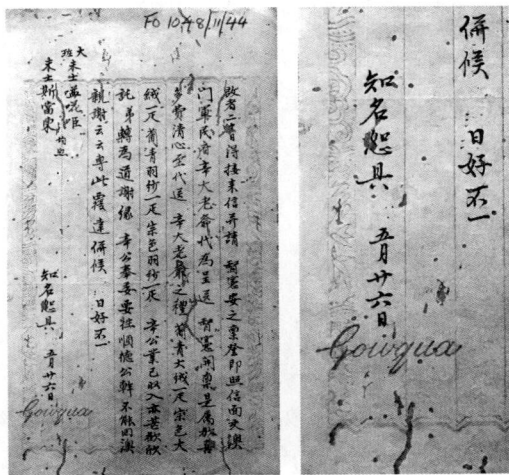

图2　东裕行行商谢嘉梧英文签字，印文"Gowqua"及"知名恕具"[1]

二　东裕行商业经营

（一）东裕行与茶叶贸易

茶叶是清代广州十三行出口商品的第一大宗，在长达两个世纪的时间里，欧美国家的商人要跨越半个地球的距离，单程耗费半年航行时间去广州进口这种"东方树叶"和"神奇小草"——茶叶。而福建的茶叶在外商订单中占有重要地位，武夷茶成为与安徽松萝茶并驾齐驱的名茶[2]，"享天下之盛名"[3]。东裕行正是发挥了祖籍福建的优势，搭建了福建茶叶产地与广州十三行之间的流通体系。福建茶农经过烘茶、挑茶、包装茶叶之后，留下一部分供家庭消费，将多余部分出售给收购茶叶的茶贩，茶贩将收购的茶叶汇集到茶庄，茶商们将茶叶加工后发往广州十三行，行商将茶叶卖给各国商人，最终流入

---

①　英国国家档案馆FO 1048/11/44。

②　（清）周亮工：《闽茶》，《闽小记》，成文出版社，1975年，第14—19页。

③　（清）袁枚著，王英中标点，王英志校订：《茶酒单·武夷茶》，《随园食单》，江苏古籍出版社，2000年，第81页。

国外市场。福建茶商在茶叶外销贸易网络中起了关键性的作用，自1757年乾隆帝规定只留广州一口通商后，"闽皖商人贩运武夷、松萝茶叶，赴粤省销售，向由内河行走"①。因此广州的行商中很多是由福建移居广东的，除了谢嘉梧祖籍福建，十三行总商潘启官、伍浩官及多数行商祖籍均是福建。

兹列举一份茶叶贸易文献了解东裕行的茶叶贸易。嘉庆十七年（1812）谢嘉梧向英国东印度公司广州商馆大班益花臣（John Fullarton Elphinstone）报告茶叶贸易的情况：

> 蒙大班公司各位照应，帮弟添办功夫茶五千箱，先准借茶银一万五千元，足见注念殷殷，篆铭五内。因本行上年并无往山买过茶叶，该据又无亲朋借贷，难以遇信备办，其茶价每箱约要银十两，约共计银五万两方可办出。查广利怡和两行历年经办，原有庄口兼之，着令司事人等俱系带现银往山采买。因见用银太多，是以不敢启齿向前往办，惟敬存美意而已。又云恐交银过我，或别项买卖债主需用，将来支销。似此何以取信，异日相见不亦赧颜。况我少茶客西客银二共不过二万余两，历年交好，断不催逼太甚，大班毋庸虑此。即如旧岁，因饷项十分紧急，不得已暂挪银济之，忖思自咎，抱歉殊深，想大班知我，谅亦原宥。刻即作速找寻拣择好字号茶客多办五千箱，共成二万箱，以副栽培之致意。今业已定，着包庄每字号茶六百箱，每字号应银二千五百五十两，共包茶三十三个字号，共计该银八万四千一百五十两。因茶客定单银约，准于近日间交付，兹抄明各字号数目呈电，恳祈即照数兑到，俾得支给其茶客收。定单银单交付何手，祈为一并示知，以便收银交付。
>
> 临楮神驰，敬泐布复，顺候安祺，伏祈朗照不戬。
> 上：大班未士益花臣座右
> 弟谢鳌观字顿
> 四月初四申
> 详细茶庄及茶叶品种如下：
> 建隆茶行经手包办

---

① 《［光绪］钦定大清会典事例》卷六三○《兵部·绿营处分例·海禁二》，新文丰出版公司，1983年，第771页。

协茂功夫六百　协盛功夫六百　中大功夫六百　广源功夫六百
广润功夫六百　立穴功夫六百　立太功夫六百　溢升功夫六百
东茂功夫六百　并裕功夫六百　协隆功夫六百　景和功夫六百
裕和茶行经手包办
永春功夫六百　昌记功夫六百
瑞泰茶行经手包办
恒隆功夫六百　福昌功夫六百　怡美功夫六百
长亨茶行经手包办
长春功夫六百　长丰功夫六百　恒春功夫六百　广泽功夫六百
春圃功夫六百　锦兰功夫六百　开泰功夫六百　集春功夫六百
恒丰功夫六百
长亨、吉翔二茶行经手包办
东美功夫六百
万生茶行经手包办
福盛功夫六百
和记茶行经手包办
正有功夫六百
启隆茶行经手包办
九畹功夫六百
坚资茶行经手包办
芳华功夫六百[1]

　　这里边最重要的是"订单银"和"包庄"。"订单银"是指茶叶贸易合同制中的茶叶预付款。十三行有议定茶叶价格的权力，1720年十三行之公行成立之初，就规定行商应共同议价，1755年订下的"防夷五则"中也规定十三行行商定价。东印度公司大班认为这些规定的真实意图是将全部贸易交于少数行商之手，让他们可以随意定价。1778年东印度大班抱怨："如有（十三行）公行交易，货低价高，任公行主意，不到我夷人讲话。"[2]而茶叶预付款是指外国东印度公司向行商购买茶叶以前，先与行商订立一份

① 英国国家档案馆 FO 1048/12/31。
② 许地山校录:《达衷集:鸦片战争前中英交涉史料》,商务印书馆,1931年,第153—154页。

供应合同，公司按照合同上的总价值，向行商预付约茶价的三分之一作为订金，行商再将此订单银预付给茶庄。茶叶收购后行商转售给东印度公司，从中获得约3%的毛利[1]。得益于合同和预付款的制度保障，东印度公司、行商、茶庄三方均期待茶叶供应可处于长期稳定的状态。

"包庄"的"庄"是指"茶叶商品种类"的意思，"包庄"是指将外国东印度公司包括多种茶叶品种的茶叶订单交由一个茶庄负责采购及运输到广州交货给十三行商，再交由外国商船运送回国。由于多个茶叶品种的需求，茶庄要向茶农收购不同的茶叶，以及将不同时间加工的茶叶均匀混合，称为"官堆"或"匀堆"。文献中列举10个茶庄多达33个功夫茶品种，可见茶叶收集的范围及茶叶品种的丰富，有助于了解清代茶叶的海外贸易情况。

（二）东裕行与纺织品贸易

清代中期，丝绸及生丝是海外贸易中的大宗商品，为广州十三行所垄断，对西方社会及中国社会均产生了重要影响，也衍生了中西丝绸文化交流的丰富内容[2]。而英国的纺织业发达，各种西方纺织品也借此进入中国市场，通过十三行而逐渐进入中国的社会生活，羽纱就是其中一种由丝绸和棉纱交织而成的编织物[3]。《粤海关志》中记载英吉利土产有大小绒哔叽、羽纱、紫檀、火石，及所制玻璃镜、时辰钟表等物，精巧绝伦。并有详细的税则：番布衣每百斤税银三钱，各色哆啰绒羽纱番衣每件税八分，绒衣、各色剪绒番衣每件各税四分[4]。

兹列举一份纺织品贸易文献以助了解东裕行的纺织品贸易。嘉庆十七年（1812）谢嘉梧向英国大班益花臣报告羽纱贸易的情况："言定哔叽三百板，照广利怡和两行并各行俱照折价，每百板折实价银八百五十两，每字

① Samuel Ball, *An Account of the Cultivation and Manufacture of tea in China*, London 1848, p.353−354.

② 冷东、阮宏：《一口通商制度中的十三行与丝绸贸易》，《海南师范大学学报（社会科学版）》2014年第7期，第101—105页。

③ 赵丰：《织绣珍品》，艺纱堂／服饰出版，1999年，第237—238页。

④ （清）梁廷枏总纂，袁钟仁校注：《粤海关志》卷二十五《税则二》，广东人民出版社，2002年，第491页。

号应银二千五百五十两。"①哔叽即是英国工业革命时的产物，用精梳毛纱织制的一种素色斜纹毛织物，光洁平整，纹路清晰，质地较厚而软，紧密适中，悬垂性好，以藏青色和黑色为多。

（三）东裕行与官田租赁

十三行行商从事中西海外贸易，也多有经营房地产和金融事业的，但是目前只发现东裕行从事官田租赁的记载。在中国传统社会，地主、官吏和商人对土地有着特殊的喜爱，以各种手段购买和兼并土地，但是行商经营土地买卖则尚属首例。嘉庆十七年（1812）谢嘉梧向英国大班益花臣求助，希望对方予以重金支持完成官田的租赁事宜：

> 再启者：弟前曾与大班说及官田批佃二处，约用银二万元，已蒙鼎诺，兹于前月中已办成一处，允妥，二十三日东莞县主已发给印照收执，准成佃南新洲官田一十七顷零，即要交兑银两。弟因无银，即向潘七爷处揭借，他因银两要支发往武夷办茶，是以不能应手，随即往相好处将官照暂按借银九千二百元，于三十日已经将银交妥，言明限半月本利清还。恐借期将近，难以计办送复，窃思前蒙大班并未士叭喱应弟，若办成此官田，许以借银需用。今此处已成，恳即如数兑借，俾得还回别人，不至失半月之约，足感高情。此外，又一处官田大约四月中可准办定，亦事成再行布达，惟祈统照不宣。
>
> 弟谢鳌观再拜②

几日后再次写信陈请：

> 又内一信说及帮弟办官田批佃二处，前蒙大班应允借银与弟，批办，今于三月二十三日办成南新洲田一处，县主已给发印照交我收执为据，但此时衙门即要银两交兑。弟无银，延于三十

① 英国国家档案馆 FO 1048/12/31。
② 英国国家档案馆 FO 1048/12/31。

日向朋友处将官照按借得银九千二百元，言明约准半月本利清
还，弟恐至期难以计办，故将字通知，恳如数挪借，俾得应约还
人，足感高情过爱之至矣，兹在赘明，祈为朗照，并候近禧。大
班未士，花益臣座右。

　　弟谢鳌观拜[①]

（四）东裕行与商馆租赁

　　不远万里、越洋而来广州从事贸易的外国商人们，最看重的设施就是
能够满足生活、仓储和商务的商馆了。荷兰东印度公司于雍正七年（1729）
起在广州设立商馆，恢复直接对华通商。东裕行也参与了荷兰商馆和英国
商馆的修建和维修事宜，如嘉庆十七年（1812）谢鳌官回复英国大班关于
商馆扩建的信件中说："本月初三日得接列位仁兄札，问修正集义行各工
匠刻下能否再行起造云云，弟等业将来札缘由代为回明。南海县太爷当蒙
谕以此事现在未能作主，须俟制宪大人回省禀知，方能定夺等谕，除俟将
来大人回省奉有示下另行札知外，嵓此先行布复，顺候近好不一。"[②]值得
注意的是，信中所提到的"集义行"是荷兰的商馆，怎么会成为英国要扩
建的对象呢？

　　荷兰东印度公司于雍正七年（1729）成功直航广州，开始直接对华通
商贸易，便一直试图在广州设立一个长久性商业据点，以便于公司在中国
商业业务的开展。此计划在1762年最终实现：该年，荷兰大班获准在广州
向行商长期租借一套完整的楼舍，以作商馆之用。此后30多年里，荷兰和
中国的各项贸易取得长足发展。随着国际形势的变化，荷兰和英国开始争
夺国际贸易地位，双方也在广州展开激烈竞争，荷兰公司为英国公司所击
败。1794年荷兰东印度公司结束对华贸易，但驻广州商馆并未随之关闭，
而是交由留守的大班继续维系营生，直至1822年。随着英国对华贸易不断
扩大，对于商馆的需求也不断增加。但是外国商人不能在广州自行建筑商
馆，而只能向十三行行商租住，"集义行"则为英国商人所使用，并要求
东裕行等行商维修扩建。

---

① 英国国家档案馆 FO 1048/12/34。
② 英国国家档案馆 FO 1048/10/69。

　　"十三夷馆"即十三行时期西人在广州所设立的商馆，是当时十三行商馆区内的主要建筑。其设立的时间不尽相同，最盛时有十三家之多。这些"夷馆"的具体位置，据曾昭璇研究，可考者如下："（1）联兴街东侧（今文化公园西侧，日军侵华时炸平）为黄旗行，即丹麦夷馆，当德兴街西侧。（2）同文街东为大吕宋行，即西班牙夷馆。建楼四座。（3）荣阳大街（日军侵华时炸平大部，今文化公园西侧）与同文街间为法兰西西行（八座），今街仍留有北段。（4）靖远街东为美利坚行（广元行）。广顺行建八座。（5）晋源街西为孖鹰行六座（双鹰为商标），英国夷馆；东为瑞行，瑞典夷馆，四座。（6）仁安街西为隆顺行，老英国夷馆。六座。（7）荳栏中东侧保（宝）和行，英国夷馆。六座。（8）荳栏东西侧集义行六座，荷兰夷馆，东侧义（怡）和行，英国夷馆。六座。"①

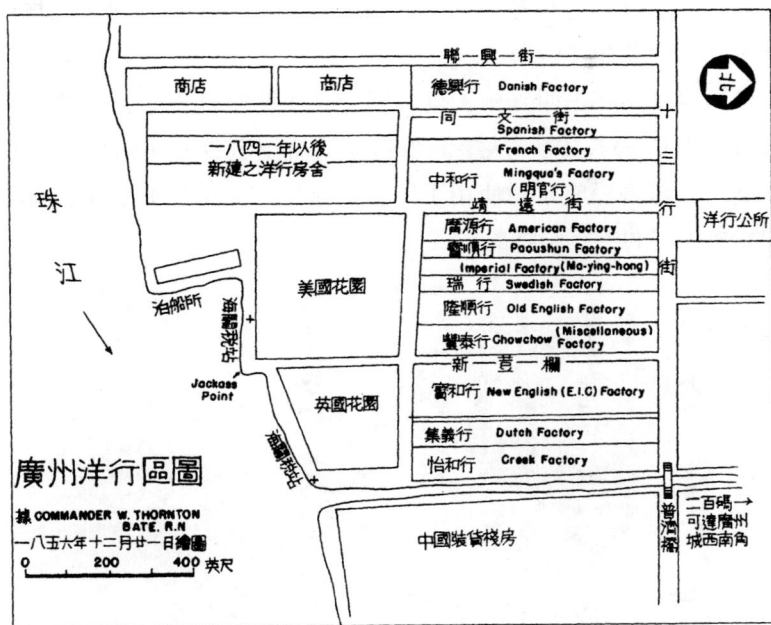

图3　包括"集义行"的广州商馆区地图

---

① 曾昭璇:《广州历史地理》,广东人民出版社,1991年,第396页。

三 东裕行的更替

19世纪初期，除谢嘉梧的东裕行外，其他小行商一样陷入困难阶段，主要有潘长耀的丽泉行、黎颜裕的西成行、关成发的福隆行、麦觐廷的同泰行、梁经国的天宝行、李协发的万源行等。东裕行共欠下341953西班牙银圆的债务（每元相当于白银0.72两）。在英国广州商馆的支持下，其债权人对东裕行欠下的债务不再计息，给予资金和贸易配额的扶持，等待东裕行获得的利润渐次偿付其债权。

在英国广州商馆的支持下，东裕行的财政状况逐渐好转，1812年至1813年还债33000元，1813年至1814年还债55555元，1814年至1815年还债27777元，1815年至1816年还债61067元，1816年至1817年还债152077元，成为唯一全部偿还债务的行商，而丽泉行、西成行、同泰行与福隆行则一家接着一家歇业关门①。

道光六年（1826）谢嘉梧去世，同年其子谢有仁将东裕行改组为东兴行，商名仍为Goqua，继续从事海外贸易，直至鸦片战争爆发。与东裕行谢嘉梧不同，东兴行成立后使用了印章，成为行商更替的证明，也使用了中国传统文化中的签字画押等形式。

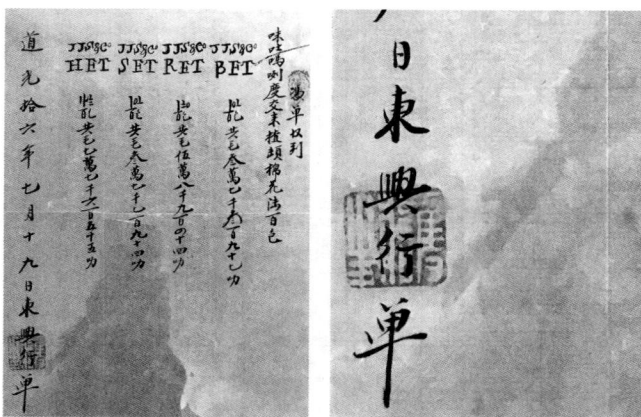

图4 东兴行印章，印文"护封"②

---

① 陈国栋：《馥馨茶商的周转困局——乾嘉年间广州贸易与婺源绿茶商》，李庆新主编：《海洋史研究》第十辑，社会科学文献出版社，2019年。

② 英国剑桥大学图书馆藏怡和洋行档案MS JM/H1/24。

图5　谢有仁（字棣华）签字画押[1]

在19世纪交织着家运、国运、世运的历史巨变过程之中，福建籍贯的谢氏家族由东裕行到东兴行的变迁，留下了一个十三行家族的历史痕迹。

作者通信地址：广东省佛山市顺德区容新路249号容山中学，邮编：528303。

责任编辑：陈子

---

① 英国国家档案馆FO 1048/32/13。

飘扬的印迹：广州十三行与中西旗帜文化交流[*]

吴东艳^{**}

广东梅县外国语学校，广东梅州，514799

摘　要： 16世纪世界开启了"海洋时代"，地理发现和远洋贸易把世界连在一起。中国的丰饶物产和巨大市场吸引了西方资本主义国家商船从海路蜂拥而至，飘扬的旗帜成为海洋中绚丽的符号和标识。广州商馆区各国国旗林立飘扬，与传统中国的旗帜相映成辉，其中蕴含了丰富的历史信息，促进了中西旗帜文化交流，形成了影响深远的"旗帜印迹"。

关键词： 旗帜文化；商馆区；广州十三行

一　来华贸易外国商船旗帜

旗帜的英文"flag"从中古英语"fly"衍生而来，是某物在风中拍打声音的拟声词。词义最初是将柔软的纺织品一端固定，使它在风中飘荡并发出声响。后来发展成一个专门的术语，将矩形面料垂直一边固定，作为国家或统治者的象征飘扬在旗杆或桅杆之上，统称为"旗帜"①。

六百年来，在人类近代化进程的大舞台上，出现了九个世界性大国，分别是葡萄牙、西班牙、荷兰、英国、法国、德国、日本、俄罗斯和

---

* 本文为2020年度国家社科基金冷门绝学研究专项"广州十三行印章印迹整理研究"（批准号：20VJXG005）阶段性成果、2021年度广东省普通高校人文社会科学省市共建重点研究基地嘉应学院客家研究院特别委托课题"清代梅州商业用印比较研究"（批准号：21KYKT13）阶段性成果。

** 吴东艳（1988—　），女，汉族，广东梅县人，广东梅县外国语学校历史教师，历史学硕士。

① ［英］A.兹纳梅沃斯基：《旗帜插图百科》，汕头大学出版社，2009年，第24页。

美国。它们与瑞典、丹麦、奥地利、意大利等国家加入了来华贸易的航程，各国的商船都有自己创制的旗帜，使得海洋上空飘扬的旗帜更加绚丽多彩。

航海旗帜是船只归属的重要标识，也是航海船只交流的重要信号工具。船上的旗帜有两类，一类是国旗，标志船只的国籍属性，是船只的通行证；一类是信号旗，是保证航海安全的专业指挥系统，如求救、补给、避让等。由于击鼓鸣号、呼喊、烟火信号在浩瀚渺茫的大海中都不利于交流，颜色艳丽的旗帜就成为便利的交流途径，并逐步形成旗语通讯。在电力通讯没有产生之前，信号旗是航海船舶交流的主要途径。

英国依靠工业革命后日益富强的国力和强大的海军，先后击败了西班牙、荷兰、法国，成为所向无敌的海上霸主。以后，它又将殖民主义的触角，伸向世界的各个角落，逐步建起人类有史以来最庞大的"日不落"殖民帝国。映入中国朝野视野的，正是这样的英国旗帜。

真正近代意义上的航海商业旗是英国东印度公司采用的旗帜[1]，诞生于1600年公司创办时期，旗面为横向红白相间的条纹，左上角配有英国国旗图案，并写上所属公司的简称"BEIC"（British East India Company）。荷兰东印度公司旗为蓝、白、红三色横条，并写上所属公司的简称"VOC"（荷兰语：Vereenig de Oostindische Compagnie）。

航海法规定，海上航船都必须悬挂船只登记国的国旗，公海上的各国船只由船旗国专属管理。如不悬挂旗帜，根据国际法律将被视为海盗船。船只上的国旗要求每日悬挂，早上升旗，傍晚降旗，除非遇到特别恶劣天气才可不悬挂。

近代欧洲各国争霸，战争不断，政治局势非常复杂。大帆船时代，船舶凭借风力航行，每一个航海贸易周期很长，加上邮政信息传递的滞后，往往有的商船在东方的海域遇到敌对国家的商船，双方对峙之后才得知两国间战争已经结束。或者是不同国家的商船互帮互助结伴回国，到欧洲后发现两国间已经陷于交战状态。变幻莫测的国家关系使每艘商船都会带上几乎所有欧洲国家的旗帜，遇到不同的船只或者抵达不同的港口、殖民地的时候就悬挂适当的旗帜以求保全平安。这种情况在当时被称为"带着旗

---

[1] ［英］A. 兹纳梅沃斯基：《旗帜插图百科》，汕头大学出版社，2009年，第245页。

帜面具的贸易",来华贸易的商船也会如此瞒天过海。

1732年3月7日,瑞典东印度公司商船"哥德堡号",又称"腓特烈国王号"首次来广州贸易时,商船大班柯林·坎贝尔考虑到前往广州会途经各国不同势力的海域,为了避免冲突,根据不同情况悬挂过英国、荷兰、法国、瑞典的国旗。抵达广州的时候,坎贝尔命令水手们升起英国的国旗。因为坎贝尔曾经在英国公司任职过,对广州贸易流程有一定的了解,他深知瑞典国旗对于中国官吏来说十分陌生,必将给贸易带来很多麻烦,为了能顺利进港贸易,他使用中国人已经熟知的英国国旗瞒天过海①。事实证明坎贝尔的命令是正确的,瑞典人就这样进入广州口岸开始了贸易。

美国商船"中国皇后号"在第一次来华贸易时,也使用过同样的伎俩。美国曾经是英国的殖民地,起初美国国旗和英国东印度公司的旗帜图案十分相似,这点使大多数广州人先入为主地认为"中国皇后号"来自英国或英国殖民地印度②。

英国施行特许状委任商贸的形式,禁止散商来华贸易,但是在金钱的强烈诱惑下,散商们对华贸易的欲望是不可能被消灭的。广州一直存在一批英国东印度公司外的散商船,在外国旗帜掩护下进行贸易。《东印度公司对华贸易编年史》记载:"维也纳王朝的皇帝特许成立一家帝国东印度公司,进行他的口岸奥斯坦德与印度之间的贸易,从该处派出的商船——船是英国商人所有,并由英国船员管理,悬挂帝国旗帜。"③对此做法英国东印度公司表示无法容忍,于是英国政府向奥地利王朝施加外交压力,要求撤销英国商船在其旗帜保护下冒充的奥地利贸易。但这并不能很好地奏效,英国散商船还是在别国旗帜掩护下从事贸易,并逐渐发展壮大。

每逢广东当局与英国或者美国关系紧张时,英国和美国的帆船船长就会互换国旗。例如广州停止对英国运输船只开放后,一些英国船只会通过瞒天过海的方式继续从事贸易,有时改用不同的船名,但往往保持原有的

---

① 阿海:《雍正十年那条瑞典船的故事》,中国社会科学出版社,2006年,第5页。

② [美]菲利普·查德威克·福斯特·史密斯:《中国皇后号》,广州出版社,2007年,第172页。

③ [美]马士著,区宗华译:《东印度公司对华贸易编年史》第一、二卷,中山大学出版社,1991年,第159页。

船名不变，然后将英国国旗暂时封存，挂出一面崭新的美国国旗。因为他们知道没有人会费心把这种虚假的变化上报政府①。总之，在航海时代，这种在旗帜面具下的贸易形式并不少见，几乎每天都上演着。

二 广州十三行商馆区旗帜

广州十三行是清代具有垄断性质的对外贸易机构，是清代中西经济、文化、外交、艺术的重要交流中心。清康熙二十四年（1685）开放海禁后，广州成为中西海外贸易的重要口岸，外国人被指定在广州城外从事商贸活动，租赁中国行商的房屋作为商馆，各国商馆连成一片，并在商馆前的广场树立高高旗杆，悬挂本国的国旗。放眼望去，十三行商馆区一片万国旗帜飘扬的异域风光，给到过此地的文人骚客、外国游者留下深刻印象。

十三行商馆前的广场专门设有一块"Flag Staff"，那是来华贸易的各国树立国旗的地方。随着国家、民族、主权意识的兴起，西方各国规定，凡有所属国籍国民居住和贸易的地方都要树立国旗，以表示受到该国保护。

但是在当时，西方人想要获得树立国旗的权利并非轻而易举，这需要通过清王朝的恩准。如英国"1723年贸易季度……大班获得了已成惯例的贸易自由及悬挂旗号的权利"②。外国商馆区的国旗悬挂也有一套惯例，美国亨特先生在他的名著《广州番鬼录》中这样记载，"塔尔博特担任美国领事职务，房子前面的广场每天升起国旗"③，"在1825年，英国、荷兰、美国和西班牙等国的国旗，每日在各自的商馆门前升起，远远就可以看见"④。此外还有丹麦、瑞典、法国、普鲁士、奥地利、意大利旗帜，俨然国旗的万花筒。

这些西方国旗在当时对于清代广州口岸的人们来说很陌生，人们为了

---

① ［美］卡尔·克劳著，夏伯铭译：《洋鬼子在中国》，复旦大学出版社，2011年，第112页。

② ［美］马士著，区宗华译：《东印度公司对华贸易编年史》第一、二卷，中山大学出版社，1991年，第175页。

③ ［美］亨特著，冯树铁、沈正邦译：《广州番鬼录 旧中国杂记》，广东人民出版社，2009年，第29页。

④ ［美］亨特著，冯树铁、沈正邦译：《广州番鬼录 旧中国杂记》，广东人民出版社，2009年，第35页。

便于记忆，根据旗帜图案特点来判定国家，即以旗定国名。丹麦国旗为黄色，称为黄旗国；瑞典国旗蓝地黄十字，称为蓝旗国；奥地利国旗绘有双鹰，被称为鹰国；美利坚则称为花旗国。

人有将生活中经历过值得记忆的事情记录下来的倾向，因条件和喜好的不同，选择方式会有所不同。中国文人喜欢吟诗作赋，用诗文记录；而外国人惯于写日记、游记等。18世纪后期，中国诗人乐钧曾到广州游历，面对十三行商馆区充满异国情调的新奇景象，在诗《十三行》中写道：

> 粤东十三家洋行，家家金珠论斗量。
> 楼栏粉白旗竿长，楼窗悬镜望重洋。①

叶廷勋的《广州西关竹枝词》：

> 一围杨柳绿阴浓，红尾旗翻认押冬。
> 映日玻璃光照水，楼头刚报自鸣钟。②

史善长的《味故山房诗钞》：

> 金碧洋楼耀眼鲜，旗杆猎猎彩云边。
> 隔江人望灯初上，星斗都疑落九天。③

叶詹岩的《广州十三行竹枝词》

> 十三行外水西头，粉壁犀帘鬼子楼。
> 风荡彩旗飘五色，辨他日本与琉球。④

---

① 天津市社会科学院文学研究所古代室编：《古典诗词百科描写辞典》，百花文艺出版社，1987年，第392页。

② 雷梦水等编：《中华竹枝词》，北京古籍出版社，1997年，第2761页。

③ 钟山、潘超、孙忠铨编：《广东竹枝词》，广东高等教育出版社，2010年，第175页。

④ 钟山、潘超、孙忠铨编：《广东竹枝词》，广东高等教育出版社，2010年，第147页。

十三行商馆区"金碧洋楼"和"旗杆猎猎"是最吸引眼球的景象，这些建筑"雁翅排成蜂缀房"[①]，一排整整齐齐，犹如雁翅横展，蜂窝点缀，外国商馆或"楼栏粉白"，或"粉壁犀帘"。这些建筑迥异于中国传统的木结构建筑，外观独特，一般用砖头或花岗岩建造，融合西方特有的阳台、廊柱、浮雕、栏杆等结构，讲究整体气势的宏大。"旗竿长"是特指各国的商馆前都树立高高长长的旗杆，悬挂着颜色各异的国旗。这些飘荡的国旗也是当时的人辨别外国商馆的重要依据。而珠江江面上则烟波浩淼，商船络绎不绝，千帆万桅，景色甚为壮观。

同样，西方人到达广州十三行商馆区也对这些中西结合的建筑和彩旗飘扬的景象印象深刻，在他们的著述和回忆录里都有描写。1793年底，马戛尔尼访华使团的斯当东在其访华见闻录中谈到广州时写道："欧洲各国在城外江边建立了一排他们的洋行，华丽的西式建筑上面悬挂着各国国旗，同对面中国建筑相映，增添了许多特殊风趣。"[②]又如乘坐瑞典商船到广州的欧斯贝克教士，他同样对广州印象深刻，"这座城池壮观而独特，建筑之奇伟令外国人叹为观止。河上繁忙的场面如同伦敦桥下的泰晤士河……码头上是各个商馆或者是货物经管员的住处。每个商馆都在门前立一根高高的旗杆，升起本国的旗帜"[③]。同样，贡斯当在《中国18世纪广州对外贸易回忆录》中写道："欧洲商行因其挂在高杆上的旗帜而与众不同，每家商行门前都有一面这样的'幌子'。"[④]这些商馆都是用砖或花岗岩建的两层楼，楼面结实坚固，装点着各国国旗。对陌生人来说，这倒与本地的"天朝上国"的旗帜和建筑形成赏心悦目的对比。当时贡斯当已敏锐地发现西方各国的旗帜与中国清朝的旗帜有着明显的区别。书中的"幌子"是指西方各国的国旗，此处用语是借用了清代旗帜的俗称。这些外国游人的记载同清代诗人的诗文交相呼应，共同印证了当年十三行商馆区彩旗飘扬

---

① （清）张九钺：《紫岘山人诗集》卷一一。转引自蔡鸿生：《蔡鸿生自选集》，中山大学出版社，2015年，第183页。

② 中荔：《十三行》，广东人民出版社，2004年，第27页。

③ ［英］詹姆士·奥朗奇编著，何高济译：《中国通商图：17—19世纪西方人眼中的中国》，北京理工大学出版社，2008年，第130页。

④ 耿昇：《贡斯当与〈中国18世纪广州对外贸易回忆录〉》，纪宗安、汤开建主编：《暨南史学》第二辑，暨南大学出版社，2003年，第369页。

的独特景象。

这些景象在当时的外销艺术品中也有所展现。广州口岸自1757年起，成为中外商品交换唯一合法的贸易港，不断地向国外出口大宗商品香料、瓷器、丝绸、茶叶及各种外销艺术品。这使广州成为中国外销商品的生产基地，形成了一批专门为海外市场服务的能工巧匠。

"外销"相对于内销而言，专供输出国外市场。在外销艺术品中，主要有外销画和外销瓷。据当年来广州的西洋人称："没有英国人在回欧洲时不带走一幅广州口岸图。"① 可见外销画的需求量之大。外销画种类繁多，有油画、玻璃画、通草水彩画、象牙细密画等各种形式，多分为肖像画、船舶画、港口风光画、市井风情画等各种主题，其中港口风光外销画是广州口岸外销画的重要组成部分。当时生活在十三行商馆区的商人、大班、水手，为了纪念自己在商馆区居住商贸的难忘岁月，记录广州港口的美丽风光，同时便于向亲朋展示介绍中国这个神秘的东方国度，在贸易结束离港前，会聘请画家用洋画技法绘制该地风光。

西洋商人来广州贸易，他们的商船必须经过层层检查，才能到达广州十三行商馆区。一般是先到澳门海关办理入港船牌手续，并由澳门官府派给的引水和伙食买办引领，再经过虎门挂号口稽查盘验，放行进入黄埔港，最后才到达指定的广州城外贸易场所。所以为了能完整地纪念他们在中国开展的贸易，外国商人一般会购买组画，由澳门、虎门、黄埔、广州组成。现馆藏在美国皮博迪埃塞克斯博物馆的珠江系列港口铜版油画，由澳门南湾风光（View of Praya Grande, Macao）、虎门（Bocca Tigris）、黄埔税馆（Whampoa Anchorage）、广州十三行（Hongs at Canton）组成。从这些绘画中，我们可以看到外销画采用了中西结合的绘画技术，有很强的写实效果。画家非常清晰细致地描绘商馆区前的各国国旗，以便观赏者轻松识别出商馆所属的国家。

此外，从现存于世界各大博物馆的外销瓷来看，广州十三行的风貌在清代广州外销瓷器上也是常见的景观画题，绘有各商馆的建筑和旗帜景貌的混合水果酒碗十分流行，外国人通常称它们为"行碗"。在帆船时代，因外销瓷器本身质量比较重，对于西方商船是最佳的压舱货，可以

---

① 江滢河：《清代洋画与广州口岸》，中华书局，2007年，第186页。

平衡商船，抗衡海洋的惊涛骇浪，并且西方盛行"中国热"，在这样的情况下，外销瓷成为西方商人购买中国产品的很好选择。外商订购的家族纹章汤盘，瓷盘的主体绘制代表家族的独特纹章，汤盘的沿边选用了两帧广州珠江下游景色，画中的商馆是早期的商行，仍是中式建筑。再如藏于皮博迪埃塞克斯博物馆的十三行的行碗，瓷面清晰地绘出了商馆的建筑和高耸的各国国旗，分别是神圣罗马帝国的单鹰旗、瑞典国旗、英国国旗和荷兰国旗。

广州十三行在鸦片战争前是中西旗帜文化交流中心，中外迥异的旗帜同时飘荡，交融和谐与冲突共存，组成了独具特色的旗帜风情。飘扬在十三行商馆区上空的旗帜，见证了十三行从诞生走向繁荣、从繁荣走向终结的历史过程，也成为中西文化交流的见证，因而受到世界各国收藏界、博物界的高度重视。

三 中西旗帜文化交流与冲突

17至19世纪，清朝旗帜与西方旗帜处于不同的系统。中国旗帜在远古时期就已萌芽，后来日益成熟与完善，具有使用范围广泛、形态多样、特征突出的特点，这在汉代画像砖、隋唐壁画以及历代画卷中都有充分表现。总体上，中国旗帜强调等级性，纹饰色彩较浓，旗面内容丰富、色彩绚丽。而西方旗帜在航海事业和民主革命下强调其所象征的国家主权和荣誉，并且具有简洁、实用、便利的特点。

广州十三行商馆区地处珠江之畔，江面上的船只上飘扬着富有中国特色、迥异于西方各国的旗帜，这些船和旗帜一直吸引着来访广州的外国人，给他们留下深刻印象。长期生活在广州的美国人亨特在《广州番鬼录》中多处生动地写道：

> 珠江上面，无论是靠广州这边还是靠河南那边，总是不断有挤满乘客的船艇启航或靠岸。有时是官员的船艇，有的两排桨，每边各二三十枝，插着漂亮的各色旗子。旗上写着船艇所属地方的名字，还写着船艇所载官员的官衔。这官衔还写在灯笼的四边以及船尾的栏杆上。有时是往来于行商货栈之间的驳艇或货艇。

这些艇由于它们奇特的形状而被叫做"西瓜艇"。①

林则徐到广州上任、碇泊商馆的情景也有描述:

他乘坐一只大官船……他的船后面跟着一大群其他的船,各船旁边挂着写有主要官衔品级的黑底金字的旗,船尾则有各种颜色的旗帜。②

亨特还对珠江上中国战船进行了描写:

船头涂上两只大眼睛,每根桅杆都挂着垂到舱面的大旗幡,大量各式各样的旗帜——上面写着"勇""阴阳"和"八卦"以及指挥官的官衔品级——挂满船尾栏杆上。总之,它成了中国人"威力和胜利"的标志。……于是该船也正式改成一艘中国战船,照例挂上无敌的标志,画有龙吞月、"阴阳"、八卦、象征雷电图形的三角旗。③

《中国皇后号》一书记载从黄埔到广州途中的见闻时也写道:

江面上挤满各种大大小小的船只,形状和装备都很奇特,其中很多船被漆成鲜艳而古怪的颜色。船和小艇各式各样,许多平底帆船的载重达到400至500吨,挂有彩旗,旗上的图案丰富而且颜色鲜艳。④

---

① [美]亨特著,冯树铁、沈正邦译:《广州番鬼录 旧中国杂记》,广东人民出版社,2009年,第211页。
② [美]亨特著,冯树铁、沈正邦译:《广州番鬼录 旧中国杂记》,广东人民出版社,2009年,第137页。
③ [美]亨特著,冯树铁、沈正邦译:《广州番鬼录 旧中国杂记》,广东人民出版社,2009年,第144—148页。
④ [美]菲利普·查德威克·福斯特·史密斯:《中国皇后号》,广州出版社,2007年,第149页。

从以上的描述可以看出中国传统的旗帜一般色彩艳丽、图案丰富，以蕴含"威力和胜利"力量的"阴阳"、"八卦"、龙吞月和雷电图形等为主要内容。形状方面，有三角旗、四方旗、五边旗和牙边旗等，种类繁多。在中国的旗帜文化中很讲究等级和官衔的象征性，在旗面上会书写具有指示功能的字样，指示所属地方和官阶，如粤海关衙门前的"钦命粤海关旗"等。

这点与中国古代社会封建等级性直接相关。中国在旗帜的使用方面还偏向数量多，这主要是从审美和烘托氛围的角度考虑。相反，西方的近代旗帜呈现旗面规整简洁的特点，多采用简单规则的几何图形，图案一般位于左上方部位，在形制上主要是四边形或燕尾形。西方旗帜还具有色彩鲜明、含义丰富的特点，以三色旗为主，旗帜的象征性是通过颜色来表达，被赋予了近代主权、民主、自由的政治寓意。

此外中西方旗帜在旗杆构造、悬挂方式和布局上也很不相同。中国的旗杆由石座和长杆组成，悬挂用绳索将旗帜横斜展开，布局上则严格遵照与建筑群中轴线左右对称，这一布局设计可使旗帜与主体建筑和谐相容，从而显出不一般的气势。而西方的旗帜只由单独的一根木质旗杆构成，旗帜笔直树立在建筑物前的正中央，旗帜竖直悬挂，旗面的展开与否则依赖于风力。从中西的旗帜对比中，可知当时二者完全处于不一样的旗帜系统，此时西方旗帜已经进入近代化，具有简单实用的先进之处。

广州口岸的十三行商馆区无疑是当时中西交流的重要舞台，广州商贸情况必然会折射出当时欧美各国之间的关系。欧美各国为加强本国资本积累，往往互相争抢海外殖民地和商贸市场。欧洲局势波云诡谲，各国实力此消彼长，无疑也会影响广州这个各国商贸角逐之地。

在这样的国际形势下，广州商馆区国与国之间的水手们经常发生冲突，其中围绕国旗引起的砍旗毁旗事件就有好几起，事件的主要肇事者为英国人。1778年，第四次英荷战争爆发前，英、荷两国水手酗酒后发生口角，英国人粗暴地将荷兰人的旗杆砍断加以侮辱。荷兰方面十分愤慨，认为英国水手这一粗暴行为是蓄谋已久的对荷兰的故意侮辱，坚决要求英国给出满意答复，提出要英国重建旗杆、重新升起荷兰国旗的要求。此事件以英国给回一支新旗杆和旗帜结束①。同样，1780年，由于受英国所从事战争的影响，英国水手在广州商馆区再次滋事，其间有两件事，一件是丹麦人申诉英国水手袭击他们的人，另一件是法国人控告英国水手"割断悬挂法国旗的绳"，英国特选委员会对这两件事表示歉意。因为此次事件又是酗酒引起，英国要求全部停止卖酒给他们的水手②。1781年，广州十三行的商馆区又起风波，本年欧洲发生战争，法国、英国和荷兰的船都没有来广州，但荷兰大班却仍住在广州的商馆里并升起他们的旗帜，这引起好战的英国水手前来闹事。他们将荷兰的旗杆砍倒，辱骂大班。此事以英国向荷兰道歉结束③。显然，此事与当时英荷之间爆发第四次英荷战争（1780—1784）有关。

同样的，1799年12月13日下午五时，广州一大群英国水手随便跑到西班牙商馆，将其国旗扯下撕成碎片加以侮辱。事后，他们又到荷兰商馆如法炮制，侮辱荷兰的国旗。这两件事都是在醉酒后发生，但暴行不能说没有计划，他们的领头人是用水手长的呼号来指挥他们的行动，预谋性很强。西班牙和荷兰两国商馆国旗被侮辱后，两国立即向英国特选委员会提出正式控诉，同样以英国偿还新旗方式结束④。

此外，十三行商馆区有关旗帜的冲突中也夹杂着中外司法的冲突较量，中美之间的"急庇仑号"事件就是突出表现。1821年美国船"急庇仑号"上的一名意大利籍水手德兰诺瓦，他手持的瓦坛不小心击中一名私贩水果的中国妇女，这名妇女不幸随后落水溺死，这件事引发中美两国重大冲突。番禺县令据大清律令审判，认为德兰诺瓦杀害中国人有罪，应判处死刑。但美国人则认为这司法审判不合理，坚持"未审先判"不符合司

---

① ［美］马士著，区宗华译：《东印度公司对华贸易编年史》第一、二卷，中山大学出版社，1991年，第356页。

② ［美］马士著，区宗华译：《东印度公司对华贸易编年史》第一、二卷，中山大学出版社，1991年，第381页。

③ ［美］马士著，区宗华译：《东印度公司对华贸易编年史》第一、二卷，中山大学出版社，1991年，第393—394页。

④ ［美］马士著，区宗华译：《东印度公司对华贸易编年史》第一、二卷，中山大学出版社，1991年，第643页。

法程序，坚决拒绝交出德兰诺瓦，并以降旗相威胁，称"我们不愿将人交出，除非使用武力提取此人，则我们将把国旗降下，并将船只放弃。……国旗将不会在不能受到它的保护以反抗不公正的那些人的头上飘扬"①。但中国清政府维护司法主权的态度同样是坚决的，在对方不交出罪犯的情况下，采取逮捕大班、封舱禁运停止贸易、扣发出港执照等手段迫使美国就范，使美国这种以降旗相威胁的手段并未发挥实质性作用。德兰诺瓦最终被处以绞刑。但这引发了外国报刊等舆论对中国司法制度的责难：中国无视它国主权，法律野蛮、残酷；歧视外人执法不公，实行停止贸易或逮捕大班连坐；司法程序不良等。这些后来都成为西方各国破坏中国司法主权、攫取近代领事裁判权的借口。

1833年12月10日，英国任命律劳卑男爵为英国新设置的驻华商务监督。律劳卑于1834年7月15日到达澳门，在未经两广总督许可的情况下，于7月24日擅自进入广州，在英国商馆悬挂起了英国国旗，成为与清朝官员一系列交涉和冲突的爆发点。十三行总商伍秉鉴召集所有英国商人在会馆开会，宣布官府谕令。由于律劳卑拒绝接受清朝官员的谕令，被驱逐回澳门，10月11日病死澳门，史家亦称之为"律劳卑之败"。

林则徐于1838年被道光皇帝任命为钦差大臣，到达广州开始了禁烟行动。他的对手英国驻华商务监督义律则在英国广州商馆前升起英国国旗②。义律全身戎装，握剑在手，宣称在华英人的生命和财产处于极度危险之中，英国的"国家尊严"遭到蔑视，要求"所有口外英人船只前往香港，升起国旗，准备抵抗中国政府的任何攻击行动"③。

第二次鸦片战争也与旗帜密切相关。"亚罗号"是一艘中国船，曾为了走私方便在香港英国当局注册，但是已过期。1856年10月8日，广东水师在"亚罗号"上逮捕几名海盗和有嫌疑的水手，按道理纯系中国内政，与英国毫不相干。但是英国驻广州代理领事巴夏礼在英国驻华公使、香港总督包令的指使下，致函清两广总督叶名琛，称"亚罗号"是英国船，捏

---

① ［美］马士著，区宗华译：《东印度公司对华贸易编年史》第四卷，中山大学出版社，2016年，第28页。

② Harles Elliot to Palmerston, January 2, 1839, FO 17/30, p. 4.

③ *Public Notice to British Subjects*, The Canton Press, March 30, 1839.

造中国兵曾侮辱悬挂在船上的英国国旗，要求送还被捕者，赔礼道歉。叶名琛据理力争，态度强硬，而且不赔偿、不道歉，只答应放人。1856年10月23日，英军开始行动，三天之内，连占虎门口内各炮台。27日，英舰炮轰广州城。29日，英军攻入城内，抢掠广州督署后退出。12月，洋行夷馆被毁，尽成灰烬。一艘自广州开往香港的英国邮船遭劫。1857年1月，英军焚烧洋行附近民宅数千家，后因兵力不足，为等待援军而退出珠江内河。1857年底英法联军攻陷广州城，要求在广州沙面建立新的商馆区[①]，广州十三行也彻底退出历史舞台。

结　语

广州十三行时期中外迥异的旗帜同时飘荡，呈现了独具特色的异域风情。由于同西洋商人频密接触，长此以往广州口岸的人们对外国国旗、公司旗、船旗等有所了解。尽管因当时清政府实行闭关锁国政策，西方旗帜文化基本被阻挡在国门外，但毋庸置疑这在中国旗帜近代化的进程中起到促进作用。直到1840年鸦片战争爆发，伴随着西方的船坚炮利，西方旗帜在沿海港口、租界区等广泛使用，西方旗帜文化遂逐渐传播开来。至清光绪十四年（1888），由李鸿章上奏、奉慈禧太后懿旨颁布的《北洋海军章程》规定了"按西洋各国，有国旗、兵船旗、商船旗之别。……总理各国事务衙门初定中国旗式，斜幅黄色，中画飞龙"[②]，制定新形式黄龙海军旗。这是中国第一次对旗帜进行立法。

作者通信地址：广东省梅州市梅县扶大高新区剑英大道侧梅县外国语学校，邮编：514799。

责任编辑：官章奕

---

① ［英］斯坦利·莱恩·普尔、［英］弗雷德里克·维克多·狄更斯著，金莹译：《巴夏礼在中国》，广西师范大学出版社，2008年，第213页。

② 张侠、杨志本等编：《清末海军史料》，海洋出版社，1982年，第504页。

鸦片走私文献的铁证[*]

邢思琳[**]

澳门科技大学，澳门，999078

摘 要： 在英国剑桥大学图书馆保存的怡和洋行中文档案中，笔者发现一份关于鸦片走私贸易的原始文献，反映了19世纪国际鸦片走私贸易网络的情况：怡和洋行是鸦片走私贸易的组织者；中国鸦片商联袂巴斯鸦片商人前往印度鸦片产地购买并设计暗号走私入境；巴斯鸦片商人在广州开设的"白头行"是中间环节；书信盖有印章并有各种特色格式，记载了鸦片种类价格。该文献有助于深入研究鸦片走私贸易。

关键词： 鸦片走私；怡和洋行；印章印迹

清代中期以后，外国商人开始大规模进行鸦片走私贸易，在全国各地形成了庞大的销售网络和吸食场所，不仅破坏了正常贸易，也导致鸦片战争爆发。鸦片走私贸易有关问题一直是学术界研究的热点，近期在英国剑桥大学图书馆保存的怡和洋行中文档案中，笔者发现了一份中国鸦片商李结坤的原始文献，有助于深入进行鸦片走私贸易研究。

一 文献内容

该原始文献由一封正信和两页附录组成，正信内容如下，标点为笔者所加。

* 本文为2020年度国家社科基金冷门绝学研究专项"广州十三行印章印迹整理研究"（批准号：20VJXG005）阶段性成果。

** 邢思琳（1994— ），女，汉族，广东潮州人，澳门科技大学社会和文化研究所博士研究生。

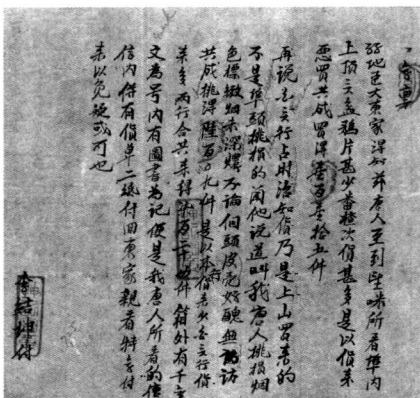

图1①

字禀

　　孖地臣大东家得知：兹唐人至到望咪所看，埠内上顶头盆鸦片甚少，番楂次货甚多，是以货来恶买，共成买得壹百壹拾五件。再说白头行占时治知货乃是上山买来的，不是埠头挑损的。闻他说道叫我唐人挑损，烟色标致烟未（味）深燶，不论个头皮壳好丑无访（妨），共成挑得陆百〇九件。是以本行货来少，白头行货来多，两行合共来得柒百二十四件。箱外有千字文为号，内有图书为记，便是我唐人所看的。信内并有货单二纸，付回东家亲看，特字付来，以免疑或（惑）可也。

李结坤付（坤记图章）

　　除了信件正文，还附有两页的鸦片货单，其一是白头行占时治货单，详细注明了1828年12月12日到次年2月17日期间所购买的609箱、14个字号的鸦片的购买时间、数量、等级、分配比例等细节。货单中虽标注总数为609箱鸦片，但按照14个字号的鸦片件数加起来只有608件，可能为录入货单时计算错误导致的。时间、具体货单细节如下：

---

① 英国剑桥大学图书馆藏怡和洋行档案MS JM/H1/50/01。

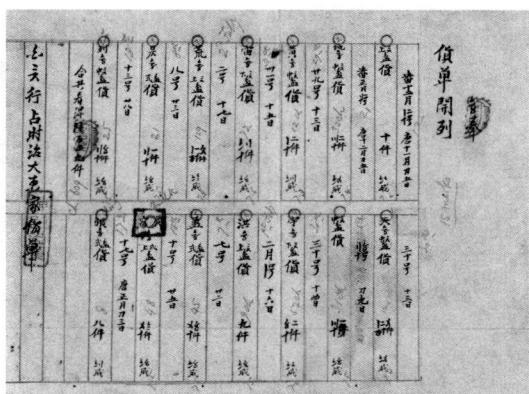

图2①

白头行占时治大东家货单		列字中头盆货　二十五件　七五成	十三号　廿八日	昃字弎盆货　二十一件　七五成	八号　廿三日	荒字上头盆货　一百一十九件　七八成	二号　十七日	宙字下头盆货　七十二件　七五成	卅一号　十五日	黄字中头盆货　一十二件　七三成	廿九号　十三日	地字中头盆货　三十二件　七四成	番正月二十一号　唐十二月初五日	上头盆货　十件　七六成	番十二月十二号　唐十一月初五日
	合共看得陆百〇九件	张字弎盆货　八件　七二成	十七号　唐正月初三日	辰字宿字上弎盆货　四十八件　七五成	十号　廿五日	盈字弎盆货　四十五件　七五成	七号　廿二日	洪字上头盆货　九件　七五成	二月一号　十六日	字字下头盆货　五十二件　七六成	三十号　十四日	中头盆货　三十一件　七五成	二十五号　初九日	天字中头盆货　一百二十四件　七四成	三十号　十三日

---

①　英国剑桥大学图书馆藏怡和洋行档案 MS JM/H1/50/02。

其二是李结坤"坤记"货单，包括1月28日至2月4日期间所购买的115箱、2个字号的鸦片，具体货单如下：

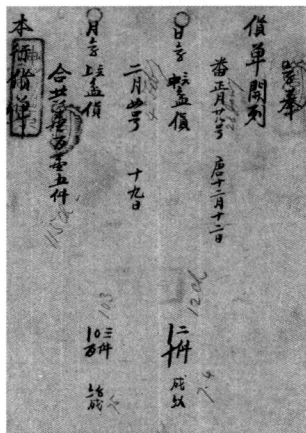

字奉
货单开列
番正月廿八号　唐十二月十二日
日字　中头盆货　一十二件　七四成
二月四号　十九日
月字　上头盆货　一百〇三件　七五成
合共壹百壹五件
本行货单

图3①

二　文献格式

这是一份典型的鸦片走私文献，从1828年12月12日至次年2月17日的发货清单，形式和一般中国商号的清单形式相同，但有一些特殊之处：

（一）防伪标志

这份鸦片档案文书格式上很有特点。为了保证鸦片的走私安全，货单采取了严格的防伪手段。信中提到"箱外有千字文为号"，就是以千字文序列"日月盈昃，辰宿列张"作为记号，但是货单内缺少了"玄"字序列，不知何故。李结坤的"日""月"序列又插在占时治序列之内。这说明当时鸦片走私贸易等级精细繁多，具有规模化、程序化的特点，"胥役棍徒之所借以为利，法愈峻则胥役之贿赂愈丰，棍徒之计谋愈巧"②。

---

① 英国剑桥大学图书馆藏怡和洋行档案MS JM/H1/50/03。

② ［美］马士著，张汇文等译：《中华帝国对外关系史》第一卷，上海书店出版社，2006年，第208页。

货单使用了标准的中式印章。李结坤依附于外国鸦片资本，建立了自己的商行"坤记"从事鸦片走私贸易，并盖有两枚印章。长方形印章，印文"坤记图章"；半月随形印章，印文"吉呈"，在数额、品种等关键内容上皆盖以印章。而货单尾落款"白头行"却用草书异体字书写，最难辨认，鬼画桃符，恍若天书。说明其走私鸦片还是心虚胆怯，害怕官府的惩办。

（二）混合会计

货单使用中国传统苏州花码，用的是比较标准的核对符号（圆圈），货单设计使用了中式腰格斗方账的账页形式，不同批次质量的鸦片以中国传统的千字文天、地、玄、黄、宇、宙、洪、荒、日、月、盈、昃、辰、宿、列、张分类，每类下边又分上中下等级和七六、七五、七四等分成比例。货单总体上是以中国会计文化为基础，但在日期标注上特别考虑了中西方贸易的特殊需要分列两种历法，花码上面铅笔写的阿拉伯数字应该是英国商人标注的。

（三）专用纸张

这批鸦片档案的用纸也很有特点，信件正文和坤记鸦片账单内容较少，只是用了白色绵纸书写。而白头行占时治的鸦片账单内容繁多，则专门效仿制作了乌丝栏记账用纸书写。

雕版印刷术盛行以后，书坊为了美观，用赤丝或黑丝印成稿纸，专门供书写之用，红色者谓之朱丝栏，黑色者谓之乌丝栏，还有蓝格、绿格等等。为书写美观，信纸又分为栏或阑。上方叫"上栏"，下方叫"下栏"，两旁叫"左右栏"。明清时期，专有印刷各种颜色笺格的作坊，用不同颜色界栏笺纸抄写的古籍，通常直接著录为红格、黑格、蓝格、绿格等。但在行商中并未普及，笔者在英国查看了数千份遗存的档案文献，也只有少数大行商使用了朱丝栏或乌丝栏信纸，栏目也没有这份鸦片货单复杂。仔细观看占时治的鸦片账单，并不是雕版印刷，而是为使各栏文字书写整齐，采用手工尺子加硬笔手绘的早期银行账本格式，上下分成两栏，每栏又竖分为18行，便于录入种类繁多、数字繁多的鸦片账单。

鸦片交易的货单，记录了鸦片交易的细节，为后世留下鸦片走私的档案铁证。

三 文献涉及人物

这是一份尚未有人利用的原始文献，信中的各方人物很有代表性，揭示了鸦片走私贸易的各个环节，有助于鸦片走私贸易研究的深入进行。

（一）收信人詹姆士·马地臣

信中李结坤以恭敬的口吻向"大东家"禀报走私贩运鸦片的情形，而这位大东家就是怡和洋行创立者之一的詹姆士·马地臣（James Matheson，1796—1878），在信中写为"孖地臣"。

马地臣1796年11月17日出生于英国苏格兰北部的一个贵族家庭，1811年英国爱丁堡大学毕业，1813年到达印度加尔各答，1818年前往广州，与罗伯特·泰勒（Robert Taylor）合伙做生意，主要从事鸦片走私。1820年担任丹麦驻广州领事，1832年与渣甸创建怡和洋行前身"渣甸·马地臣行"。正是这个"大东家"，罔顾中国人民健康，在黄埔、伶仃洋等地走私大量鸦片，通过分赃利润、重贿收买等手段，勾结中国烟贩，腐蚀官吏兵丁，建成了一个以伶仃洋为中心的海陆相连的国际贩毒网络。他先后被两广总督阮元和林则徐驱逐出境，其后又卷土重来。马地臣位于这个国际鸦片走私贸易网络的最顶端，是鸦片走私贸易的组织者和最大的受益者。

（二）神秘的"白头行"

信中和附信中多次提到了"白头行"，这是以往研究成果中没有提到的商业组织名称，商行老板本名"Jamsetjee"①，信中称为"占时治"，也需要费点笔墨交代清楚。

根据怡和洋行档案目录说明，"Jamsetjee"为巴斯商人，这是清代中期

---

① 英国剑桥大学图书馆藏怡和洋行档案 MS JM/H1/50/1–2。

活跃在广州商场有点神秘的商人群体。结尾（Jee）清代通常翻译为"治"①。巴斯人（Parsee 或 Parsi）是波斯人的后代，信奉琐罗亚斯德教，又称拜火教。波斯被阿拉伯人征服后，部分拜火教徒移居印度苏拉特、孟买等地，成为巴斯人的起源。

在19世纪的广州商馆区，占时治是一个很活跃的人物，1937年《中国丛报》发布了关于巴斯商人租赁商馆的统计，发现他租赁了两处商馆，但是名字翻译成了"杰赊治"，可见其经贸活动的规模②。

广州巴斯散商列表

巴斯商行、代理商人	租用商馆
阿德史、弗当治 Ardaseer　Furdoonjee	丰泰馆 2 号 No. 2 Fungtae hong
包曼治、杰赊治 Bomanjee　Jemsetjee	法国馆 3 号 No. 3 French hong
包曼治、曼诺克治 Bomanjee　Maneckjee	宝顺馆 1 号 No. 1 Paoshun hong
布约治、曼诺克治 Burjorjee　Maneckjee	法国馆 2 号 No. 2 French hong
架赊治、希尔治、钮罗治 Cursetjee　Heerjee　Nowrojee Partners: Heerjee Jehangier and Nowrojee Cursetjee	丹麦馆 4 号 No. 4 Danish hong
敦治皮、八左治、拉那 Dhunjeebhoy　Byramjee　Rana	丰泰馆 5 号 No. 5 Fungtae hong
打打皮、曼诺克治、罗心治 Dadabhoy　Maneckjee　Rustomjee	丰泰馆 1 号 No. 1 Fungtae hong
敦治皮、曼车治 Dhunjeebhoy　Mancherjee	宝顺馆 5 号 No. 5 Paoshun hong

---

① 郭德焱：《清代广州的巴斯商人》，中华书局，2005 年，第 192 页。

② *The Chinese Repository*, Vol. Jan, 1837. Art. IX, pp.429–432. *British Parliamentary Papers*：*China*, Vol. 30, pp.420–421.

续表

巴斯商行、代理商人	租用商馆
化林治、杰赊治 Framjee Jemsetjee	法国馆6号 No. 6 French hong
驹姆治、拿舍湾治 Jummoojee Nasserwanjee	荷兰馆5号 No. 5 Dutch hong
那那皮、化林治 Nanabhoy Framjee	法国馆7号 No. 7 French hong

白头行应是占时治开设的巴斯商行，因为"白头"是19世纪在广州活跃一时的巴斯商人的俗称，他们头缠白布，被称为"白头摩罗"，这方面有很多例证。

广州黄埔的巴斯人墓地被称为"白头山"；"白头山"北侧有"波斯楼"；在澳门有以巴斯人命名的"白头马路"；其后巴斯商人移师上海，开设的银行和商行也称为"白头洋行"或者"白头行"；1861年香港华文报纸《纸冷夜投船录选》上登有白头行的广告[①]；等等。

巴斯商人是广州十三行的常客，人数占来穗外商的三分之一，以贸易和金融借贷闻名。巴斯商人在广州开办了最早的银行之一，并且在广州发行中英双语支票。巴斯商人大多在广州放贷，通常借给行商的年利率高达20%[②]。广州最早的一位"大耳窿"，便出现在这个商人群体里。巴斯商人在清代鸦片走私贸易中起了重要作用，以往研究成果有详细的证据[③]。而这份文献内容显示，巴斯商人占时治是国际鸦片走私贸易网络的中间环节，他不满足于在港口买少量鸦片，而是深入印度内陆鸦片产地，不论成色好坏、个头大小一律购买，转而向中国大肆走私贩毒，对鸦片在中国的泛滥起了重要作用。

---

① 英国剑桥大学图书馆藏怡和洋行档案MS JM/H1/61。

② Paul A. Van Dyke, "Ambiguous Faces of the Canton Trade: Moors, Greeks, Armenians, Parsees, Jews, and Southeast Asians", Paul A. Van Dyke & Susan E. Schopp, *The Private Side of the Canton Trade, 1700–1840: Beyond the Companies*, Hong Kong University Press, 2018.

③ 郭德焱：《清代广州的巴斯商人》，中华书局，2005年；郭德焱：《巴斯商人与广东十三行》，冼庆彬主编：《广州：海上丝绸之路发祥地》，中国评论学术出版社，2007年；郭德焱：《巴斯商人与鸦片贸易》，《学术研究》2001年第5期；《巴斯人与广州十三行的商欠案》，《紫禁城》2007年第1期，第60—61页。

（三）中国不法商人李结坤

写信人为中国鸦片商李结坤。鸦片走私贸易，离不开中国不法商人的勾结配合。在伶仃洋中，有囤积烟土的趸船；在广州等城市有鸦片商人"勾通土棍，以开设钱店为名"，"暗中包售烟土"，称为"大窑口"；在洋面，有包揽走漏的"快蟹"船；"由奸民串同各衙头役，开设私局"，称为"小窑口"。这样的鸦片走私网"散布各城乡市镇，指不胜屈，所在皆有"①。"这种无拘无束的情形越演越烈"，从虎门到广州，"差不多沿河各处都成为这种贸易的舞台了"②。

值得注意的是，李结坤不仅仅在国内贩运鸦片，还联袂巴斯鸦片商人，前往印度鸦片产地，购买并走私入境，这份文献的出现打破了学界以往认为中国商人只是在中国境内接应销售鸦片的看法，令研究者对19世纪鸦片走私的模式有了进一步的认识。

四　文献反映的鸦片走私

在鸦片的来源上，信中提到了购买运输鸦片的地点为"望咪港"。这应该是印度的"孟买港"。因为清代指代洋人的人名或地名时，往往会在汉字中加个口字旁以示区分，如咪唎坚，所以望咪极有可能读作望米或者望美。孟买的印度语为"Bombay"，英国占领后改为"Mumbai"，读音跟粤语"望美"的发音比较接近。所以这个望咪极有可能就是孟买。

从历史背景分析，1828年清朝正在严厉禁烟，加之国内鸦片产量很少，绝大多数的鸦片来自印度。孟买是当时英国在远东最大的转运港，包括土耳其等中东产地的鸦片也在印度孟买转运，孟买港成为印度最大的鸦片集散地。还有一个重要原因，包括占时治在内绝大多数的巴斯商人恰恰居住在孟买地区，这也是占时治能够深入鸦片产地大肆收购的原因。

李结坤在信中接着解释，在望咪港港口看到的上等鸦片很少，质量很

---

① 程浩编著：《广州港史（近代部分）》，海洋出版社，1985年，第25页。

② ［美］马士著，张汇文等译：《中华帝国对外关系史》第一卷，上海书店出版社，2006年，第204—205页。

差，所谓"番楂次货甚多"应该就是那些其他国家的劣等鸦片，因此只是买到了115箱。李结坤又解释为何白头行占时治买到了更多的609箱（鸦片）。原因为占时治不是在望咪港买的鸦片，而是深入内陆鸦片产地。自1758年英国在孟加拉选择了最适宜种罂粟的区域，白花罂粟便种植在印度北部的巴特那，红花罂粟种在许多丘陵上。罂粟液的收集始自2月25日，然后将这些汁液烘干、挤压、发酵制成鸦片。占时治深入鸦片产地，而且不论成色好坏、个头大小一律购买，所以白头行购买的鸦片超过李结坤（坤记）购买的鸦片。

仅仅1828年马地臣走私的这批鸦片即达724箱，每箱125斤左右，合计九万余斤，汇入中国的鸦片浊流中。据统计，从1821年至1828年，平均每年走私进口鸦片9708箱；从1829年以后平均每年进口增加到18712箱[1]。这些鸦片进入广州并流散全国后造成严重影响。根据研究，19世纪初期广州城内及其附近吸食鸦片的人数达到15万到20万左右，占广州总人口的15%以上[2]，远远高于全国平均水平。鸦片价格昂贵，是银价的四倍，"吸鸦片者，每日除衣食外，至少亦须另费银一钱"[3]，大量的社会财富被用在鸦片上，不少人因此倾家荡产。靠鸦片为生的下层百姓精神萎靡、身体衰亡，废时失业，甚至连劳动能力也一起失去。广州市因此丧失了大量的可利用的社会资金，对清后期的广州城市经济产生了严重的影响，更遑论后来爆发的鸦片战争了。

结　语

在这个国际鸦片走私贸易网络中，我们看到了这样的组合：怡和洋行凭借雄厚的资金和英帝国的后盾，成为组织者和领导者；巴斯商人凭借印度鸦片产地的渊源和商业才能，成为中间商兼销售商；李结坤等中国商人凭借广东地利之便及国际鸦片的购买，成为中国鸦片市场的中介。三位一体，在19世纪的鸦片走私贸易中形成对华鸦片贸易的运作机制。

---

① 凌青、邵秦主编：《从虎门销烟到当代中国禁毒》，四川人民出版社，1997年，第79页。

② 蒋建国：《广州消费文化与社会变迁（1800—1911）》，广东人民出版社，2006年，第342页。

③ （清）林则徐：《林文忠公政书》，中国书店出版社，1991年，第103页。

英国剑桥大学图书馆藏怡和洋行档案中还保留了其他大量有关鸦片贸易的文献，例如巴斯商人的信函，怡和洋行与粤海关官员的往来书信，有关鸦片贸易的信函票据，船主通报清朝禁烟政策、军事部署情报，停泊在金星门海域鸦片船只的鸦片预售广告等。发掘研究这批档案文献，一定会大大深化鸦片贸易和鸦片战争等领域的研究。

作者通信地址：广东省珠海市香洲区横琴新区港澳大道K2荔枝湾南区6栋1112，邮编：519031。

责任编辑：黄小高

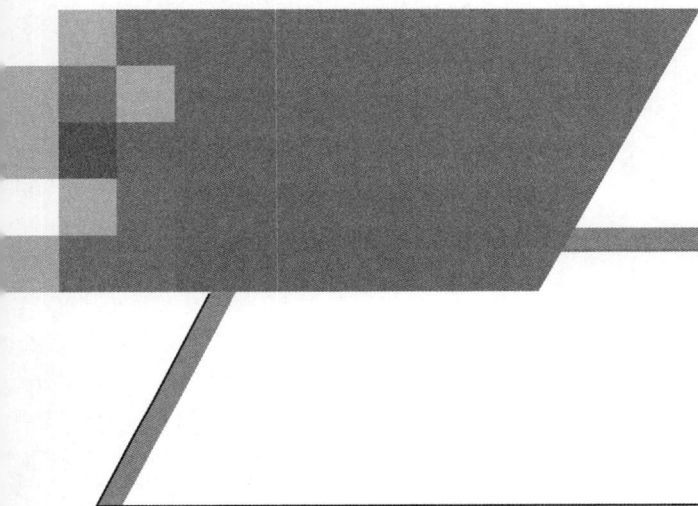

文献天地

明代岭南文人黎贞年谱

马昕怡*

南京大学，江苏南京，210023

摘　要：黎贞系元末明初具有独特代表性的岭南文人。其学上承南园五先生之精髓，下启岭南一代文风，从者众多，影响甚广，却只附传于《明史·孙蕡传》中，生平大事均不为人所悉。本文参考史料，理清其生平之事，以略补当下研究之阙。

关键词：黎贞；年谱；编年；《秫坡先生集》

凡　例

一、本谱以年号、干支纪年，并于括号内备注公元年份，以便阅读。

二、著录谱主黎贞宦迹、作品、交友时，日期确定即按日期记，日期不定即按月记，月份不定则按季节记，季节不定则按逻辑排列，无先后逻辑者则附于年末。

三、谱中所记谱主之活动均将出处注明于其后，另有待查之处，皆注明"俟考"。谱中所录之作品，基本可考其创作时间，略有不详者，亦标明。

四、本谱引用文献资料版本详细情况见于脚注中。

五、本谱中所引《秫坡集》原文，卷首、前四卷及卷末"黎翼之跋"均引自《重刻秫坡先生诗集》清康熙二十五年（1686）黎翼之刻本，其余五至八卷均引自《重刻秫坡先生集》清光绪元年（1875）都会三贤居书屋刻本，同时亦参照了清康熙刻嘉庆二十二年（1817）都会书屋后印本，并

---

*　马昕怡(1998—　)，女，汉族，河南郑州人，南京大学中文系硕士研究生。

随文径改其中明显的讹误。

传　略

黎贞，字彦晦，号陶陶生，晚号秫坡，广州府新会县都会里人。

《重刻秫坡先生集》卷四《三友号说》："古冈黎彦晦嗜酒，号陶陶生。"卷首李承箕《秫坡先生传》："黎贞，字彦晦，都会里人。"

清光绪间抄本《黎氏宗谱》："贞字彦晦，号秫坡，别号陶陶生。"①

祖父号少甫。父黎佐，号鲁庵，曾任元司经局学正。母梁氏。

清光绪抄本《黎氏宗谱》："少甫翁四子讳佐，字以辅，号鲁庵……元授司经局学正。配小冈梁氏安人，生六子，长讳贞。"

《重刻秫坡先生集》卷首黄淳《秫坡先生传》："少从父学正公学于外。"

为长子，有五弟，名举、焕、琛、鼎、黔。有妹适斗峒伍汝梅。

按，清光绪抄本《黎氏宗谱》中谓，黎举，字彦昂，号梅野，年三十二卒于金陵。黎焕，字彦昭，出继畅户长房黎爱，授明广西南宁府宣化县主簿。黎琛，字彦琼。黎鼎，字彦器，从二兄宦游广西，卒于永淳县。黎黔，字彦民，无子。又："（黎佐）女一人，适斗峒伍汝梅，翁妣合葬颜子麓凤脥穴。"

清何福海、林国赓等《［光绪］新宁县志》卷十七："秫坡黎先生之妹，有兄风，有功于伍氏，得妇道甚，继配刘也。自处士殁，六十有余年矣。"②

配广州河南蒙御史女，又娶小冈梁氏。生四子，曰复、巽、贲、颐。次子巽过继黎举。

清光绪间抄本《黎氏宗谱》："（贞）配广州河南蒙御史女，生子二人，长讳复，次讳巽。女二人，长适潘村邝平林，移居香山县斗门里。次适谭江阮竹庄。又娶小冈梁氏，生子二人，三讳贲，四讳颐。"又："（黎举）

---

① （明）孙杰：《黎氏宗谱》，清光绪元年乙亥抄本。本家谱为广州区小健先生提供。区小健先生为方岳家庙区氏二十四传孙，曾辑注《新会潮连区西屏见泉二公合集》。

② （清）何福海修，（清）林国赓等纂：《［光绪］新宁县志》，陈建华、曹淳亮主编：《广州大典》第300册，广州出版社，2015年，第383页。

无子，长兄秫坡翁次子讳巽过继。"

以明经荐至京师，独辞不赴考，赋诗还乡。筑钓台于居室前，日事垂钓。

《重刻秫坡先生集》卷首黄佐《秫坡先生传》："初，补郡庠生，洪武八年以明经荐至京师。时例，由荐辟者俱吏部赴考乃授职，贞独不往，赋诗出郭而归。部使者以其有学行，署为新会训导。志不乐仕，筑钓鱼台于所居宅前，自拟严光。"

因乡中纠纷被牵连，远戍辽东十三年。

《重刻秫坡先生集》卷首黄淳《秫坡先生传》："适救乡之斗，忤不直者，中飞语，戍辽。……居辽一十三年，艰危困厄。而学逾博，识趣逾高；气逾充，议论逾正。……洪武丁丑赦归，抵家方夜，明月满空，呼舟中余酒，登钓台赋诗。久之，乃扣户人。"

以讲学为己任，弟子闻达者颇多。著有《秫坡先生集》《秫坡先生古今一览全书》《家礼举要》。

《重刻秫坡先生集》卷首李承箕《秫坡先生传》："比脱伍归，声闻益著，学者从之，远近毕至。贞谆谆善诱，随其浅深有所造就焉。……年五十九卒，所著有《秫坡集》《古今一览》《家礼举要》传于世。"

《重刻秫坡先生集》卷首黄佐《秫坡先生传》："同里陈献章，后贞出者，素不轻许可，独称贞曰：'吾邑以文行诲后进，百余年来，秫坡一人而已。'……所著有《秫坡集》《家礼举要》《古今一览》等书行于世。"

按，彦晦所著《家礼举要》已佚。《重刻秫坡先生集》现存版本有四：清康熙二十五年《重刻秫坡先生诗集》四卷、清康熙刻嘉庆二十二年后印本《重刻秫坡先生集》七卷附一卷、清光绪元年刻本《重刻秫坡先生集》七卷附一卷以及清抄本四卷。《秫坡先生古今一览全书》现仅存清光绪元年刻本①。彦晦之诗文平易流畅，而尤长于说理，广为后世所赞颂。四库馆臣即评其："虽所学未深，而风格尚为遒上。"②

---

① 汤志波、马昕怡：《明代黎贞著作考》，《马来西亚汉学刊》2019年第3期，第17—26页。

② 四库全书存目丛书编纂委员会编：《四库全书存目丛书》集部二五，齐鲁书社，1997年，第406页。

正 谱

元至正十九年己亥（1359）一岁

约是年春，彦晦生。

按，《重刻秫坡先生集》卷二有《洪武丁丑免戍南归自乙丑戍辽至是盖十三年也》篇，可知戍辽时间为明洪武乙丑（1385）至洪武丁丑（1397）。又，《重刻秫坡先生集》卷一《赠王子敬凯旋》："独怜游子感慨多，年过三十犹蹉跎。……客怀落落已三载，乘风何日赋归欤？"可知戍辽三年，即洪武戊辰（1388）彦晦已过三十岁，故可推断其生年约为元至正己亥（1359）①。

按，清光绪抄本《黎氏宗谱》载："翁（黎贞）生于元顺帝至正十三年（1353）癸巳十月十三日寅时。……享年五十有九，卒于永乐九年（1411）十月十四日。"此说或误。首先，《秫坡集》卷一有《春日途中自寿》，谓"行行逼岁除，诞日随春至"，可知其生日应在春季而非十月。其次，若按卒于明永乐九年计算，则《秫坡集》中收录永乐十年（1412）所作《谷泉序》（卷五）、《临清先生行状》（卷七）、《厚本堂铭》（卷七）及永乐十三年（1415）所作《素窗道人隆兴观写真图记》（卷六）四篇均是在彦晦去世后完成的。最后，此宗谱中载："（彦晦）所著有《古今一览》《汉元史断》《家礼举要》《二十四孝》，诗词赋文集俱行于世，其他有《诗文言行录》《皇明传信录》及《文翰汇选大成》《岭南声诗鼓吹》，郡志、邑志皆有纪焉。"而除《秫坡集》《古今一览》《家礼举要》及《二十四孝》外，其余作品均于《秫坡集》卷首光绪元年（1875）李辰辉《秫坡先生文集跋》中首次出现，笔者已一一考辨其讹误②。而《二十四孝》作者一般认为有"郭居敬""郭守正""郭居业"三说，未于其他材料中见有"黎贞"说。故推测此说或为其后人顺应当时"兴孝"之道，又为彰显家族荣耀，附会而成。综上，其家谱应成书较晚，故暂不采取其生卒年说法。

① 倪尚明：《黎贞及其〈秫坡集〉——兼谈明初珠江三角洲社会文化》，暨南大学硕士学位论文，2006年，第13—14页；孙明材：《〈全明词〉黎贞小传补正》，《五邑大学学报（社会科学版）》2014年第16卷1期，第24—26页。

② 汤志波、马昕怡：《明代黎贞著作考》，《马来西亚汉学刊》2019年第3期，第25—26页。

元至正二十六年丙午（1366）八岁

约是年，弟溺于塘井，彦晦救之。

清林星章、黄培芳等《［道光］新会县志》卷八："（贞）自少岐嶷，异群儿。七八岁时，与弟浴于塘。弟溺塘井中，双指犹漾漾未没。贞亟没水，以手捉其足，登浅处。乡间异之。"①

明洪武元年戊申（1368）十岁

约是年，从郡孙蕡游学。

《重刻秫坡先生集》卷首黄淳《秫坡先生传》："少从父学正公学于外。既闻西庵蕡，即往从之，锐然鞭策于古之人。"

《重刻秫坡先生集》卷首李承箕《秫坡先生传》："五羊孙蕡狂者，才美绝人，为文章操笔立就，死生、荣辱、得失，一不以介意。贞从之游，故学所成就，非一时流辈所及。"

明郭棐《粤大记》卷二十四："洪武改元，征南将军廖永忠至，（何）真求蕡作书请归附。……永忠寻征蕡典郡教。"②可知孙蕡于是年在粤任教职。

按，孙蕡（1334—1390），字仲衍，广州德顺人。与王佐、赵介、李德、黄哲等同受广东都元帅何真礼遇，结诗社于南园，称"南园五先生"。历任工部织染局使、虹县主簿、翰林院典籍、平原主簿、苏州经历等职。洪武二十二年（1389），坐累戍辽，受边关将帅梅义赏识，携彦晦出使高丽。卒后，彦晦理其后事并整理《西庵集》。

明洪武三年庚戌（1370）十二岁

八月，孙蕡举于乡，彦晦同其分别。

明郭棐《粤大记》卷二十四："洪武改元……三年庚戌，始诏天下设科取士。蕡举于乡，至京师，授工部织染局使。"③

明戴璟、张岳《［嘉靖］广东通志初稿》卷十九："举人，国朝洪

---

① （清）林星章修，（清）黄培芳等纂：《［道光］新会县志》，陈建华、曹淳亮主编：《广州大典》第294册，广州出版社，2015年，第643页。

② （明）郭棐撰，黄国声、邓贵忠点校：《粤大记》（下册），广东人民出版社，2014年，第730页。

③ （明）郭棐撰，黄国声、邓贵忠点校：《粤大记》（下册），广东人民出版社，2014年，第731页。

武……三年庚戌：孙蕡。"①

明王世贞《弇山堂别集》卷八十一："洪武三年八月为始，特设科举，以取怀材抱德之士。"②

明洪武七年甲寅（1374）十六岁

约是年，补郡庠生。

《重刻秫坡先生集》卷一《赠王子敬凯旋》："每忆少年十六七，蚤向番山学文术。"

《重刻秫坡先生集》卷首李承箕《秫坡先生传》："洪武初，补郡庠生。"

约是年，受广东参政汪广洋赏识，作《谢潮宗汪参政惠笔》。

《重刻秫坡先生集》卷三《谢潮宗汪参政惠笔》："几回清夜梦分明，千里神交在管城。笑指树云怜鲍叔，坐惊风雨感毛生。囊中不道千金满，箧里长怀一束精。得意待瞻黄榜墨，封侯应未让青萍。"

按，汪广洋（？—1379），字朝宗（一作潮宗），江苏高邮人，举元进士。官至右丞，礼遇特隆。明洪武六年，左迁广东行省参政；十年，复拜右丞相。后遭御史中丞涂节陷害，谪南海，再赐敕切责，遂自经死。著有《凤池吟稿》八卷。

明徐学聚《国朝典汇》卷五十三吏部："七年四月，以汪广洋为左御史大夫。"③又，明张铨《国史纪闻》卷二："甲寅七年……夏四月……召广东参政汪广洋为左御史大夫。"④可知汪广洋任广东参政仅一年，故《谢潮宗汪参政惠笔》约作于洪武七年。

明洪武八年乙卯（1375）十七岁

约是年春，彦晦以明经荐至南京。后辞不赴考，赋诗出郭。

《重刻秫坡先生集》卷三《出郭二律》："洪武乙卯，天下士由荐辟至

---

① （明）戴璟修，（明）张岳纂：《［嘉靖］广东通志初稿》，广东省地方史志办公室誊印，2003年，第359页。

② （明）王世贞撰，魏连科点校：《弇山堂别集》，中华书局，2013年，第1539页。

③ （明）徐学聚：《国朝典汇》，四库全书存目丛书编纂委员会编：《四库全书存目丛书》史部二五六，齐鲁书社，1996年，第273页。

④ （明）张铨撰，田同旭、赵建斌、马艳点校：《国史纪闻》（上），上海古籍出版社，2018年，第100页。

者数百人，例赴部考。予病不赴，使者促之，曰：'若以老成明经荐，得非耻与后进校末艺耶？'予笑而不答，出郭赋此，呈馆阁诸公。"

《重刻秫坡先生集》卷首李承箕《秫坡先生》："（洪武）八年，以明经荐辟至京师。时例，由荐辟者俱赴吏部考试乃授职。贞独不往，赋诗出郭而归。"

辞官还乡，朱善、黄哲、王佐、陈亢宗、金诚之、李晟、唐应奎等人为其赋诗饯行。

《重刻秫坡先生集》卷首黄淳《秫坡先生传》："乙卯，由荐辟至京，见馆阁诸公，一以礼相抗，议论侃侃不屈。诸公相顾谓曰：'国家礼文草创，彦晦积学，未可遽令远去。'乃留商酌礼文，两越月始归。诸公叹曰：'尧舜在上，下有巢由，如彦晦者可易得哉？'相率饯于都门外。"

《重刻秫坡先生集》卷八载朱善《金陵赠别序送彦晦先生南归》："台阁诸先生叹曰：'尧舜之世，下有巢、由，高蹈远引。如彦晦，其圣世之巢、由乎？吾辈正当礼貌之，以励风俗。'乃相与饯送都门之外，一时就中式如梁子异、王子纲十余辈，皆彦晦乡人也，亦叹曰：'彼实远荣，吾固薪显，能无愧乎？'然皆敬慕彦晦学行，素与交游，临岐恋恋若不忍舍，亦相与饯别之。而彦晦之自谓则曰：'士君子生世间，出以行道，处以珍身，固各有志，不必尽同。要惟自信，不使失己而已。'言毕，相与酌酒燕胥，金为绘《金陵话别图》，人赋一诗赠之。欲为之序，以重斯典。"另，卷八有黄哲、王佐、陈亢宗、金诚之、李晟、唐应奎等所作《金陵赠别诗送彦晦先生南归》一题六首，兹不赘附。

按，朱善（1314—1385），一作朱善继，字备万，号一斋，江西丰城人。洪武八年召试第一，历翰林待诏、奉议大夫、文渊阁大学士等职。所著有《诗经解颐》《诗经辑》《释史辑》等，有《朱一斋先生文集》传世。

署为新会训导。志不乐仕，作诗辞之。筑钓鱼台于居室前，日事垂钓，自比严光。

《重刻秫坡先生集》卷二《辞冈泮教职呈潮宗汪先生》："生平牢落一儒衣，虚誉应惭长者知。主掌人文何事业，重烦青眼顾衰迟。"卷首黄佐《秫坡先生传》："部使者以其有学行，署为新会训导。志不乐仕，筑钓鱼台于所居宅前，自拟严光。"

明戴璟、张岳《［嘉靖］广东通志初稿》卷十九："国朝黎贞，训导。

新会人。"①

清阮元、陈昌齐等《［道光］广东通志》卷二百一十九："秫坡钓台，在县东五里都会村。"②

明洪武十五年壬戌（1382）二十四岁

正月二十三日，与欧著、唐豫、梁临、何子海、黄希贡、赵安中等人出游，联句酬唱。

明欧著《南海新声》卷五《壬戌立春前三日与诸友游荔庄联句》："荔庄庄上集群仙（黎贞），风景无边岂偶然（唐豫）。修竹茂林鸣凤在（梁临），平湖春水老龙眠（欧著）。高情未许春知道（何子海），好景应须我辈联（黄希贡）。明日携壶重有约（赵安中），不妨长醉越江边（黎贞）。"③

按，欧著（1359—?），字祖彰，广东顺德陈村人，与彦晖曾同游于孙蕡之门。以布衣终。何子海，字百川，广东番禺人。洪武四年进士，历丞睢宁、永康二县。彦晖曾作《饯何子海先生北上》赠之。唐豫，字用之，广东顺德人，亦同游于孙蕡之门。隐居授徒，自号乐澹，与同邑周祖生、周祖念、刘子羽、何淮、刘子高等五人交往甚密，时称"平步六逸"。梁临，字仲敬，一字彦良，广东新会人，罗蒙正高弟，洪武四年进士，历永城县丞，礼部主事。赵安中，洪武三年举人。黄希贡，生平大事不详。此二人均南园名士。

明洪武十八年乙丑（1385）二十七岁

夏，因郡纠纷坐累，远戍辽东，临行前作《从戎别母》。同戍辽者有聂元秀、马宗善、陈宗毅、刘梓等人。

《重刻秫坡先生集》卷四《放龟赋并序》："岁乙丑，懒云轩、聂秀轩偕黎陶陶生贞、马惺惺子绍、陈嚣嚣者刚暨南海采薇生刘氏粹之者，从番

① （明）戴璟修，（明）张岳纂：《［嘉靖］广东通志初稿》，广东省地方史志办公室誊印，2003年，第 346 页。

② （清）阮元修，（清）陈昌齐等纂：《［道光］广东通志》第三册，上海古籍出版社，1990年，第 3885 页。

③ （明）欧著：《南海新声》，陈建华、曹淳亮主编：《广州大典》第 419 册，广州出版社，2015年，第 531 页。

禺度庾岭，拿舟自南安历吉、赣顺流而下，所之名山秀地即停舟。"卷五《居屯录序》："予自乙丑夏，与聂元秀、马宗善、陈宗毅暨南海刘梓有事于京师。而数子磊落豁达，皆能齐穷通，一顺逆，嚣嚣然忘形骸于霄壤之间，置荣辱于尘世之外。每遇名山异水，遨游遍览，举酒放歌，陶情写兴，曾不知其身之所处为何地也。"

《重刻秫坡先生集》卷二《从戎别母》："拜别慈颜强荷戈，肃将君命敢蹉跎。倚门莫念边城事，圣代于今雨露多。"

《重刻秫坡先生集》卷首李承箕《秫坡先生传》："后以事为讼者所诬，发戍辽东者十三年。"黄淳《秫坡先生传》："适救乡之斗，忤不直者，中飞语，戍辽。临行，告祖曰：'贞习圣贤之行，读圣贤之书。徒切救人，反辱己躯。虽在缧绁，非贞之罪。'"李辰辉《秫坡先生文集跋》："门生黎贞亦戍辽东……盖先生之遣戍，则以解乡人之斗，中蜚语被诬。"

按，《重刻秫坡先生集》卷二《醉后纵笔》自言："客里风波几度惊，每因愁处寓闲情。江南行尽未归去，直上辽阳访管宁。"而据其诗文考证，其戍辽之旅即从广东启程，先经江西赣州府（卷二《赣州访江东庙》《舟次储潭庙》等）、吉安府（卷三《吉安河下夜雨》）、临江府（卷三《慧力寺》）、九江府（卷一《冬至咏雪》《听莺曲》）等地，行至帝都江苏应天府（卷二《七夕》、卷三《从戎渡龙江潭》），又北上过扬州府（卷二《至郡伯驿见新月》《到扬州》）、淮安府（卷二《至淮安弥旬抱病》）等处；后从山东登州府渡海（卷一《沙门渡海吟》、卷二《蓬莱阁》），行至辽东，即《放龟赋并序》中所谓："从番禺度庾岭，拿舟自南安历吉、赣顺流而下。"

明洪武十九年丙寅（1386）二十八岁

春，游庐山太平宫，见道士郑心古所藏《无名轩记轴》，因忆梦中之事，为之作《无名轩记》。

《重刻秫坡先生集》卷六《无名轩记》："予昔居番山时……梦一道士，羽衣蹁跹，行若御风，口若悬河，往告予曰：'罗浮者，有形非形，而假之以形；有名非名，而假之以名……此圣人之道，贵于无迹而难名也。子撊掖者，曷不求集理于无极之前，则天下之事无不包。'……丙寅春，予游庐山，寓太平宫，道士郑心古示以《无名轩记轴》，属予为文。予曰：'子之轩，即吾梦中之意也。'因以梦中语为语。"

明洪武二十一年戊辰（1388）三十岁

五月二十六日，弟黎鼎卒于南宁。十月，彦晦闻之，作《哭弟彦器七歌》以诉痛心疾首之情。

《重刻秫坡先生集》卷一《哭弟彦器七歌》："十月初四得音，知彦器戊辰五月二十六日卒于南宁，作七歌哀之。"其一："有弟有弟纯且良，赋命一生罹多殃。生孩六月母辞世，呱呱苦啼秋夜长。乳我老媪见之叹，鞠育吐哺不离床。呜呼一歌兮歌始发，愁云凄凄风飒飒。"其七："老媪老媪怀抱恶，赋命一生蝉翼薄。大郎从军小郎卒，日薄西山更谁托。萧萧白发空倚闾，几向斜阳叹离索。呜呼七歌兮歌已终，草木为我吟悲风。"

又，《哭弟彦器七歌》中有"生孩六月母辞世""岂期中道父告殂"句，谓其父母均早逝。但《秫坡集》卷二又有《从戎别母》诗："拜别慈颜强荷戈，肃将君命敢蹉跎。"故可知其母于洪武十八年（1385）其从戎时尚未过世。且彦晦戍辽时亦常有怀念亲人之语，如"慈颜长在忆，归梦每还家"（卷三《归梦》）、"无由问慈母，康健近如何"（卷三《寄诸弟》）等。故知彦器与彦晦应为异母兄弟。

远在辽东，思乡心切，作《赠王子敬凯旋》《思家》等诗。

《重刻秫坡先生集》卷一《赠王子敬凯旋》："君家郡城东，我家象城北。……独怜游子感慨多，年过三十犹蹉跎。……客怀落落已三载，乘风何日赋归欤。"

《重刻秫坡先生集》卷二《思家》："紫水桥东是我家，别来三载量无他。高槐细柳参差绿，三径犹存晚节花。"

明洪武二十二年己巳（1389）三十一岁

约是年，孙蕡亦戍辽东，携彦晦出使高丽。

《重刻秫坡先生集》卷二《从西庵孙先生出使高丽》："远逐星轺出海门，扶桑东望尚漫漫。不游八极无垠外，那识乾坤只恁宽。"

明孙蕡《西庵集》卷八《乙卯除夕》："四十今已过二年，明日又复岁华迁。头颅种种见白发，生计落落仍青毡。"[①] 即知洪武乙卯年（1375）孙

---
① （明）孙蕡：《西庵集》，陈建华、曹淳亮主编：《广州大典》第419册，广州出版社，2015年，第531页。

蒉四十二岁,故可推其生于元元统二年(1334)。又,黄佐《广州人物传》卷十二载:"(孙蒉)二十二年以事谪戍辽东,怡然就道,酌酒赋诗,无异平日。时都帅梅思祖节镇三韩,素闻蒉名,迎置家塾。是年竟以党祸见杀,人皆劝其以疏自明。蒉不答,歌一诗,长啸以就刑。天下冤之,年五十有六。"①取"年五十有六"说法,则孙蒉应卒于洪武二十三年(1390)②。又知孙蒉于洪武二十二年戍辽,期间出使高丽,故推测其出使时间为洪武二十二年。

明洪武二十三年庚午(1390)三十二岁

孙蒉卒,彦晦独往收其尸,典衣营事,按礼葬于安山之阳,作诗哭之。后又为其整理《西庵集》。

《重刻秫坡先生集》卷三《哭西庵孙先生前翰林典籍吏科给事》:"岭南佳气属英髦,霁月光风品格高。籍籍才名台阁器,斑斑文彩凤凰毛。青年登第心何壮,白首从戎气尚豪。垂老天涯零落尽,空余遗恨满江皋。"

《重刻秫坡先生集》卷首黄佐《秫坡先生传》:"在辽时,孙蒉以事死于辽,贞抱尸,以衣裹之,殡殓如礼。奉柩葬于安山之阳,典衣营其事,为文祭之,读者莫不堕泪。"明过庭训《明朝分省人物考》卷一百一十:"门人黎贞随其行,葬之安山。"③

清黎景义《二丸居集选》卷十:"西庵先生,吾邑之先进。万历初,邑令姑苏叶处元尝梓其集凡九卷,即先生门人古冈黎秫坡所编者也。"④

按,《重刻秫坡先生集》收录彦晦为孙蒉作《从西庵孙先生出使高丽》《哭西庵孙先生前翰林典籍吏科给事》《观猎西苑呈西庵孙先生》《峡山寺次西庵孙先生韵》四首。《哭西庵孙先生前翰林典籍吏科给事》见前文。

① (明)黄佐:《广州人物传》,中华书局,1985年,第108页。
② 按,关于孙蒉生卒年另有"1334—1389""1338—1393"说。而据陈艳考,"1334—1390"说较为可信,故取之。陈艳:《南园五先生生平疑事考》,《阅江学刊》2016年第3期,第128—132页。
③ (明)过庭训纂集:《明朝分省人物考》第4册,广陵书社,2015年,第2460页。
④ (清)黎景义:《二丸居集选》,陈建华、曹淳亮主编:《广州大典》第433册,广州出版社,2015年,第531页。

明洪武三十年丁丑（1397）三十九岁

约是年春，免戍返乡，作诗纪之。途中有《重过小孤山》等篇，发今昔之叹。亦有诗寄家以报亲友。

《重刻秫坡先生集》卷二《洪武丁丑免戍南归自乙丑戍辽至是盖十三年也》："太平不用戍边关，六合尘清战马闲。圣代儒冠应有用，独骑款段出青山。"

《重刻秫坡先生集》卷二《重过小孤山》："昔年曾过海门关，一别江山十载间。今日扁舟赋归去，蒲帆又过小孤山。"《寄家二首客中元旦一首》其三："东风先我过梅关，为报今年海外还。万里归装何所有，浩吟诗思满江山。"

夏，至广州，为汤有宗读书室作《静适轩记》。

《重刻秫坡先生集》卷六《静适轩记》："岁丁丑孟夏初吉，予归自乐浪溪，憩羊城东隅。邑生汤有宗氏，首过慰行役，契好甚笃。生曰：'吾家有读书轩，额以静适，子其记之。'"

按，汤有宗，广东新会人。《重刻秫坡先生集》卷五《琴书壮游图序》："（汤有容）先子子羽，洪武初司训邑庠，几十春秋，诸生有文行者，多出其门。兄有宗，倜傥不羁，猎涉经史，尤善谈论，每遇角巾缊袍，笑傲山水中，竟夕达旦。"同卷亦有《代送戴大使报政序》："（戴履常）及兹三载，报政入觐。新会儒士汤有宗写《江门别意图》，率士友歌诗以壮其行。"

明洪武三十一年戊寅（1398）四十岁

春，伍骥来访，为之作《厚德记》。

《重刻秫坡先生集》卷六《厚德记》："戊寅春，余归自乐浪，（伍骥）造庐泣告曰：'弘道少游邑庠，辱先生教多矣。别去十四载，今万里来归，复睹威仪，非独先生之幸也，亦弘道之幸也。敢有请。我考总管府君，终于元季，殡于浅土，近迁于豪冲下村山墓侧，建祠以□祭扫，额曰'厚德亭。'……余嘉之甚，故重之以辞。"

按，伍骥，字弘道，广东新会人，彦晦为其长子淳塾师。曾为伍骥作《养拙轩》《贞德亭记》《讷翁辩》等，又为其弟作《敦素子传》，为其子作《冠义序》，为伍氏宗族作《伍氏家谱序》，兹不赘引。

清阮元、陈昌齐等《[道光]广东通志》卷二百七十二列传五："伍骥，字宏道，新会文章里人。……平生积书多至数千卷，一时名士同邑黎贞、南海王子伦、胡济、番禺董匡，皆受其延聘为子师。建祠堂，筑墓亭，家规族谱，具有条理。"①可知王子伦、胡济、董匡等人曾与彦晦同为伍氏子师。

按，王子伦即王纲，字子伦，广东南海人，历攸县丞、江阴知县、河南道监察御史等职。曾为彦晦作《像赞》。董匡，广东番禺人，从彦晦学，为之作《像赞》，彦晦亦为其题《竹图为董生匡题》。胡济，字存润，浙江人。洪武间由监生科第来莅新会，彦晦曾应之请作《赠卢先生序》。

九月初，应谭庭训之邀作《西岩记》。

《重刻秫坡先生集》卷六《西岩记》："由郡城东……七十里，曰良金山，有西岩……友人谭庭训居之。庭训游予门，兹间阔十载。洪武戊寅九月初，访予草庐，因道其所以然。……愿宾此岩以老烟霞焉耳，因援笔次其言为《西岩记》。"

按，民国余榮谋、张启煌《[民国]开平县志》卷四："梁金山……黎秫坡集作'良金山'。"②卷六又谓："黎秫坡将'梁金'作'良金'，遂误传为产金地耳。"③

按，谭庭训，号西岩。从彦晦学，彦晦甚器之，为其作《渊明归庄》《王猷访戴》《羲之观鹅》《杜甫游春》四首，见《重刻秫坡先生集》卷二《古贤图为谭生廷训题》。

约是年，学生邓士齐领乡荐，任广西贵县教谕，为之作《送邓士齐之教贵县序》。

《重刻秫坡先生集》卷五《送邓士齐之教贵县序》："予归自襄平，未期月，冈泮生汤应璧、刘源拿舟抵穗城，袖手卷造吾庐，揖而言曰：'丙子秋闱，凡取士若干，吾邑邓士齐氏第居前列。今年赴春官，领广西贵县教，促装就职，敢请先生一言以赠之。'"

按，邓林，初名彝，又名观善，字士齐，广东新会寺前街人。曾随彦晦学，后领乡荐，历任广西贵县教谕、吏部验封主事等。为彦晦作《像赞》，彦晦亦为其作《桃梨榴荔四果图为邓生士齐题》。

---

① （清）阮元修，（清）陈昌齐等纂：《[道光]广东通志》第4册，上海古籍出版社，1990年，第4720页。

② 余榮谋修，张启煌纂：《[民国]开平县志》卷四，民国二十二年（1933）铅印本，第4叶。

③ 余榮谋修，张启煌纂：《[民国]开平县志》卷六，民国二十二年（1933）铅印本，第12叶。

明邓林《退庵先生遗稿》卷二《寄黎何二诗翁》："猿俦鹤侣怨山空，况复秋霜点鬓蓬。云汉低回双倦翼，山林潦倒一衰翁。鬻余骏骨金何在，捻断吟髭语未工。千载欧梅非偶遇，明当细为说诗穷。"① 当是为彦晦、何子海而作。

陈宗沆摆盛宴佐名妓以邀，彦晦作诗拒之。

《重刻秫坡先生集》卷二《陈宗沆妓筵赛神召不及赴书一绝答之　时宗沆之弟江执戍辽阳故云》："锦瑟银筝白玉卮，赏音自是有钟期。独怜孤雁长城外，叫断南云总不知。"

《重刻秫坡先生集》卷首黄淳《秫坡先生传》："如陈氏沆弟江戍辽，沆选妓佐宴，召不赴，作诗答之，沆得诗罢宴。"

清戴肇辰、史澄等《［光绪］广州府志》卷一百六十一："新会黎秫坡先生谪戍辽东，同里马名广与焉。先生遇赦还家，名广不与。其兄盛席邀先生，侑觞之妓皆绝色也。先生闻之，遗以诗而不赴。诗云：'锦瑟银筝白玉卮，赏音元自有钟期。可怜孤雁长城外，叫断南云总不知。'其兄得诗，为之堕泪而罢宴。"② 按，此事本因陈宗沆之弟而起，或据《［光绪］广州府志》附会为马名广。

明建文二年庚辰（1400）四十二岁

二月，为邑生汤有容作《琴书壮游图序》。

《重刻秫坡先生集》卷五《琴书壮游图序》："古冈汤有容，聪明特达，卓荦之才也。弱冠游邑庠，学举子业。学既通，登丙子秋闱，彻棘后归乡里。……今戒行庚辰春闱，邑大夫士绘《琴书壮游图》，歌诗以壮其志。"

明建文四年壬午（1402）四十四岁

是年，新会尹韩公入觐，作《送韩明府入觐序》以赠之。

《重刻秫坡先生集》卷五《送韩明府入觐序》："吾见于今者，当阳韩

---

① （明）邓林：《退庵先生遗稿》，陈建华、曹淳亮主编：《广州大典》第419册，广州出版社，2015年，第482页。

② （清）戴肇辰修，（清）史澄等纂：《［光绪］广州府志》，陈建华、曹淳亮主编：《广州大典》第271册，广州出版社，2015年，第540页。

公其人也。辛巳秋，由胄监来尹广之新会。……又越一纪，民乐教化，易告诘为礼仪俗，化猺獠为衣冠氓。……因公入觐，特书其实以为赠。至于期大器远到，则圣天子明见万里外，升擢之典，自简在帝心，予何足以知之？既序，复赠之以诗。"

按，韩公佚其名，当阳人。建文三年由太学生知新会县。

明永乐元年癸未（1403）四十五岁

约是年，为金玉川作《赠望高巡检金玉川序》。

《重刻秫坡先生集》卷五《赠望高巡检金玉川序》："新会广属邑。……玉川金子之来宰是司也，当洪武丁丑。今已历再考，海滨晏然，若履坦途。春日池塘，秋风禾黍，民物熙熙，乐其乐而利其利，则公之才与政可知矣。兹以绩满入觐，邑博黄公嘉其为人，命圭峰樵者黎贞为之序。"

按，彦晦亦曾参卫广海戎幕，与广海卫参军陈克让、矬峒盐场课司大使戴履常以及望高巡检司巡检金玉川等人均有交往，见《重刻秫坡先生集》卷五《匡门送别序》《美陈参军奖劝诸生序》《代送戴大使报政序》。明戴璟、张岳《［嘉靖］广东通志初稿》卷十："广海卫，在新会县南一百五十里，洪武二十七年设。"①

明永乐三年乙酉（1405）四十七岁

二月，邑庠生刘源、吴铎将赴春闱，作序赠之。

《重刻秫坡先生集》卷五《赠刘吴二生入赴春闱序》："永乐乙酉大比，新会邑庠生刘源以诗魁，吴铎以书进。彻棘后，邑令赵使君以捷报榜于门首。……予闻之，喜而不寐。"

按，刘源，广东新会人，永乐三年举人，授广西南宁府教授。吴铎，亦新会人，永乐三年举人，授交趾古雷县丞。

明永乐六年戊子（1408）五十岁

八月，萧嘉祐中举，将赴礼部，作《构室说》以赠之。

明黄佐《广州人物传》卷十四："萧嘉祐者，新会人也。将赴举于礼

---

① （明）戴璟修，（明）张岳纂：《［嘉靖］广东通志初稿》，广东省地方志办公室誊印，2003年，第214页。

部，秫坡黎贞作《构室说》以赠之。其略曰：'善营室者必先蓄材择匠，群材蓄则百工足用。而所需协其情，匠氏良则规矩一定，而无更张之扰。古之君子大过人者无他焉，不轻用其才。积之有素，如泉之有本。盖其发之也迟，故其资之也深；守之也确，故其得之也丰。犹作室者，具百材之用，得匠氏之良，而收美观之效也。今吾子以颖悟卓越之才，弱冠掇危科，人孰不争先快睹而致誉于吾子？而吾断断乎以未足为说者，何也？知其人所以责备其人也。'嘉祐再拜受教，自是益力学养锐，坚忍其志，以纵横自用为终身戒。后嘉祐任广西恭城县知县，处事公平，待人以信，大得民心。……世称贞为知人而贤嘉祐之能，奉以周旋也。"①

按，《构室说》一篇《重刻秫坡先生集》不载。萧嘉祐，广东新会塘河人，彦晦弟子。永乐六年举人，后知广西恭城县，卒于官。

十二月，应容舒之邀，为其作《兰谷序》。

《重刻秫坡先生集》卷五《兰谷序》："博营容立政，性冲澹幽雅，不尚浮靡，好芳兰合德，揭以为号。丁亥春，二子舒、庄谒予良金山下，俾就学半载。明年戊子，负笈重来，勉勉循循，日进于有成。岁晏归觐，告予曰：'舒以父命，属先生序兰谷，愿先生成其美，当终身佩之而不敢忘。'"

明永乐八年庚寅（1410）五十二岁

九月，应和卿处士之请作《秀林记》。

《重刻秫坡先生集》卷六《秀林记》："古冈地尽南溟，沿海有山数百，而紫罗峰最高且秀。山下有村曰秀林，陈氏自提督公世居之。元至正间，有讳孟甫者，鸣教铎于本邑庠，子弟诜诜，益以文誉显。孟甫生和卿处士，处士有五子，长文实，次文谅、文达、宗善、文广，俱笃实乐善，而文达尤慷慨不群。永乐庚寅春，携其子儒显至博荣，受学于予。秋暮复来，手疏其宗谱及其所居秀林，请记。"

是年，郡人容原禄建巢云亭以寄情，作《巢云亭记》赠之。又应梁道佑请作《溪隐记》。

《重刻秫坡先生集》卷六《巢云亭记》："环仙岩数峰，皆龙溪山也。一峰戟立，翁居后也。有飞甍隐映于翠微者，巢云亭也。作于永乐庚寅，

_____

① （明）黄佐：《广州人物传》，中华书局，1985年，第129页。

翁经始也。曰巢曰云，尚隐以示朴也。……翁以壮龄应辟而出，未几，以母老归。其行其藏，如云之卷舒，故寓诸亭以见志。翁为谁？巷里容原禄也。"

《重刻秫坡先生集》卷六《溪隐记》："梁氏之先世，居邑南二里许。……洪武初，嗣孙某以旧居密迩城市，犹杂尘嚣，遂买地于天台山之西。……永乐庚寅，二老遐算七十有三，而康宁无恙。子孙环列左右，长子道佑谓予曰：'吾翁好溪居，因号溪隐。求子一言以适其志。'"

明永乐十年壬辰（1412）五十四岁

春，为邓氏新建三祠题名"厚本堂"，并作《厚本堂铭》。

《重刻秫坡先生集》卷七《厚本堂铭》："友人邓某世家囊腹间，若某者，又魁伟出群。少登仕版，典邑刑曹，政清词简，民咸悦之。考绩间，念二亲早世，无以伸冈极之忧，择地于室东隅，建祠三间。工简价廉，不华不朴，台㯂梊座、盖韬几桌与夫豆笾之容，无不悉备，以展晨昏追继之诚、岁时灌献之敬。壬辰春落成，初问名于予。……题曰厚本，其庶几乎。"

十二月，为梁姓友人作《谷泉序》。

《重刻秫坡先生集》卷五《谷泉序》："……我友梁君天资粹美，魁伟冠伦，博闻强识，研极古今。当可壮行之秋，际遇元季兵革，相寻道与时乖，虽欲有为，不可得也。……乃并谷与泉以寓其高。永乐壬辰，余因游铎，邂逅识荆如平昔，遂定为忘年交。岁暮当别，张筵为饯。酒半酣，洗盏更酌，嘱予序之。"

应赵绚之请，为其父赵介作行状。

《重刻秫坡先生集》卷七《临清先生行状》："先生讳介字伯贞，宋秦悼惠王廷美十九世孙也。考讳可，仕元历朝列大夫、临江路治中。妣黎氏。以至元甲申十一月十七日生……二十二年己巳秋，里中有异学，愤先生外其道，反以其所恶者诬之，遂有京行，既而得白南还。舟次南昌，得疾。……书讫而终，是年十一月十七日也，享年四十有六。……以永乐十年葬先生于景泰乡榄坑山之原，绚以状请于古冈黎贞。贞视先生丈人行也，且知先生之详，故敢撼先生之实行为状焉。"

按，赵介，字伯贞，番禺人，南园五先生之一。无仕进意，有司累荐，皆辞免。洪武二十二年卒。

明永乐十三年乙未（1415）五十七岁

七月十五日，作《素窗道人隆兴观写真图记》。

《重刻秫坡先生集》卷六《素窗道人隆兴观写真图记》："……乃岁乙未，孟秋之望，友人某氏自邑回，持水墨丹青，造邸征文。余聒目展视，乃久要素窗道人所居隆兴观写真图也。山川奇伟，盖钟天地之秀灵，擅冈城之胜概。……兹谨志之，使之观斯图者，尚当无忘其所云。"

明永乐十五年丁酉（1417）五十九岁

约是年，卒于家，享年五十九岁，葬于圭峰左麓。学生汤有容为之作祭文。

《重刻秫坡先生集》卷首李承箕《秫坡先生传》："年五十九，卒。"

清阮元、陈昌齐等《［道光］广东通志》卷二百二十六："明处士黎贞墓，在圭峰左麓。"①

新会《汤氏族谱·艺文篇》载汤有容祭文："呜呼，惟我先生禀英伟之姿，循修为之序，穆穆乎丰仪，汪汪乎器。尚友朱程，潜心李杜。是以五经子史靡不荃蹄，而尤以葩学立其门户也。赋辽东百韵之诗，以适羁旅之情；编古今一览之图，以定史学之规。与夫述作吟咏，奇瑰精粹，皆雄视先哲，启迪乎士类。且尝振铎乡校，司训泮水，使僻壤遐陬，咸有邹鲁之趣，是先生之造就青衿不为不巨矣。或以先生不膺荣仕、厚禄为不遇，岂知先生之不遇，正吾人之大遇也。设先生入而为辅相，不过标黄阁之勋；出而为守令，不过驰保民之誉。而绛帐不闻，述作不著，则书生何所依归，后学何所取裁？吁！先生虽往矣，先生之德成名竖，磅礴古冈，不与身而俱坠也。容忝门弟友生，义不遑处，薄奠陈于新墓，惟追古人絮酒炙鸡之愫矣。九泉有知，俯鉴予之哀慕。"②

---

① （清）阮元修，（清）陈昌齐等纂：《［道光］广东通志》第3册，上海古籍出版社，1990年，第3983页。

② 按，此族谱亦为区小健先生提供。

谱　后

明万历十年壬午（1582）卒后一百六十五年

约是年，新会知县袁奎编《秫坡先生集》。

《重刻秫坡先生集》卷一卷端题："新会县知县后学袁奎编次，新会县儒学教谕萧端升、训导马堪全校，六世裔孙善积一富甫订镌。"

清阮元、陈昌齐等《［道光］广东通志》卷二百四十七宦绩录十七："袁奎，字文卿，丰城人。万历八年以进士令新会。"[①]又，卷一百三十八建置略十四："万历十年，署县理问王梦麟修号舍，十二年，知县袁奎建文昌阁于学宫左。二十五年，知县周道行修'圣殿明伦堂'及'两庑两斋名宦乡贤祠'。"[②]按，可知袁奎任期应在万历八年至万历二十五年之间。

清戴肇辰、史澄等《［光绪］广州府志》卷一百零七宦绩四："萧端升，字日阶，潮阳人。少从罗念庵游，举于乡，授广西罗城知县。万历八年，改新会教谕。"[③]知其万历八年任新会教谕。

清戴肇辰、史澄等《［光绪］广州府志》卷二十一职官表五："马堪，桂平人。岁贡，（万历）十年任。"[④]知其万历十年任。

故万历本《秫坡集》最早应整理于万历十年，最晚又不晚于万历二十五年。而袁奎在万历十二年曾编刻《白沙先生遗诗补集》五卷附录一卷，彦晦是集当距陈献章集刊刻时间不远。

又，清光绪间抄本《黎氏宗谱》："第十三世，月轩翁长子讳善积，字一富，号潮气。配木荫尹氏，生子二人。……寿一百岁，与妣俱葬松山嘴乾巽向。"其中载"黎善积"位第十三世（彦晦为八世），彦晦子复生聪，聪生巢，巢生壮，壮生善积。清林星章、黄培芳等《［道光］新会县志》

---

① （清）阮元修，（清）陈昌齐等纂：《［道光］广东通志》第4册，上海古籍出版社，1990年，第4315页。

② （清）阮元修，（清）陈昌齐等纂：《［道光］广东通志》第2册，上海古籍出版社，1990年，第2626页。

③ （清）戴肇辰修，（清）史澄等纂：《［光绪］广州府志》，陈建华、曹淳亮主编：《广州大典》第270册，广州出版社，2015年，第347页。

④ （清）戴肇辰修，（清）史澄等纂：《［光绪］广州府志》，陈建华、曹淳亮主编：《广州大典》第268册，广州出版社，2015年，第392页。

卷十一："黎积善，都会人，性端方。遵祖贞遗训，秫坡诗集散佚，捐赀校梓。年一百岁，邑令额曰：百龄善士。"①

按，彦晦去世后，不乏亲友后生为其整理著作。除去以上提及的袁奎、萧端升、马堪、黎善积等，明王命璿、黄淳《［万历］新会县志》卷四亦载："李以麟，字应叔，号沧洴，慕江门之学。……庭有公艺之风，署无澹台之迹。黎贞汰祀，首争复之，梓其集行于世。"②更有高弟梁继灏传播发扬其学行，陈献章《澹斋先生挽诗序》云："弱冠与澹斋之子益游，始拜澹斋，诲余以秫坡事缕缕，此岂一日忘其师者耶？当是时，秫坡之门存者不少，独澹斋以其学教授于罗山之下，子弟有所矜式焉？夫不背其师于既死而传其学于来世，信也。"③按，梁继灏，字行素，号淡斋，一号澹斋，广东新会滘头人。

清康熙二十三年甲子（1684）卒后二百六十七年

七月二十七日，彦晦入乡贤祠。

清光绪间抄本《黎氏宗谱》云："郡邑乡贤两祠皆与崇祠。至康熙二十三年甲子，广州府修复乡贤祠。翁于是年七月念七日入祀。"

清康熙二十五年丙寅（1686）卒后二百六十九年

后人黎翼之据万历本重刻《秫坡先生集》四卷首一卷。

《四库全书存目丛书》集部二五："国朝康熙丙寅，其后人搜辑重刊，凡诗、词、赋三卷，杂文四卷，卷八附以赠言。"④按，该版本现藏于上海图书馆。

另，《重刻秫坡先生集》卷末有康熙丙寅仲秋黎翼之跋："翁生平著述甚富，日久每多散佚。同里名乡贤区西屏先生曾为编辑授梓，序而传之。及后屡变沧桑，数罹兵燹，所存者多残缺失次，观者有玉碎珠沉之叹。今

---

① （清）林星章修，（清）黄培芳等纂：《［道光］新会县志》，陈建华、曹淳亮主编：《广州大典》第294册，广州出版社，2015年，第732页。

② （明）王命璿修，（明）黄淳纂：《［万历］新会县志》，陈建华、曹淳亮主编：《广州大典》第293册，广州出版社，2015年，第226页。

③ （明）陈献章：《白沙子》卷一，陈建华、曹淳亮主编：《广州大典》第356册，广州出版社，2015年，第26页。

④ 四库全书存目丛书编纂委员会编：《四库全书存目丛书》集部二五，齐鲁书社，1997年，第406页。

幸圣天子右文，访求遗书，正斯文蔚兴之时也。凡故老传闻，皆得并著，矧嘉言懿行之有裨风教者，其可听之汶汶乎？翼之忝属后昆，表章前人，义不容辞。谨搜辑遗帙，重付剞劂。"

清嘉庆二十二年丁丑（1817）卒后四百年

都会书屋重印《重刻秫坡先生集》七卷首一卷附一卷。

清嘉庆本《重刻秫坡先生集》封面刻"嘉庆二十二年重镌""都会书屋藏板"。现藏于广东省立中山图书馆。

清咸丰九年己未（1859）卒后四百四十二年

乡人重建黎先生祠。

清戴肇辰、史澄等《［光绪］广州府志》卷六十七建置略四："乡贤黎先生祠，在都会乡云溪边，祀明明经黎贞。咸丰九年重建。"①

清光绪元年乙亥（1875）卒后四百五十八年

后人黎瑞石据康熙本翻刻《重刻秫坡先生集》。

《重刻秫坡先生集》卷端题："明征士古冈黎贞彦晦甫著……清后学支孙翼之鹏客甫重订，裔孙元振、元甲、三锡、上锡、耀锡、嵩锡、文超、学文全校，廿一世侄孙华玉瑞石重订镌，廿三世裔孙应春和宣全校。"

《重刻秫坡先生集》文集卷首有光绪元年李辰辉跋："……先生所撰有《古今一览》《家礼举要》《汉元史断》《皇明传信录》《言行录》《文翰汇选大成》《岭南声诗鼓吹》。诸书散佚，久不得见。诗文集计七卷，板毁于咸丰甲寅之乱。瑞石搜罗补掇，谋重锓之，而属序于辰。"

作者通信地址：江苏省南京市栖霞区仙林大道163号南京大学中文系，邮编：210023。

责任编辑：于百川

---

① （清）戴肇辰修，（清）史澄等纂：《［光绪］广州府志》，陈建华、曹淳亮主编：《广州大典》第269册，广州出版社，2015年，第359页。

温汝能《粤东诗海》与
清代中叶广东文化认同的再塑造[*]

周 肖^{**}

佛山科学技术学院，广东佛山，528000

摘 要：温汝能编纂《粤东诗海》的基本出发点，是以顺德龙山温氏藏书为基础，加上"四方缄寄者千余家"，汇聚成"富而精"的岭南最大型诗歌总集，其选录原则"所重在诗不在人"。该书的编纂，客观上带动了清嘉庆、道光年间广府士大夫编纂广东诗文总集的一个小高潮，进一步丰富了19世纪初的广东本土文化与认同的塑造。文章通过考察《粤东诗海》的编纂缘由、选诗原则及其微言大义，探讨在19世纪初广东学术文风转变前期，广东在全国学术地位相对衰落的背景下，广东士人通过对广东文献的辑录、编纂等方式再次构建广东地域文化认同的过程。

关键词：温汝能；《粤东诗海》；广东；文化认同

在传统中国，"文化"的传承主要依靠垄断文化知识的读书人阶层来实现。所谓的"地域文化"，实际上也是以维护中国文化为己任的士大夫或知识分子眼中的地域文化①。

---

* 本文为2018年度广东省哲学社会科学规划项目"南汉至清代珠江三角洲佛教兴衰与社会变迁研究"（批准号：GD18DL15）阶段性成果。

** 周肖（1989— ），女，汉族，湖南常德人。经济学博士,佛山科学技术学院马克思主义学院讲师。

① 程美宝：《地域文化与国家认同:晚清以来"广东文化"观的形成》,生活·读书·新知三联书店,2006年,第316页。

　　广东地处五岭之南，在中原士大夫眼中，长期是"蛮夷杂处"的烟瘴之地。除了唐宋时期的张九龄、余靖、崔与之、李昴英等偶露头角外，直至明代广东的高官显宦才明显增加，至明中叶"其声名文物之美，殆与中州无异焉"①。在经济与仕宦逐渐崛起的过程中，广东的士大夫也开始有意识地对广东本土文化形象进行塑造，大量广东地方文献纷纷出现。自明代中叶以来，广东省志和许多府志县志都是由广东人主持纂修，从此有关广东历史与文化的话语权，基本上就掌握在广东人手中②。

　　作为珠江三角洲主体部分的广州府是明清时期广东省会和经济文化中心，在广东本地文化叙述上有压倒性的话语权。程美宝认为，19世纪初，粤语文学的出现，再加上文人发起的文化运动，催生了广东人的身份认同。科大卫（David Faure）指出：从广东本位理解广东历史这种知识脉络，从黄佐编撰《广州人物传》，到广东各种方志的编纂，到珠江三角洲文人诗文的编集，最后把粤语口语转化为文字体裁，一以贯之③。麦哲维（Steven Miles）指出了学海堂同人关于广东历史的著作具有"本土认同"（localist）倾向，并肯定了学海堂在广东历史研究中的权威重镇地位④。在这个意义上，程美宝认为学海堂同人对于广东文献的辑佚、编纂，与黄佐在16世纪《广州人物传》的编纂，可谓一脉相承。

　　清代学术以考据学（即汉学、朴学）为中坚，乾嘉二朝朴学臻于鼎盛，考据之风大行，但地处天南的广东并未被这股学术潮流所席卷，显得寂寂无闻。正如当时人士所说："本朝广南人士，不如江浙。盖以边省少所师承，制举之外，求其淹通诸经注疏及诸史传者，屈指可数。其藏书至万卷者，更屈指可数。"⑤艾尔曼（Benjamin Elman）认为，至18世纪末，朴学已

---

① （明）丘濬：《广州府志·序》，（清）戴肇辰等修，（清）史澄、李光廷纂：《[光绪]广州府志》卷十五《风俗》，广东省地方史志办公室编著：《广东历代方志集成·广州府部（六）》，岭南美术出版社，2007年，第269页。

② 程美宝：《地域文化与国家认同：晚清以来"广东文化"观的形成》，生活·读书·新知三联书店，2006年，第51页。

③ 科大卫著，卜永坚译：《皇帝和祖宗——华南的国家与宗族》，江苏人民出版社，2010年，第286—287页。

④ [美]麦哲维著，沈正邦译：《学海堂与晚清岭南学术文化》，广东人民出版社，2018年。

⑤ （清）崔弼：《新建粤秀山学海堂记》，（清）阮元编：《学海堂初集》，陈建华、曹淳亮主编：《广州大典》第512册，广州出版社，2015年，第745页。

经迅速成为清代学术的主流，从事宋学的学者，不论多么出色，都无法跻身全国学术的高位①。另一方面，这并不意味着此时广东学术的衰落，科大卫指出："认为屈大均这一代之后广东学术衰落，这看法不对。比较恰当的看法应该是：朴学这个学术潮流，并没有席卷广东，在19世纪初年尤其如此。"② 正如程美宝所指出："同中国其他省份的读书人一样，广东的读书人，要表示自己的学术成就足以在全国占一席位，需要通过在以一省一地为单位编纂的文集、人物传记和地方史志等地方文献，来展现本地文人的成就，并往往像族谱建构亲属关系一样，追寻其学术上的师承关系。"③

正是在这样的历史背景下，自清代中叶起，广东涌现了大量本地文人主导编纂的地方文献。本文通过清嘉庆年间顺德人温汝能《粤东诗海》这一个案，探讨广东士人在19世纪初广东学术文风转变前期，广东在全国学术地位相对衰落的背景下，通过对广东文献的辑录、编纂等方式构建广东地域文化认同的过程。

一 《粤东诗海》的编纂缘由

温汝能，顺德龙山人，清乾隆五十三年（1788）举人，曾任中书科舍人。他于嘉庆三年辞官归隐，专心于读书著述，编著《粤东诗海》《粤东文海》《龙山乡志》《陈氏五代集》《谦山诗钞》《谦山文钞》《孝经约解》等书籍，积极参与家乡地方上的大小事务，卒于嘉庆十六年（1811）④。温汝能生活的时代，正好是处于广东文化学术"内显而外不显"的特殊时期。

自唐宋以来，广东地区文人所写诗文积微成著，但因朝代久远，以及各种天灾人祸，导致散佚严重。明清以来，广东一直都有一些热心于

---

① ［美］艾尔曼著，赵刚译：《从理学到朴学：中华帝国晚期思想与社会变化面面观》，江苏人民出版社，2018年。

② 科大卫著，卜永坚译：《皇帝和祖宗——华南的国家与宗族》，江苏人民出版社，2010年，第289页。

③ 程美宝：《地域文化与国家认同：晚清以来"广东文化"观的形成》，生活·读书·新知三联书店，2006年，第164页。

④ 周廷幹修，温肃纂：《［民国］龙山乡志》卷十二《列传二》，顺德龙山温荣欣家藏复印本，第20叶。

地方文化的文人从事广东诗文的收集和整理工作，才得以将前人的部分成果保留下来。明清以前情况难以追溯，然而自明清以来由有心者加意搜辑，至今传世之粤诗选本不下十余种。今人吕永光《粤东诗海·前言》对明清至民国广东诗歌总集情况作了简单梳理和总结，兹在其基础上制作表格如下[①]：

明代以来广东诗歌总集情况表

成书年代	作者	属地	书名	内容
明万历四十四年	张邦翼	湖广蕲州	《岭南文献》三十二卷	不专于诗
清康熙二十六年	屈大均	番禺	《广东文选》四十卷	不专于诗
清康熙三十五年	黄登	番禺	《岭南五朝诗选》三十七卷	
清乾隆十二年	梁善长	顺德	《广东诗粹》十三卷	收录唐至清诗作者
清乾隆五十年	陈兰芝	香山	《岭南风雅》三集，每集三卷	
清嘉庆十八年	刘彬华	番禺	《岭南群雅》两集，八卷	
清嘉庆十五年编成，嘉庆十八年梓成	温汝能	顺德	《粤东诗海》	岭南最大型历代诗歌总集，收录自唐至清嘉庆间诗人一千零五十五人
清嘉庆十九年至二十四年	罗学鹏	顺德	《广东文献》四集，七十卷	不专于诗
清嘉庆二十五年	凌扬藻	番禺	《岭南诗钞》二十四卷	收录清代作者六百四十余家
清道光十九年	黄子高	番禺	《粤诗蒐逸》	自建始之年至有元之世，网罗遗佚，中有《粤东诗海》未录者，然仅得四卷
清道光二十年至二十三年	梁九图、吴炳南	顺德	《岭表明诗传》六卷暨《岭表清诗传》十卷	仅收录明清两朝作者

① 吕永光：《粤东诗海·前言》，（清）温汝能纂辑，吕永光等整理，李曲斋、陈永正审定：《粤东诗海》，中山大学出版社，1999年，第7—8页。

成书年代	作者	属地	书名	内容
清道光二十三年	伍崇曜	南海	《楚庭耆旧遗诗》，前集二十一卷，后集二十一卷，续集三十二卷	
民国十四年	何藻翔	顺德	《岭南诗存》	按体分卷，诗末附以选者评语
民国年间	邬庆时、屈向邦	番禺	《广东诗汇》一百五十卷	收录历代粤诗，然此书仅存稿本，且已残缺

以上14种粤诗总集中，除明代万历年间由来自湖广蕲州的广东督学张邦翼所修《岭南文献》外，其余13种文献都由广东本土人士所修。主修者中，番禺人最多（7人），顺德人其次（5人），南海、香山各1人。可以说，绝大部分来自珠江三角洲的核心地区。吕永光比较历代粤诗总集，认为温汝能所编辑的《粤东诗海》"可称岭南最大型之历代诗歌总集。其规模不特为上述诸书所不及，即后世选本，亦难以相匹"①。其评价非常高。

事实上，温汝能本人就是一位诗文俱佳的广东文人，著有《谦山诗钞》《谦山文钞》等个人诗文集，在民国《龙山乡志》本传中就有对其诗文造诣的描述：

> 有玉山草堂风，在官日与阳湖洪亮吉、蜀郡张问陶等以诗文相切劘，亮吉称其高出流品，凡贵游之习、声气之场，概不能染。②

所谓"玉山草堂风"，指的是温汝能诗文风格像元末江南玉山草堂的顾瑛，而顾瑛生平爱与朋友游山玩水、饮酒赋诗，所以其诗文多抒写闲

---

① 吕永光：《粤东诗海·前言》，（清）温汝能纂辑，吕永光等整理，李曲斋、陈永正审定：《粤东诗海》，中山大学出版社，1999年，第7页。

② 周廷幹修，温肃纂：《［民国］龙山乡志》卷十二《列传二》，顺德龙山温荣欣家藏复印本，第20叶。

情逸致，风格高洁清雅。温汝能曾在《粤东文海》自序中写道："早岁驰
驱京朔间，与当世贤士大夫考证古今，辩论经史，而泛滥渺茫，略无涯
涘。忽忽数十年，卒未有所成就，退而老于南海之滨，日求乡先哲遗文，
以考世变、察得失。"①温汝能在京任官时并不显赫，始终处于官场边缘。
他与洪亮吉、张问陶等人志同道合，洪、张皆为当时著名的学者型官员，
上述洪亮吉对温汝能的评价，应当较为吻合温汝能的经历与个性。而另
外一方面，因曾在京师为官，身处中国的文化学术中心，温汝能自然看
到了当时朴学在全国的兴盛发展，以及当下广东学术文化在全国地位的
日渐衰败，故回乡后他欲编撰《粤东诗海》《粤东文海》等大型广东文献
合集，以求能重新彰显岭南文化，这在一定程度上与其经历是有内在联
系的。

除温汝能外，龙山温氏诸多族人在诗文上均有一定建树，如同辈人
温汝适著有《携雪斋诗钞》、温汝进著有《津寄斋诗钞》、温汝遵《竹堂
诗钞》、温汝骥《灵渊诗钞》、温汝造《印可斋诗钞》、温汝骧《南垞诗
钞》等，以及他的祖父辈们也留下来了数量可观的诗文集。可以想见，
温汝能家族的文学修养以及其个人在文学上的造诣都极可能促使他着手
编辑《粤东诗海》，而这份文学素养也是他能承担起这一庞大编辑工程的
重要基础。

至于《粤东诗海》编纂的直接缘由，可参考温汝能在其自序中对前人
收集、整理粤诗成果的认识：

> 自唐以诗取士，海内多事声律。五岭以南，作者奋兴，日月
> 滋广，遂蔚为奇观。明区启图尝会萃诸集，编为《峤雅》。采择
> 孔翠，芟简繁芜。自唐迄明，得五百余家，可谓盛矣。而刊未及
> 竟，浸已散佚。国朝乾隆间，车蓼洲、罗石湖、何西池诸先生惧
> 其久而散，散而无以征其奇也，更为广征传刻，已属番禺冯箕村
> 启局于羊城，远近邮寄，绳绳不绝。乃功未及半，亦相继殂谢。
> 今所传《岭南文献》《广东文选》《五朝诗选》《广东诗粹》，或搜

---

① （清）温汝能：《〈文海〉自序》，岭南文库编辑委员会、广东中华民族文化促进会编，仇江
选注：《岭南历代文选》卷三，广东人民出版社，1993年，第304—305页。

辑未富，或采取未精，均未足以尽其奇。①

有鉴于上述现状，温汝能希望自己所编《粤东诗海》是一部"富而精"、全面而系统的粤诗总集。他将两部总集分别命名为《粤东文海》《粤东诗海》，就是因为"海"有"并包之象"②，同时"海"亦有"渊薮"之意③。

温汝能《粤东诗海》的编纂，与明清时期作为广东核心区域的珠江三角洲的崛起有直接关系。自明代以来，集中了广东绝大部分政治和经济资源的珠江三角洲地区出身的地方精英，掌握了有关广东历史与文化的话语权。大量由珠江三角洲地区文人纂修的地方文献开始出现④。因此，这也是何以粤诗总集的纂修者绝大多数是广府地区的人，而其中又以番禺、顺德、南海三地为主。相比于广东其他地方的文人而言，广府珠江三角洲地区的文人有着更为雄厚的资金支持，也拥有更多的文化资源。

以温汝能为例，他编纂《粤东诗海》《粤东文海》篇幅巨大，收录甚广，若非有强大的家族财力以及广阔的人脉资源作为支撑，恐怕极难付诸实践。清代龙山温氏家族声名显赫，亦久以藏书丰富而闻名。温汝能辞官居乡之后，"筑中斋莲溪上，藏书数万卷"⑤。《群书跋·万卷菁华前集》称"温氏族人有澍梁者，善收藏，颇称富有，而以出自面城楼者为善本"。温澍梁正是温汝能家族的后人。原岭南大学图书馆藏书中，就多有温氏各类藏书印⑥。温汝能在《粤东诗海》自序中提及"余已论次桑梓之文，复遍

① （清）温汝能：《粤东诗海·序》，（清）温汝能纂辑，吕永光等整理，李曲斋、陈永正审定：《粤东诗海》，中山大学出版社，1999年，第14页。

② （清）温汝能：《〈文海〉自序》，岭南文库编辑委员会、广东中华民族文化促进会编，仇江选注：《岭南历代文选》卷三，中山大学出版社，1993年，第305页。

③ （清）温汝能：《粤东诗海·序》，（清）温汝能纂辑，吕永光等整理，李曲斋、陈永正审定：《粤东诗海》，中山大学出版社，1999年，第15页。

④ 程美宝：《地域文化与国家认同：晚清以来"广东文化"观的形成》，生活·读书·新知三联书店，2006年，第51页。

⑤ （清）郭汝诚修，（清）冯奉初等纂：《［咸丰］顺德县志》卷二十七《列传》，广东省地方史志办公室编著：《广东历代方志集成·广州府部（十七）》，岭南美术出版社，2007年，第646页。

⑥ 周裿：《岭南大学图书馆中文善本书研究》，《图书资讯学刊》2012年第10卷第1期，第89页。

征诗词", "四方缄寄者千余家"①。温汝能正是在编撰出汇聚其家乡历史的《龙山乡志》后,更进一步地进行塑造整个广东文化认同的《粤东诗海》《粤东文海》编纂工作的。一方面,温汝能及其家族的藏书,成为他编纂《粤东诗海》《粤东文海》两部巨著重要的文献来源;另一方面,温汝能收到"四方缄寄者千余家",可见其交游网络之广阔。

正是在这样的有利条件下,温汝能"自甲子迄庚午,凡七阅寒暑", "与二三同志稍加裁择,咸使雅驯,共得诗一百卷,补遗六卷"②。也就是说,从嘉庆九年(1804)起,温汝能开始着手收集、编辑广东各家诗文,历时七年,终在嘉庆十五年(1810)完成,整理出一部正编达一百卷、补遗六卷的大型粤诗总集《粤东诗海》。

二 "所重在诗不在人":《粤东诗海》对广东历代诗人的粹选原则

《粤东诗海》的编纂,不仅是在编纂本土诗集以及颂扬前贤,同时也展现了温汝能对广东文人谱系与文化传统的理解。温汝能在编纂《粤东诗海》时的考虑与原则,集中体现在《粤东诗海》例言中。如例言的第四十九条、第五十条:

> 知人论世,为颂读之急务。故是编于每人名下,必详记其字号、爵里,或撮其生平事迹,作一小传。又附以前贤评语,俾阅者有所考焉。然所重在诗不在人,故有德行勋业,震于一时,而诗非所长者,亦姑置之。
>
> 编人次第,以科目先后分。无科目者,略依少长行辈。诗之次第,以古、近各体分。未能诸体兼长者,则录其所优。③

---

① (清)温汝能:《粤东诗海·序》,(清)温汝能纂辑,吕永光等整理,李曲斋、陈永正审定:《粤东诗海》,中山大学出版社,1999年,第14页。

② (清)温汝能:《粤东诗海·序》,(清)温汝能纂辑,吕永光等整理,李曲斋、陈永正审定:《粤东诗海》,中山大学出版社,1999年,第14页。

③ (清)温汝能:《粤东诗海·例言》,(清)温汝能纂辑,吕永光等整理,李曲斋、陈永正审定:《粤东诗海》,中山大学出版社,1999年,第23页。

由唐至清嘉庆这一千多年间，所产生的诗作数不胜数，温汝能要如何在这浩瀚诗海中抉择取舍？从《粤东诗海》例言，可大致了解温汝能对历代诗人诗作的评价及取舍原则。

温汝能例言开篇第一条即宣称："吾粤传诗，始于有唐。……则自汉晋既开风雅之先矣。特散佚无考，诸选刻皆未之及，故兹编仍旧选自曲江始。"①唐代张九龄是《粤东诗海》中收录的第一位诗人，他认为自张九龄开始，岭南地区的文学创作之风才算展开：

> 粤自曲江以来，文献已开，荐绅解组归，往往不事家人产业，唯赋诗修岁时会。至于今日，廊庙之英，山林之彦，类能文章、娴吟咏。②

可见在温汝能心目中，张九龄对于岭南地区文风的开风气之先是非常重要的。在张九龄之前，岭南不是完全一片蛮荒，但温汝能指出，这是因为汉晋至唐代以前，岭南先贤的诗作已经"散佚无考，诸选刻皆未之及"。

既然温汝能以唐代为粤诗之始，那么《粤东诗海》选取唐诗的原则又是如何？温汝能在其例言第六条称：

> 唐代作者既未多，又或散佚失传，如廖有方诗，柳州称为有大雅之遗，今已沦亡。其他遗逸，想亦不少。故传作概行收入，恐更失坠也。至孟宾于、陈陶等，或列为五代。兹从御定《全唐诗》例，仍列于唐。③

唐代岭南地区的诗人并不多，再加上失传散佚，能流传下来的唐代诗作寥寥无几。因此温汝能对这些诗作所持的态度是不分优劣，全盘收录，

① （清）温汝能：《粤东诗海·例言》，（清）温汝能纂辑，吕永光等整理，李曲斋、陈永正审定：《粤东诗海》，中山大学出版社，1999年，第16页。

② （清）温汝能：《粤东诗海·序》，（清）温汝能纂辑，吕永光等整理，李曲斋、陈永正审定：《粤东诗海》，中山大学出版社，1999年，第14页。

③ （清）温汝能：《粤东诗海·例言》，（清）温汝能纂辑，吕永光等整理，李曲斋、陈永正审定：《粤东诗海》，中山大学出版社，1999年，第17页。

以求将前人仅存的一点成果继续保留下去。列于《粤东诗海》唐代条目之下的诗人总共有十三位，温汝能将五代的孟宾于、陈陶等人也算入，而对五代诗人及诗作的选录原则与唐代一致。因此，《粤东诗海》对唐五代粤诗的收录，以"求全"为根本原则。

宋元时期是岭南地区尤其是珠江三角洲地区加速开发的重要时期，温汝能对于宋元诗的筛选原则是：

> 宋诗多苍劲有骨，而其失或迂拙乏致。故取瑜弃瑕，稍加选择。
> 元人诗多以丽缛为病，刻翠剪红，或近晚唐小令，独吾粤罗希吕圭臬盛唐，元气浑然，调高字响，开南园后五先生之派。惜稿已散失，无由搜罗。故仅依顾侠君百家选所存收入。①

宋元时期的岭南诗坛仍较为冷清，《粤东诗海》中总共列有三十位宋代诗人和九位元代诗人，宋代主要有余靖、崔与之、李昂英、赵必璩、陈纪、蔡郁、马南宝等人，而元代主要以罗蒙正为代表。温汝能称宋诗多"苍劲有骨"，指的便是余靖、崔与之、李昂英等人，他们的诗作多沉郁峭健，诗风骨力遒健，应为宋诗的精粹和主流，他还指出另有一部分宋诗拘泥守旧，乏善可陈，因此要对宋诗择优收录。可见，自宋朝起就不再如唐朝诗作一样将存世之作概行收入，因此编者的主观选择意识开始增强。元朝诗人中最为温汝能所称道的是罗蒙正，温汝能认为他甚有唐人之遗风，但由于其诗作散佚，故只得依顾嗣立《元诗选》中所存的收录。

明代则是本书收录诗作的重中之重，这与明代是广东尤其是珠江三角洲地区经济文化迅速增长的关键时期有着极大关系。《粤东诗海》收录明代诗人459人，是历代收录人数之最，这得益于明代以来广东经济文化的发展使岭南诗坛相应光彩耀目，成就斐然。温汝能称："有明以来，粤诗大盛。洪武之初，高青丘雄视词场，而广南孙西庵崛起岭表，为之羽

---

① （清）温汝能：《粤东诗海·例言》，（清）温汝能纂辑，吕永光等整理，李曲斋、陈永正审定：《粤东诗海》，中山大学出版社，1999年，第17页。

翼"①。高青丘即高启，是明初"吴中四杰"之一，与刘基、宋濂并称"明初诗文三大家"；而广南孙西庵即是孙蕡，是"南园前五子"之一。此二人为明初诗坛翘楚，皆倡导捍卫诗骚传统，高扬汉魏遗风。在论明代诗文时，温汝能拿明初岭南诗坛代表孙蕡来和才高声著的高启相提并论，其推崇之意可见一斑。此外，温汝能大加称颂丘濬与黄佐二人："有明一代，吾粤文章昌明博大无逾丘琼台、黄泰泉。其在词垣后先相望，南离曙色照映九州。《琼台集》及《大学衍义补》，已家有其书。而《泰泉集》尚未甚显。然其言皆有物，可以措施。虽埋之粪壤，终不泯灭矣。其诗体貌雄阔，思意深醇。旗鼓振发，群英竞从。一时词人，如南园后五先生，皆出其门，粤诗大著。窃谓唐代诗人，能鼓舞后进，作兴人文者，唯昌黎一人。泰泉，其即吾粤之昌黎也耶。"②温汝能认为他们二人在明代岭南文坛上的成就与地位是其他人无法超越的，而他尤其赞赏黄佐，认为黄佐的诗文对后世岭南文人影响至深，是具有"鼓舞后进，作兴人文"作用的领袖人物。

而对于明清之际的广东诗人与诗作的选录标准，温汝能则着重于表彰其忠烈气节。温汝能称："明鼎革，吾粤节烈之士多妄思恢复，愚忠之气激而为诗，研泪和麋，长歌当哭，往往无意求工，自然法立。若陈秋涛、梁未央、张元子，固为卓卓，其他亦有可传者。博采而录之，亦发潜显幽之意也。"③他指出，在明清鼎革之时，忠义节烈之士用以抒发悲愤情感的诗文在体例上不拘一格，形式、内容皆较为随性，但这些"愚忠之气"所发之诗"自然法立"，所以他博采众录，将它们保留下来。

经过明清鼎革、三藩之乱等战乱之后的休养生息，清朝进入被史家称为"康乾盛世"的稳定时期。而这一时期，也正是广东诗歌走向鼎盛、广东诗派在全国地位确立的重要时期。清代广东诗歌的鼎盛，有赖于两广总督吴兴祚的倡兴作用和号称"南北二诗宗"的朱彝尊、王士禛入粤的促

---

① （清）温汝能：《粤东诗海·例言》，（清）温汝能纂辑，吕永光等整理，李曲斋、陈永正审定：《粤东诗海》，中山大学出版社，1999年，第17页。

② （清）温汝能：《粤东诗海·例言》，（清）温汝能纂辑，吕永光等整理，李曲斋、陈永正审定：《粤东诗海》，中山大学出版社，1999年，第18页。

③ （清）温汝能：《粤东诗海·例言》，（清）温汝能纂辑，吕永光等整理，李曲斋、陈永正审定：《粤东诗海》，中山大学出版社，1999年，第20页。

进，使得广东身份各异的众多诗人如抗清诗人、仕清诗人、遗民诗人和布衣诗人，找到一个共同抒发情感的机缘，从而拉开了广东诗歌发展至鼎盛的序幕①。《粤东诗海》总共收录416位清代诗人，上至清初，下至嘉庆年间，占全书总收录人数的三分之一以上，可见清代广东诗风的兴盛，亦可见温汝能对清代岭南诗坛的重视程度。但这些收录在《粤东诗海》中的清代诗人，与其他朝代的诗人们略有不同，因为其中不少与温汝能所生活的年代相近，甚至可能是同一时期，彼此间是乡贤、师长、朋友的关系，如何平衡各方关系与篇幅次序，十分考验编者的技巧。另一方面，清代文网严密，但温汝能仍加意采录大批抗清诗人诗作，因此涉及这些诗人的评论与选诗往往顾忌颇多。由于这些原因，温汝能在选录岭南清代诗人与诗作的过程中，会更加谨慎小心。

以上是温汝能编撰《粤东诗海》的大体情况，吕永光认为："他书所不载者，多赖此而得传，实有大功于乡邦文化。"②温汝能在采录粤诗时，眼光亦颇为独到，除公卿大夫、文人墨客、寒士学子之外，还择录包括野人童仆、闺秀名媛、高僧羽流、谣谚杂语等类别的诗文，正如他在自序中所言："上自公卿，下征谣谚，旁及僧道，幽索鬼神，无体不有，无奇不备。书成，名之曰《粤东诗海》，其亦庶几人文之渊薮矣。"③

三 《粤东诗海》中的微言大义：以陈邦彦、陈恭尹父子与屈大均为例

在温汝能编纂《粤东诗海》的过程中，最难处理的部分，当数明清之际曾经站在抗清立场的广东诗人及其诗作。温汝能所处的时代，官修《明史》早已颁行，大批在清初被视为"叛贼"的忠明之士也在乾隆朝得以平反，赐谥入祠表墓，列于"忠义"之目。但清代森严的文字狱，仍让士人

---

① 黄启臣：《明清时代的珠江文化》，《黄启臣文集（三）——明清社会经济及文化》，中国评论学术出版社，2010年，第485页。

② 吕永光：《粤东诗海·前言》，（清）温汝能纂辑，吕永光等整理，李曲斋、陈永正审定：《粤东诗海》，中山大学出版社，1999年，第8页。

③ （清）温汝能：《粤东诗海·序》，（清）温汝能纂辑，吕永光等整理，李曲斋、陈永正审定：《粤东诗海》，中山大学出版社，1999年，第14—15页。

对于文字可能带来的灾难性后果噤若寒蝉。

本节通过考察温汝能在《粤东诗海》中对清初陈邦彦、陈恭尹父子及屈大均三人的处理，以对温汝能在收录清代诗人诗作时秉持的"微言大义"有所了解。

陈邦彦是明季殉节之臣，明亡之时，年近四十的陈邦彦上《中兴政要策论》万言书，并参加南明广东乡试，中举人，擢升兵部职方司主事，派往赣州参与军事。清顺治四年（1647），他与陈子壮密约，起兵攻广州，兵败入清远，城破被执，惨遭磔刑。除是前朝殉节之士外，值得注意的是陈邦彦正是顺德龙山人，与温汝能是同乡。考察温汝能如何在《粤东诗海》中处理这样一个关系相对复杂的人物确实颇有意义。

虽然清代文网严密，但早在雍正年间，清廷纂修的《明史》已为明末抗清诸臣立传，到了乾隆四十年（1775），乾隆皇帝命议予明季殉节诸臣谥典，"特诏追谥明季殉节诸臣，仍其原官，予以谥号"①。此刻的陈邦彦不仅出现在官方史籍中，也被朝廷列入所谓"忠贞"诸臣之列，因此温汝能在收录其诗作时大可自由发挥，而不至于因顾忌政治因素而受到太多限制。首先他在《粤东诗海》例言部分就有一段专门评述陈邦彦的话：

> 吾粤诗笔，老健无逾陈岩野先生。先生身著大节，诗亦力企大家。感时之作气啮长虹，骨凌秋隼，直摩少陵之垒而拔其帜。当时名流如湟溱、一灵、药亭、蒲衣，皆从之游。而分镳异轸，不相沿袭，又能各臻上乘。其教化之神，尤莫与并。所遗《雪声堂诗文集》已残缺失次，予曾搜辑订正而刊传之，兹更择其尤者登诸是选。②

温汝能认为陈邦彦不仅具有不凡的个人气节，在诗文领域亦是颇有建树，他称赞其师法杜甫，诗笔老练有力、感慨深沉，在当时又与程可则、屈大均、梁佩兰、王隼等志同道合之士相交游，各有所长，相得益彰。而

---

① （清）温汝适：《龙山乡祀张陈两先生碑记》，（清）温汝能纂：《[嘉庆]龙山乡志》卷十一，《中国地方志集成·乡镇志专辑》第31册，江苏古籍出版社，1992年，第167页。

② （清）温汝能：《粤东诗海·例言》，（清）温汝能纂辑，吕永光等整理，李曲斋、陈永正审定：《粤东诗海》，中山大学出版社，1999年，第20页。

此处温汝能所提到的《雪声堂诗文集》，是陈邦彦遗留的个人诗文集，在温汝能生活的嘉庆时期早已残缺不全，温汝能经过多方搜集刊刻《陈岩野先生全集》，并在跋中写道：

> 《雪声堂》原集十卷，字迹漫漶，多不可辨，且编次参错，体例颇繁。今厘为四卷，卷一、卷二为文集，卷三、卷四为诗集，末附以各传、行状，暨门人殉节诸传，去烦存要，更觉井然。①

事实上，温汝能不仅刊刻了《陈岩野先生全集》，还编撰了陈邦彦祖孙五代的《陈氏五代集》，惜今已不存。除此以外，温汝能主持兴修在龙山乡祭祀张溟、陈邦彦两位乡贤的乡祠。据温汝能堂弟温汝适所作《龙山乡祀张陈两先生碑记》：

> 岁甲寅，余兄熙堂适自京师归，与陈明府鳌麓首倡议祀两公于其中。乡之耆艾佥以为宜。曰："非以拟郡邑之乡贤祠也，顾吾乡自明以来名贤硕士，著在志乘者，盖不乏人，奚独祀两公也？"曰："举其最也，两公植节，较诸贤为独苦，其感人为尤深，则肇祀两公为不可缓，况两公事迹，并传载信史，千秋论定，文章忠义之气，凛凛如生。后之人登斯堂者，慨然想其为人，宁非砥砺名节之助欤？"②

甲寅即乾隆五十九年（1794），温汝能仍在任京官，期间归龙山乡与其好友陈应魁一同崇祀张溟、陈邦彦两位乡贤。其理由正是"两公事迹，并传载信史，千秋论定，文章忠义之气，凛凛如生"，崇祀二公，能得"砥砺名节之助"。由此可见他对陈邦彦极为推崇，也因此《粤东诗海》用整整一卷的篇幅收录陈邦彦诗。而在《粤东诗海》正文对所收录诗人的介绍、评述

---

① （清）温汝能：《陈岩野先生全集·跋》，（明）陈邦彦：《陈岩野先生全集》，陈建华、曹淳亮主编：《广州大典》第433册，广州出版社，2015年，第755页。

② （清）温汝适：《龙山乡祀张陈两先生碑记》，（清）温汝能纂：《［嘉庆］龙山乡志》卷十一，《中国地方志集成·乡镇志专辑》第31册，江苏古籍出版社，1992年，第167页。

部分，温汝能则主要是将当时一些著名文学家对陈邦彦的评价分条列入，这些评语大同小异，基本着重评价其人、其诗都颇具忠义之气。如彭士望称其"耻以空言工文辞取悦世目，意惟主于实用"，梁佩兰评其诗"使笔如铁，运腕如风，绝去华靡，独存真气。精沉遒健，纯是忠义之气所发者"，而朱彝尊更是称颂他"杀生成仁"①。可见温汝能对于陈邦彦确实极尽称颂，不遗余力地宣扬他忠义殉节之事迹与体现出其气节的诗情雅意。

陈邦彦之子，清初岭南三大家之一的陈恭尹，也是温汝能在《粤东诗海》中着意表彰的对象。陈恭尹（1631—1700），字元孝，曾为抗清复明奔走，终身不仕清朝。他诗才卓越，与屈大均、梁佩兰并称"岭南三大家"。温汝能在例言部分也有对他的评述：

> 吾粤乐府，独陈元孝擅场。选声、设色、寄兴，无一不合于古。骤而如浅，复而弥深。洵未易及矣。其五古高绝，感怀诸作，不袭曲江之貌而得其神。挽王将军及王华姜哀词，绝无《孔雀东南飞》作滞其笔端。七古亦璧坐玑驰，鸿翩鸾耸，最宜学步，比肩翁山，称为大家，盖有以也。而世只称其《怀古》诸作为七律上乘，转相效法，才力学识又不足以济之，议论多粗率不经。元孝有知，当亦为之憮然。②

对陈邦彦，温汝能主要推崇其忠义节气；而他对陈恭尹，则是集中称颂其诗作成就。他认为陈恭尹之诗文兼采众长，各体俱佳，是岭南地区乐府第一人，其五言有唐代张九龄诗作之神气，而七言尤为高超，有"璧坐玑驰，鸿翩鸾耸"之势。《崖门谒三忠祠》是陈恭尹七律诗代表作，《粤东诗话》的评价是"大气磅礴，大笔淋漓，寄托遥深，卓绝千古"③。

以上便是温汝能在《粤东诗海》中对陈邦彦、陈恭尹二人的形象塑造。

---

① （清）温汝能：《陈邦彦》，（清）温汝能纂辑，吕永光等整理，李曲斋、陈永正审定：《粤东诗海》卷五十二，中山大学出版社，1999年，第964—965页。

② （清）温汝能：《粤东诗海·例言》，（清）温汝能纂辑，吕永光等整理，李曲斋、陈永正审定：《粤东诗海》，中山大学出版社，1999年，第21页。

③ 陈永正选注：《岭南历代诗选》，广东人民出版社，1993年，第303页。

此二人不仅有着抗清诗人的身份，同时都是温汝能的同乡，作为龙山乡颇有名望的乡贤，德行与文学涵养都颇高，一直以来备受龙山人的尊崇。所以于情于理、于公于私，温汝能对他们给予如此之高的评价无可厚非。

但同为抗清诗人，屈大均的处境就远远不如陈邦彦与陈恭尹父子那般幸运。王富鹏指出，乾隆朝修《四库全书》是"寓禁于修"之说并不准确，乾隆三十七年（1772）征书开始时并未包含禁书的措施，直到乾隆三十九年（1774）屈大均遗著案再次爆发，才促使乾隆皇帝的态度转为大规模禁书①。如《清实录》记载乾隆三十九年十一月初九，乾隆皇帝借修撰《四库全书》查访遗书，特意对被列入禁毁书的屈大均诗文作出指示：

> 谕：前以各省购访遗书……今据李侍尧等查出逆犯屈大均各种书籍，粘签进呈，并请将私自收藏之屈大均族人屈稔浈、屈昭泗问拟斩决等语。屈大均悖逆诗文久经毁禁，本不应私自收存。但朕屡经传谕：凡有字义触碍，乃前人偏见，与近时无涉；其中如有诋毁本朝字句，必应削板焚篇，杜遏邪说，勿使贻惑后世。然亦不过毁其书而止，并无苛求。朕办事光明正大，断不肯因访求遗籍，罪及收藏之人。所有粤东查出屈大均悖逆诗文，止须销毁，毋庸查办。其收藏之屈稔浈、屈昭泗，亦俱不必治罪。②

次年十一月初十，乾隆皇帝在"命议予明季殉节诸臣谥典"，崇奖忠贞的同时，又对"丧心无耻"之徒进行严斥，屈大均又被作为反面典型提出来：

> 命议予明季殉节诸臣谥典。谕：崇奖忠贞，所以风励臣节。……凡明季尽节诸臣，既能为国抒忠，优奖实同一视。至钱谦益之自诩清流，腼颜降附；及金堡、屈大均辈之幸生畏死，诡托缁流，均属丧心无耻。若辈果能死节，则今日亦当在予谥之列。乃既不能舍命，

---

① 王富鹏：《屈大均遗著案与清代中期禁书政策的形成——兼论"寓禁于修"说之谬误》，刘平清主编：《广州大典研究》（2018年第1辑 总第1辑），社会科学文献出版社，2018年，第184—198页。

② 《清高宗实录》卷九七〇，乾隆三十九年十一月戊午条。

而犹假语言文字，以图自饰其偷生，是必当明斥其进退无据之非，以隐殛其冥漠不灵之魄。一褒一贬，衮钺昭然。使天下万世，共知予准情理而公好恶，以是植纲常，即以是示彰瘅。①

在《四库全书》编成后的第二年，乾隆皇帝仍然念念不忘屈大均等"叛臣逆子"的诗文存世"遗祸"，除禁毁屈大均等人的诗文著作，还要求军机大臣遵旨清理在各省郡邑志书中与之有关联的痕迹：

> 钱谦益、屈大均、金堡等所撰诗文，久经饬禁，以裨世教而正人心。今各省郡邑志书往往于"名胜古迹"编入伊等诗文，而"人物艺文门"内并载其生平事实及所著书目，自应逐加芟削，以杜谬妄。②

从上述材料可看出，屈大均的书作是广遭清廷严令禁毁的。自乾隆四十年（1775）乾隆皇帝"命议予明季殉节诸臣谥典"以来，陈邦彦等前朝殉节之臣早已由原来的反清贼子，变为获有朝廷谥典身份的忠义之臣，而屈大均等人与其诗文，却是一如既往地遭到强烈打压，丝毫没有松懈之意，甚至连地方志等书上已有的记载也要一概芟削磨灭。清廷对世人宣称屈大均等人不若死节之人一般有忠义亮节之品质，并借撰写反清之诗文来掩饰自己苟且偷生的事实。姑且不论清廷的说法正确与否，从此处已可看出如此区别对待屈大均等人的关键点，在于入清以来他们继续活跃于地方上，并有诸多"悖逆诗文"流传于世。由上可见，屈大均的文字作为乾隆朝大规模禁书的导火线与反面教材，无疑会给当时的知识界产生强烈的震撼与影响。因此，温汝能可以从容大方地称颂陈氏父子，却只能小心翼翼地提及屈大均，并以相对隐蔽的方式收录其诗作。

纵然如此，在这样的政治高压下，温汝能仍有勇气在《粤东诗海》中收录屈大均的相关文字，并隐晦地表达了他对屈大均的推崇，实属不易。既然要顾及朝廷方面的压力，温汝能若要将屈大均收入《粤东诗海》，便

---

① 《清高宗实录》卷九九六，乾隆四十年十一月癸未条。

② 《清高宗实录》卷一〇九五，乾隆四十四年十一月甲辰条。

不得不小心地处理这个人物。温汝能的做法是，虽然《粤东诗海》收录屈大均的诗文，但却不曾提及他的全名，只是以"屈""翁山""一灵"等称呼偶见。《粤东诗海》例言部分有温汝能讨论清初以来岭南诗坛的一段话，值得注意的是，他在前面逐条提及陈恭尹、梁佩兰等人在诗文上的成就，并未提及屈大均，此段话却略显突兀地用"屈"这一略称指代屈大均：

> 屈、陈极盛之后，实难继轨。车蓼洲、许真吾、韩桥村、何西池、罗石湖、劳孝舆诸公自度才力，不足以抟羊角争九万里，遂退处于樊园丘圃，飞鸣饮啄，乐意相关。闻者忘机，见者喜狎，亦清才也。自后风雅日沦，紫色蛙声不免窃据坛坫矣。[1]

由上可见，温汝能认为，自屈大均、陈恭尹等人共同创造了岭南诗坛的极盛局面后，岭南诗坛再未出现相匹敌者，以至于风雅日沦。前文曾提到温汝能极其推崇陈恭尹之诗文，此处将屈大均与之并列而谈，可见温汝能对屈大均诗作之评价亦是极高的，但碍于他身份的特殊，不敢直接记其全名，只能以这个现在看来较为隐晦与突兀的方式，表达他对屈大均的看法，具见其深心[2]。在《粤东诗海》正文部分，温汝能以屈大均逃禅时的法号"一灵"为目次，把他的诗作收入"方外诗人"部分[3]。而所收录的众多诗作中，大部分都是屈大均游历行程中的感怀之作，与一些刻画社会经济发展等方面的现实主义诗作，温汝能并未收录他较为著名的如《大同感叹》《猛虎行》一类大胆直接地控诉清军暴行的诗文。

结　语

华德英认为：在传统中国，由于读书人在官僚制度、科举考试以及行

---

① （清）温汝能：《粤东诗海·例言》，（清）温汝能纂辑，吕永光等整理，李曲斋、陈永正审定：《粤东诗海》，中山大学出版社，1999年，第22页。

② 吕永光：《粤东诗海·前言》，（清）温汝能纂辑，吕永光等整理，李曲斋、陈永正审定：《粤东诗海》，中山大学出版社，1999年，第9页。

③ （清）温汝能：《一灵》，（清）温汝能纂辑，吕永光等整理，李曲斋、陈永正审定：《粤东诗海》卷九十八，中山大学出版社，1999年，第1859—1879页。

政体系中的实际优势与社会声望，读书人的生活方式往往作为不同社群的人建构正统构想的依据。因此，多变的地方社会还是可能发展出统一的表达①。读书人对地方文化的认同和标榜，往往不是表彰地方文化的本身，而是要显示地方文化如何代表他们的水平、如何体现国家文化。于此而言，广东可以说是一个很好的典型。

广东僻处岭外，历代都被视为蛮荒之地，但也正因这样，自汉以后直到今天的地方文献，都要特别强调这个地区与代表文明的中州文化的联系。经过一代又一代学者建立起来的广东地方历史叙述，就是广东这个岭外荒芜之地，逐步文明开化，在文化上成为中国一个重要部分的历史②。温汝能正是嘉庆、道光时期广东文化风气转变前期，本地士大夫开始着意振兴广东文化、塑造广东文化认同的一个先驱。以温汝能为代表的具有地域、政治、经济、文化多方面资源的本土籍贯居乡士大夫，对广东文化认同的话语权有着更大的优势，且拥有更为充足的时间与能力去编纂代表整个岭南地区的历史文献。

事实上，嘉庆十五年《粤东诗海》、嘉庆十八年《粤东文海》相继编成与付梓，带动了嘉道时期广府士大夫编纂广东诗文总集的一个小高潮。嘉庆十九年至二十四年罗学鹏《广东文献》四集，嘉庆二十五年凌扬藻《岭南诗钞》，道光十九年黄子高《粤诗蒐逸》，道光二十年至二十三年梁九图、吴炳南《岭表明诗传》与《岭表清诗传》，道光二十三年伍崇曜《楚庭耆旧遗诗》三集等，闻风而起，进一步丰富了19世纪初广东本土文化与认同的塑造。

作者通信地址：广东省佛山市禅城区江湾一路18号佛山科学技术学院马克思主义学院，邮编：528000。

责任编辑：赵晓涛

---

① 转引自贺喜：《亦神亦祖：粤西南信仰构建的社会史》，生活·读书·新知三联书店，2011年，第5页。

② 程美宝：《地域文化与国家认同：晚清以来"广东文化"观的形成》，生活·读书·新知三联书店，2006年，第44页。

《秌音集》：岭南词人陈洵与黎国廉的唱和之歌*

李艳清**　　夏令伟***

鲁东大学，山东烟台，264025

摘　要：《秌音集》是陈洵与黎国廉于20世纪一二十年代填词唱和的作品结集，具有较为突出的词史和文人心态史研究意义。基于地缘相近（同为岭南词人）、人际相关（与陈昭常、黄元直为亲友），陈洵与黎国廉的交游大致经历了从闻其名到识其人，再到日相从，其后仅见数面的过程。从结集情况来看，《秌音集》有稿本与刻本之分；从唱和形式来看，《秌音集》涵括"鸿雁传书"型、"雅集同赋"型、追和型三种；从思想内容来看，《秌音集》在展现词人雅趣闲思的同时，却也浸透着他们浓重的末世情绪。这既是他们处于辛亥革命之后的社会转型时期生活状态相当矛盾的反映，也是他们祖述美成、梦窗、碧山，追求比兴寄托，注重表现忠爱之情的词学观念所带来的结果。

关键词：《秌音集》；陈洵；黎国廉；唱和

词人唱和，结而成集，常为词坛佳话。近如王鹏运、朱祖谋等人唱和而成《庚子秋词》，便很引人瞩目。而在20世纪10年代末至20年代中的数年间，岭南词人陈洵与黎国廉也有过一段唱和经历，并有《秌音

---

*　本文为2017年度国家社科基金重大项目"中国词学通史"（批准号：17ZDA239）、广州市哲学社会科学"十三五"规划2018年度马克思主义理论与实践专项课题"岭南文化的精髓与标识研究"（批准号：2018GZMZYB01）阶段性成果。

**　李艳清（1992—　），女，汉族，广东茂名人，鲁东大学文学院教师，硕士。

***　夏令伟（1981—　），男，汉族，山东滕州人，鲁东大学文学院副教授，博士。

集》传世。陈洵（1870—1942），字述叔，亦作术叔，号海绡，广东新会人，有《海绡词》《海绡说词》；黎国廉（1874—1950），字季裴，号六禾，广东顺德人，有《玉鬵楼词钞》《玉鬵楼春灯录》等。二人格外珍视《秫音集》，如陈洵命名此集，"秫"字便是他取自己的字与黎国廉的号巧妙组合而成的①，而该集的刊布则由黎国廉于1949年完成。从一定程度上来说，《秫音集》既凝结了陈、黎二人的交谊，又体现了二人相近的词学取向，反映了现代岭南社会转型时期较为典型的文人心态，具有较为突出的词史和文人心态史研究意义。然而令人颇感遗憾的是，目前对《秫音集》的研究并不多②。有鉴于此，本文拟对这部词集作一专门的论述。

一　陈洵与黎国廉的交游及基础

关于与黎国廉的交游过程，陈洵在1936年为黎国廉所作的《玉鬵楼词钞序》中有过描述，他说：

> 余年三十，始学为词。从吾家简广借书，得见《宋四家词选》，则黎季裴所藏也。简广为言季裴工为词。后十余年，余始

---

① 陈荆鸿云："他（黎国廉）和陈述叔相交甚挚，前后唱和，几及十年，刊有《秫音集》一本。秫字一边是禾，代表了黎六禾；一边是术，代表了陈述叔。所以两人合刊的作品，便名之为'秫音。'"见陈荆鸿：《岭南艺林散叶》，广东人民出版社，2009年，第39页。

② 目前学界对《秫音集》只有一些零星的论述，如：1968年，王韶生先生发表了《广东词人与香港之因缘》一文，其中首论黎国廉玉鬵楼词，开相关研究之先河。该文称《秫音集》二卷"，但事实上，《秫音集》并未分卷，此误或因王先生未寓目该集所致。见王韶生：《广东词人与香港之因缘》，《怀冰室文学论集》，志文出版社，1981年，第306—309页。刘斯翰作《海绡词笺注》，从王贵忱先生处获赠《秫音集》，"所辑佚词，从《秫音集》得十五阕"。见陈洵著，刘斯翰笺注：《海绡词笺注》前言，上海古籍出版社，2002年，第12页。是书附录中收录了张学华所作的《〈秫音集〉序》。欧阳明亮《晚近名家词集考叙》一文对《玉鬵楼词钞》《秫音集》的版本、馆藏、收词情况作了介绍，指出《秫音集》收黎国廉词67首，其中58首可见于《玉鬵楼词钞》。见欧阳明亮：《晚近名家词集考叙》，马兴荣、朱惠国主编：《词学》第36辑，华东师范大学出版社，2016年，第242—243页。黄坤尧先生对《秫音集》亦略有提及。见黄坤尧：《漂移的时空——辛亥革命时期的香港诗坛》，左鹏军编：《岭南学》第5辑，中山大学出版社，2013年，第33页。

识季裴，则赠余《倾杯》（沧波坐渺）云云，辞情俱到，知其蕴蓄者深矣。尔后迹日密，月必数见，见必有词，如是数年，至于癸亥季裴去郡，则欲汇吾两人唱和者为《秌音集》，因循未果，今十四年矣。中间与季裴相见仅四面，音问亦数年一通。季裴年年北游，余亦索居寡侣，偶一出门，则昔之登临、吟赏、谈笑、饮酒之地皆变迁而不可复识。时思季裴，则讽其词，知其词之必传而无待余言。①

据此序可知，陈洵与黎国廉的交游大致经历了从闻其名到识其人，再到日相从，其后仅见数面的过程。1899年，陈洵三十岁，初次听闻黎国廉之词名；1919年冬，二人以词定交②；其后他们频繁唱和，至1923年黎国廉离开广东前往北京而止。之后，江湖寥落，音问不常，故陈洵在这篇序中忆往追昔，流露出词友难得、胜事难再的深沉感慨。

陈、黎二人之词学因缘离不开地缘相近、人际相关。其中，陈昭常的作用值得重视。陈昭常不仅可能是陈洵走上填词之路的启蒙者，还最早搭建了陈洵与黎国廉之间词学互通的消息。陈昭常（1867—1914），字简墀、简持，广东新会人，陈洵叔父，清光绪二十年（1894）进士。1897年，其随驻英公使张荫桓出洋，归国后任广西右江兵备道等职，后官至吉林巡抚③。陈昭常有才名，人谓"新会陈简始中丞昭常，风流儒雅，倜傥不群，若幸际承平右文之世，其所成就，必不让毕灵岩一流人物"④。其擅诗词，今传《廿四花风馆诗词钞》乃其子搜集编刻而成。由前文所引陈洵《玉鬃楼词钞序》中"简广为言季裴工为词"的话来看，陈昭常非常推崇黎国廉在填词方面的造诣。陈昭常与黎国廉同为广州士绅中的

---

① 陈洵：《玉鬃楼词钞序》，曹辛华主编：《民国词集丛刊》第27册，国家图书馆出版社，2016年，第425页。
② 《倾杯》（沧波坐渺）为黎国廉寄赠陈洵首词，陈洵则作《喜迁莺》（荒洲无雁）以答。答词序云："己未岁暮，六禾有词寄怀，适余游端州，归答一解。"黎国廉、陈洵：《秌音集》，蔚兴印刷厂，1949年，第1叶。据此可知二人定交时间是在1919年冬。
③ 《陈昭常》，政协沈阳市委员会文史资料委员会编：《沈阳文史资料》第21辑，1994年，第176—188页。
④ 王揖唐著，张金耀校点：《今传是楼诗话》，辽宁教育出版社，2003年，第57页。

一员，前者于1899年前后在广西为官，后因母丧，留居广州，而黎国廉因主编《岭学报》也活跃于广州。在庚子之变爆发，慈禧太后偕光绪帝逃往西安时，二人曾作为广东士绅代表远赴西安进献方物[①]。在来回西安的途中，他们有词唱和。黎国廉《玉鸾楼词钞》一集中便有《琵琶仙·和简盦感旧》《忆旧游·河南道中和简盦》二词，以此见出二人之间的词学相契。基于这种交谊，陈洵从陈昭常处借得黎国廉家藏之《宋四家词选》并听闻其词名便是顺理成章之事。只是后来陈洵被陈昭常介绍给江西瑞昌知县黄元直（？—1910，字梅伯，广东南海人），并担任其子塾师，居赣十数年[②]，因此也就与黎国廉暌违未识。不过，陈昭常、黄元直作为故人，经常被黎国廉忆及。如《戚氏·山中逭暑，永昼无聊，述叔邮示新词属和，倚歌却寄》尾阕云："廿年画舫留题（谓陈简盦），板桥琐记（谓黄梅伯），飘洒黄垆泪。换几番、魂断回潮尾。销不尽、烦暑珠湄。念鹭盟、识曲人稀。剩愁结、倦笛老桓伊。"[③]便表达了他对陈、黄的深切悼念。因此，彼此相通的故人之思便构成了陈、黎二人填词唱和的心理基础之一。

共同的填词志趣与相近的情感状态更是促成陈、黎二人词学交游的关键因素。在1919年冬黎国廉写给陈洵的定交词亦即《秋音集》的开篇之作《倾杯·寄怀述叔》（沧波坐渺）中，有曰"素约词仙，哀时同调"[④]，便将作者的形象与心曲极为精当地描摹与传达了出来。陈、黎二人之所以相见恨晚、酬唱不已，一则以词，二则在志。词作为抒情文体，经过张惠言、周济等寄托一说的发挥之后，在末世更易成为文人幽忧心灵的表达工具。如陈昭常所言，黎国廉"工于词"。及至辛亥之后避难香港期

---

① 清光绪二十七年（1901）二月壬子谕："郎中黎国廉等五员，即已集赀贡献，复跋涉远来，情殷瞻仰，尤征忠爱之忱，三品衔候选郎中黎国廉，着以道员发往福建尽先补用并赏加二品衔。……奏留广西委用道陈昭常着仍以道员分发广西尽先补用。"《清实录》第58册，《德宗景皇帝实录（七）》，中华书局，1987年，第335页。

② 刘斯翰：《年谱简编》，陈洵著，刘斯翰笺注：《海绡词笺注》附录三，上海古籍出版社，2002年，第506页。

③ 黎国廉、陈洵：《秋音集》，蔚兴印刷厂，1949年，第4叶。

④ 黎国廉、陈洵：《秋音集》，蔚兴印刷厂，1949年，第1叶。

间，他仍时时吟咏①；陈洵则以词受知于梁鼎芬，得其"陈词黄诗"的美
誉②。由此可见，在相交之前，二人就可谓词名相垒、词艺相敌了。但是
陈洵面临的词学环境不佳，"辛亥以后，所诣益深，当时相与唱酬者，不
过里中数子而已"③，因此，黎国廉作为词侣的出现就显得非常难能可贵
了。不仅如此，他们的词学知音之感还源于作为"哀时同调"的共同感
受。辛亥革命后，清室鼎革，时局动荡，黎国廉避居香港，陈洵"每念
遭世衰微，埋忧无所，亦乐以词自托"④。以词写忧便成为身为清室遗民的
他们的无奈选择。

在陈洵1942年去世之后，黎国廉作有《琐窗寒·挽述叔》，词如下：

> 逝水诗瓢，斜阳赋笔，老怀悲哽。霜花稿剩，四野月明鹃影。
> 黯江山、词人又零，燕归对立无言静。痛紫箫响绝，花间啼鸟，
> 换音谁听。　　回省。欢娱景。记十载杨丝，几番游咏。残蜑败
> 壁，万叠风波催暝。梦沉沉、山鬼自吟，织鲛夜壑魂未醒。唱愁
> 眉、泪洒藤阴，望极芳尘冷。⑤

黎国廉以"词人"一称论陈洵，有推己及人、盖棺定论之意，想来陈
洵于地下亦不会以之为忤。当此词友凋零、江山黯淡之际，黎国廉"老怀
悲哽"，"泪洒藤阴"，不由得令人联想起那"醉卧古藤阴下，了不知南北"

---

① 刘景堂《玉篸楼词钞跋》云："余癸丑、甲寅间旅居香港，与六禾丈比邻。丈导余为词，析
　　四声，辨雅俗，春秋佳日，唱酬无间。"见曹辛华主编：《民国词集丛刊》第28册，国家图书
　　馆出版社，2016年，第139页。

② 黄节《海绡词序》云："辛亥秋七月，番禺梁文忠重开南园，述叔与余始相识。文忠与人每
　　称'陈词黄诗'，此实勉厉后进。"见陈洵：《海绡词》卷首，民国十二年（1923）刻本，曹辛
　　华主编：《民国词集丛刊》第15册，国家图书馆出版社，2016年，第241页。

③ 熊润桐：《陈述叔先生事略》，陈洵著，刘斯翰笺注：《海绡词笺注》附录二，上海古籍出版
　　社，2002年，第497页。

④ 熊润桐：《陈述叔先生事略》，陈洵著，刘斯翰笺注：《海绡词笺注》附录二，上海古籍出版
　　社，2002年，第498页。

⑤ 黎国廉：《玉篸楼词钞》卷三，曹辛华主编：《民国词集丛刊》第28册，国家图书馆出版社，
　　2016年，第23页。

的词人秦观①。秦观"真古之伤心人也"②，陈洵"伤心人也，其词伤心词
也"③，二人所处情境虽不相同，但冥冥之中，则有异代同悲之处。作为词
学知己，黎国廉对陈洵之逝固然难掩悲痛，但共同经历的"十载杨丝，几
番游咏"的"欢娱景"或可稍慰老怀。1948年，记录他们这一唱和经历的
《秫音集》即将刻成，张学华说："当此风雨飘摇之秋，追念畴昔唱于之
雅，结习未忘，六禾当亦不胜感慨已。"④就陈、黎二人填词唱和的人生而
言，此书之意义自不容忽视。

二 《秫音集》的两次编集及版本差异

关于《秫音集》的成书，张学华在作于1948年的《秫音集序》中有过
说明：

> 《秫音集》者，新会陈术叔暨顺德黎六禾二人之作也。始，
> 谭瑑青在北京寓书六禾，索二人近稿，六禾为搜集百余首，录寄
> 都门，术叔为定名曰《秫音集》。此二十五年前事也。……二人
> 前后唱和几及十年，欣合无间。洎六禾北游，此事中辍。今检得
> 此稿，乃付之梓，以留鸿爪。⑤

此序大体说明了《秫音集》的来龙去脉，试言于下。

（一）稿本

虽然陈洵在《玉鬖楼词钞序》中说1923年他和黎国廉曾有汇集《秫音

---

① 黄庭坚《千秋岁》小序云："少游得谪，尝梦中作词云：'醉卧古藤阴下，了不知南北。'竟以
　元符庚辰，死于藤州光华亭上。"见（宋）黄庭坚著，马兴荣、祝振玉校注：《山谷词》，上海
　古籍出版社，2001年，第62页。
② 冯煦：《蒿庵论词》，唐圭璋编：《词话丛编》第4册，中华书局，2005年，第3587页。
③ 黄节题海绡楼匾附记，陈洵著，刘斯翰笺注：《海绡词笺注》附录一，上海古籍出版社，2002
　年，第494页。
④ 张学华：《秫音集序》，黎国廉、陈洵：《秫音集》卷首，蔚兴印刷厂，1949年。
⑤ 张学华：《秫音集序》，黎国廉、陈洵：《秫音集》卷首，蔚兴印刷厂，1949年。

集》的打算，只是"因循未果"，但他似乎已经忘了稿本（黎国廉给在北京的谭祖任的录寄之本）的存在。谭祖任（1880—？），字篆青，一作琭青、篆卿、琭卿，号聊园，广东南海人。其家学深厚，为当时著名鉴赏家、词章家，有《聊园词》。他在北京经营谭家菜，名流云集。张尔田谓："南海谭琭青久客京师，精治庖膳。客有北行者，以不得就一餐为恨。"①陈、黎二人与谭祖任交好，二人集中多有与之唱和之作。在此稿本中，陈、黎皆作一词殿尾。陈词调寄《黄鹂绕碧树》，序云："自壬寅秋与琭青别，更十九年，中间仅戊午一见。琭青自都门寓书六禾，属寄近稿。余比益萧索，愧报故人，追怀畴日，率拈此调。"②黎词调寄《安公子》，序云："集年来与述叔唱和之作，都为一卷，名曰《秌音录》，寄琭青并媵以词。"③不久，黎国廉亦至北京，推测此录寄谭祖任之本重新为黎国廉所有，并成为1949年刻本的主体。

（二）刻本

该本由陈融题款，时间在"己丑春"，是知该本当完成于1949年春之后。陈融（1876—1955），字协之，号颐庵，别署松斋、颙园、秋山，广东番禺人。其精擅文章、书法，有《黄梅花屋诗稿》《读岭南人诗绝句》《黄梅花屋诗话》等。陈融与黎国廉交游甚密，从黎国廉集中有《暗香疏影·赋黄梅花，赠陈颙庵》一调，陈融有《谢六禾翁题像，再用前韵》可证。

刻本虽然基于稿本，但二者存在差异，主要体现在收词情况不同。较之稿本，刻本新增两次唱和而作的四首词，一组为陈洵《石州慢·乙丑岁阑，寄六禾都门》与黎国廉《暮云碧·燕市寒夜，寄和述叔羊城》，另一组为黎国廉《瑶池燕·秋日寄怀述叔》与陈洵《解蹀躞·答六禾》。这些词被置于前文所言稿本殿尾之作之后。由以上收词差异可以推断，1919年至1923年二人频繁唱和时作的词结集为稿，刻本新增的四首词则为1923年黎国廉前往北京之后二人所作，如陈洵《石州慢》与黎国廉《暮云碧》作于"乙丑"（1925）。据刻本文本编排次序，另一组则很可能作于次年秋甚至更晚。

---

① 张尔田：《词林新语》，唐圭璋编：《词话丛编》第5册，中华书局，2005年，第4371页。
② 黎国廉、陈洵：《秌音集》，蔚兴印刷厂，1949年，第30叶。
③ 黎国廉、陈洵：《秌音集》，蔚兴印刷厂，1949年，第30叶。

　　上述刻本与稿本的细微差别，并未为论者所注意，遂造成了一些认知错误，甚至以讹传讹，连张学华也不例外。由于刻本所收词的创作时间跨度至少在七年以上，所以张学华说"二人前后唱和几及十年"，是有依据的。不过，他接下来说"洎六禾北游，此事中辍"，则与事实相左。近年来，有论者如周春艳注意到："对于陈洵与黎国廉唱和之始终，有张北海《海绡词补遗跋》中的四年说及张学华《秋音集序》中的十年说，差距颇大。"然而她并未顾及吴嘉慧依据文本而作的"二人唱和时间为1919—1925年"的分析，仍然武断地赞同张北海说而否定了张学华说[①]。实际上，如果我们能认识到上述《秋音集》两种版本之差异的话，就会明白张北海与张学华的说法所指范围不同，皆有其合理的一面。

三　陈洵与黎国廉的填词唱和形式

　　刻本《秋音集》共收129首词，除黎国廉《三部乐·归羊城信宿，约述叔夕谈，阻雨不果。翌日返棹，作此寄之》一词，陈洵无和作外，其他词作根据唱和相关性，可归入57组唱和。每组唱和一般为两首词，也有三首甚至五首者；最少为一和，最多有至五和者。由这些词作，大体可以看出陈洵与黎国廉之间的填词唱和形式。具体如下：

　　第一种唱和形式属于"鸿雁传书"型，即二人不在同一时空，借由书札相互酬唱。其中较为普遍的情形是：首唱者常因某种情境或某件事情而起兴填词，寄呈对方索和，和者则作词应之，在应答来词之意的基础上融入己怀，加以意义生发。运用这种唱和方式，唱者、和者皆比较从容，更易表现别有会心处。如《梦玉人引·春暮，简述叔》《渡江云·闭门春尽，兀坐成吟，索六禾和》《阳春·春尽，和述叔》一组，《蕙兰芳引·索居易感，歌以遣之，寄六禾》《踏歌·凉雨生秋，羁孤易感，述叔寄词，倚歌作答》一组，《解连环·中秋对月，时闻故山兵警，寄述叔》《夜飞鹊·庚申中秋，和六禾》一组，《引驾行·零雨凄风，秋事尽矣。述叔来讯送秋词，书以畀之》《曲玉管·秋尽》一组，《留客住·初冬见溪上翔燕赋》《绮

---

① 周春艳：《近代岭南词人陈洵研究》，贵州大学硕士学位论文，2016年，第14—15页。笔者按，"十年说"当为"几及十年"说，周文引述错误。

寮怨·初冬见燕，和六禾》一组，《早梅芳近·小春过矣，早梅意有开者，倚此讯之》《早梅芳近·述叔有讯梅之作，依调和之》一组，《应天长·庚申冬至》《应天长·冬至，和述叔韵》一组，《玉烛新·元夜歌席赋，并寄六禾》《月边娇·元夕山中对月，写寄述叔》一组，等等。二人或感节令，或因时事，抒一己之情，达知己之听。不妨举一组此类词如下：

绮寮怨

黎国廉

落灯风过，牡丹已阑，园景萧条，春事去矣，书示术叔。

草草仙环来去，彩云飞素襟。换几日、褪粉池台，斜阳里、怕又登临。苍然平烟废绿，梨花未尽落、秋意深。乍唤回、倦蝶醒魂，年芳老、步靥怜重寻。　怅望路歧绣林。旛铃梦旧，无聊变树春禽。翠幕愔愔。影钿坠、冷苔阴。东风赚人闲泪，有燕语、共沉吟。飞云断浔。愁罗怨绮外，凄黛岑。①

塞垣春

陈洵

六禾来言，"落灯风过，牡丹已阑，园景萧条，春事去矣"，数语耐人低徊。六禾先成《绮寮怨》一调，余亦旋得是解。

梦迹尘江管。事影向、邮亭断。黏窗蝶粉，过墙莺语，浓雨孤馆。料鄂君、怅望先魂乱。更满地、成秋苑。念佳期、如流水，锦帏仙佩天远。　因叹晓妆人，金杯滟、欢意无限。羯鼓促花奴，恨春事迟缓。又争知、好景难驻，都寻到、密围繁香畔。行乐便须早，奈何人间晚。②

二词明写花阑春去，暗关赏花人事。黎氏用赋笔描绘所见所思，"登临""重寻""怅望""沉吟"诸语，托出词人惜春恋花之形象，而陈氏

---

① 黎国廉、陈洵：《梣音集》，蔚兴印刷厂，1949年，第13—14叶。
② 黎国廉、陈洵：《梣音集》，蔚兴印刷厂，1949年，第14叶。

则更加跌宕开去，"借唱和，以咏牡丹为辞，而寄托其怀人之思也"①。黎氏之词以质实为主，"影钿""愁罗怨绮""凄黛岑"等，约略逗出美人的影子；陈氏之词则变宾为主，极写赏花之美人。就情感状态而言，黎氏"怕""倦""泪""愁""怨""凄"，悲伤已甚；陈氏亦"孤"亦"乱"，虽然不免有人间已晚之叹，却能以及时行乐慰藉对方，设身处地，秾挚感人。由此，唱和词之意味得以彰显出来。

在此"鸿雁传书"型唱和中，有一种情形较为特殊，即不约而同地填词写寄对方。这种方式虽然唱和的意味不多，但更能彰显二人的真挚情谊。如《过秦楼·重阳同汉三、小山作连日海滨之游，再叠前韵，并寄述叔》《霜花腴·九日独游西郭废园，寄六禾》一组，二人于重阳节各有游赏，却心有灵犀，故纪游以赠。

第二种唱和形式属于"雅集同赋"型，即二人处于同一时空之中，相约填词。前文所引陈洵《玉鬱楼词钞序》言二人"月必数见，见必有词"，说的便是这种情况，而所谓"登临、吟赏、谈笑、饮酒之地"则隐含了这些词产生的背景。如他们拜访大佛寺黄梅伯读书处，游览小憩于花棣之杏林庄，集饮于广州北郭的宝汉茶寮，或聚饮、或看月于荔湾，同过金氏园等，皆有词作。有时，他们也会同题唱和，如同赋折迭扇、梅花、菊影、野烧、春雨、春影、瓶桃等。有时，他们还会同调分赋，如拟牛松卿之《梦江南》、拟张子澄之《蝴蝶儿》等。相对而言，这种类型的唱和由于彼此处于相同情境之中，情感趋同性更加明显，词艺切磋的目的也更加突出。

第三种唱和形式属于黎国廉对陈洵旧作的追和。朱庸斋曾提及过：

> 《秾音集》其中有些作品，并非述叔与之唱和，乃其见述叔之作而自和，或将述叔之作于题目上添入与其唱和字样。②

也就是说，陈洵先有斯作，本与黎国廉无涉，但黎国廉见而和之，甚至对陈洵原作的题目有所改动。最为典型的为《金盏子·己未作。戊午

---

① 陈洵著，刘斯翰笺注：《海绡词笺注》，上海古籍出版社，2002年，第67页。

② 朱庸斋：《分春馆词话》卷三，刘梦芙编校：《近现代词话丛编》，黄山书社，2009年，第438页。

岁九日赋诗，有"虚道佳期逢九日，欲将终古托东篱"之句，今一年矣》
《金盏子·黄花期近，读述叔去年〈金盏子〉词，倚碧山体和寄》一组。
陈洵原作作于己未（1919）重阳节，而黎国廉的追和则在一年之后。

四 《秋音集》中的词人心迹及其表现

辛亥革命后，清朝覆亡，军阀纷争成为常态。处此社会转型时期，士
人面临极大挑战，如何全身避祸、安顿灵魂便成为他们的当务之急。黎国
廉在清末曾参与粤汉铁路商办运动，民望甚著，而"辛亥起义，广东反
正，由商会举人任事。国廉以民望被举为广东民政长。未期年，称疾去，
其年始四十。国廉性狷洁，见贪污者雅不欲共事，以为浼我，故而膺民社
皆不能久，决然舍去，遂不复出。时以文字自娱，好填词，著有《玉鸯楼
词集》五卷"①。联系黎国廉辛亥后避居香港与刘景堂等人填词唱和的经历，
可见其隐退自适的心态。陈洵作有《解连环》，序云"癸卯八月，相国寺
街访瑶华故宅，顾视辛丑回銮置顿，抚事郁伊，正不止怀古切声也"②，表
达的正是词人对国事日非的忧虑之情。此时，词人虽为布衣，但关怀时世
的热忱还是浓烈的。及至辛亥前后，他在广州设馆谋食，人已萧散异常，
一如黄节作于1914年的《中秋夜无月，卧病城南郡斋，忆与陈述叔昔年黄
园之游》云："梦落昔年论诗处，浴凫栖鹭似陈洵。"③"浴凫栖鹭"出自杜
甫《涪城县香积寺官阁》"小院回廊春寂寂，浴凫飞鹭晚悠悠"④一联，黄
节用以形容陈洵幽闲自适的心态。那么，词人用以应对世事纷乱而自适其
适的精神法宝来自何处？这要追溯到陶渊明。陈洵对陶渊明的"东篱"生
活推崇到了极致，所谓"采菊东篱下，悠然见南山"（陶渊明《饮酒》），
他是习而效之的。在作于1919年的《绛都春》小序中，他说："己未立春，
珠院听歌，同东篱诸子。"⑤也正是在这层意义上，黎国廉在读到陈洵《金

---

① 张瑜：《古今制谜名人小传》，高伯瑜等编纂：《中华谜书集成》第3册，人民日报出版社，
1997年，第3425页。
② 陈洵著，刘斯翰笺注：《海绡词笺注》，上海古籍出版社，2002年，第1页。
③ 马以君编：《黄节诗集》，中国人民大学出版社，1989年，第89页。
④ 杜甫著，仇兆鳌注：《杜诗详注》，中华书局，1979年，第986页。
⑤ 陈洵著，刘斯翰笺注：《海绡词笺注》，上海古籍出版社，2002年，第30页。

盍子·己未作。戊午岁九日赋诗,有"虚道佳期逢九日,欲将终古托东篱"之句,今一年矣》之后,才会有起而和之之举。显然,东篱之思已成为二人此时共同的情感状态。

如《归园田居》所言,陶渊明之隐固然出于"爱丘山"的本性,但"樊笼"一样的社会现实也是造成他做出这一人生选择的重要因素。对于陈洵、黎国廉来说,亦当如是观。黄节在作于1926年的《五月二日雨中感怀》中曾提及陈洵的遭遇:

> 半塘水戏珠江曲,兵事荒凉过十秋。争利杀人南北一,老来
> 吟叹海绡楼。(陈述叔)[1]

自南园之会后,黄节远走北京,但十年之间,军阀"争利杀人"的情况并无改变,"老来吟叹"的陈洵对此自然也不会无动于衷。如其《祝英台近·岁晚掩关,闻塘西有戍垒》一词上阕云:"结鸥邻,寻酒伴,尘事记来少。门系渔船,刚道草堂好。野桥几树官梅,角声归马,暗惊断、绿情红调。"[2]词人正处于不问"尘事",结邻寻伴,饶有"绿情红调"之时,却被象征战争的"角声归马"所"惊断",显然隐逸之趣也不免为时局所侵扰了。黎国廉则作《凤衔杯·塘西戍垒,感和述叔》一词相和,"惊梦短,感春回。剩残僧、闲话池灰"[3]。"池灰"指兵火毁坏之后的残迹,黎国廉所"惊"与陈洵正相吻合。如前文所言,黎国廉引陈洵为"哀时同调",那么,浓重的时世之感正可作此语的注脚。

一方面追求陶渊明式的隐逸情怀,另一方面又不可避免地面对时世的残酷,因此,词人们便处于相当矛盾的生活状态之中,在追求闲雅生活的同时,却抑制不住地流露出末世之悲[4]。表现在《秫音集》中,陈、黎二

---

① 马以君编:《黄节诗集》,中国人民大学出版社,1989年,第198页。

② 黎国廉、陈洵:《秫音集》,蔚兴印刷厂,1949年,第29叶。

③ 黎国廉、陈洵:《秫音集》,蔚兴印刷厂,1949年,第29叶。

④ 关于陈洵《海绡词》的思想意蕴,有论者是从其遗老心态着笔的,参见林立:《论陈洵及其〈海绡词〉》,《词学》第20辑,华东师范大学出版社,2009年,第200—216页;有论者则从"侘傺失意、相思情愁、故国之思、忧时念乱"四方面来探讨《海绡词》的"伤心"意蕴,参见谭勇辉:《〈海绡词〉的"伤心"意蕴》,《中国韵文学刊》2012年第1期,第47—54、78页。

人之词以节序、咏物之作为多，直接以时事入题的不多。其词所言多是暮春深秋、岁尽夜深之时，所遭多是风凄雨苦、月残歌阑之际，所历多是废园荒池、古寺幽窗之境，所赏多是梅、菊、荷、桃之属。从意象选择与情感表达来说，文人趣味非常浓郁，但与孤寂、冷瑟、空漠的审美倾向相一致，末世情绪也得到了充分表现。不妨略举一例来看他们词的这一特点，词如下：

四园竹
陈洵

重午，与六禾晚出北郭，饮村垆。

榴花笑客，旧梦冷船箫。竹风动户，梅雨暗城，仙侣无聊。清昼阑，炊黍熟、汀菰路绕。酒怀宽处须浇。　到魂销。村帘最好斜阳，江声换尽前朝。长涧菖蒲自秀，休向尊前、问息寻消。人事渺。听暮笛，飞梅翳丽谯。①

临江仙
黎国廉

重午，同述叔出北郭宝汉茶寮小饮。

邃绿荡无际，稻风拂拂，菰雨丝丝。柳桥畔，骄骢驻策偏宜。寻碑。趁斜照远，幽禽小、碎咽筠枝。方亭瘦，有跨檐朱槿，窥座黄栀。　江篱。行吟散缓，芳佩歧路都迷。剔青苔、搜遍醉石新诗。南飔。送湘兰恨，吴蚕老、怕说心期。苍茫意，费几番呵壁，谁与然疑。②

据题可知，这两首词写二人端午节晚出聚饮事。陈洵《四园竹》上阕写出行、饮酒，雅兴尚不浅，下阕却悲情四起，暗伤时事。刘斯翰曾予以详细阐释："'村帘'二句：致慨于清亡。……'长涧'句：以隐居不问世事为劝。……'问息寻消'，似指当时遗老中之流言，盖自1917年张勋复

---

① 黎国廉、陈洵：《秫音集》，蔚兴印刷厂，1949年，第18叶。
② 黎国廉、陈洵：《秫音集》，蔚兴印刷厂，1949年，第18叶。

辟失败后，遗老中对清室复辟仍存幻想。……'人事'句：似流露出词家对复辟之悲观。"①黎国廉《临江仙》极力摹写出行之所见，"寻碑""行吟"之类皆属文人之行迹，心中所郁结只从最后一句逗出。"呵壁"，语出王逸《〈天问〉序》："屈原放逐，忧心愁悴。彷徨山泽，经历陵陆，嗟号昊旻，仰天叹息。见楚有先王之庙及公卿祠堂，图画天地山川神灵，琦玮僪佹，及古贤圣怪物行事，周流罢倦，休息其下，仰见图画，因书其壁，呵而问之，以渫愤懑，舒泻愁思。"②因此可知此句之前所写的出行种种不过是为了疏散词人内心的郁结罢了。

举一例以见其余，《秝音集》的词作风格大抵如此。当然，这种填词倾向又是陈、黎二人的词学观念所带来的必然结果。他们填词祖述美成、梦窗、碧山，追求比兴寄托，注重表现忠爱之情。在学词之初，陈洵从陈昭常处借得黎国廉家藏之周济《宋四家词选》，此书对他的词学之路影响甚大。他说：

> 吾年三十，始学为词。读周氏四家词选，即欲从事于美成。乃求之于美成，而美成不可见也。求之于稼轩，而美成不可见也。求之于碧山，而美成不可见也。于是专求之于梦窗，然后得之。③

周济《宋四家词选》提出的词学纲领是"词非寄托不入，专寄托不出"，学词路径为"问涂碧山，历梦窗、稼轩，以还清真之浑化"④，这成为常州词派的纲领。陈洵遵循这一纲领，在实践中有所取舍，最终得之于梦窗。

虽然未见黎国廉表述学词路径的材料，但他当也受到了周济之说的影响，只是与陈洵不同，其词更近于碧山。张学华谈到二人词之区别时说："术叔为词致力梦窗，而六禾则醉心姜史。"⑤陈洵则许黎国廉词为"远则碧

① 陈洵著，刘斯翰笺注：《海绡词笺注》，上海古籍出版社，2002 年，第 93 页。

② （汉）王逸注，（汉）洪兴祖补注：《楚辞章句补注》，吉林人民出版社，2005 年，第 86 页。

③ 陈洵：《海绡说词》，唐圭璋编：《词话丛编》第 5 册，中华书局，2005 年，第 4839 页。

④ （清）周济：《宋四家词选目录序论》，（清）周济编：《宋四家词选》，古典文学出版社，1958 年，第 2 页。

⑤ 张学华：《秝音集序》，黎国廉、陈洵：《秝音集》卷首，蔚兴印刷厂，1949 年。

山、蜕岩，近则金梁、梦月"①。可见，黎国廉词更近于碧山一脉。在周济看来，"梦窗立意高，取径远"②，而"碧山胸次恬淡，故黍离麦秀之感，只以唱叹出之，无剑拔弩张习气"，"咏物最争托意，隶事处以意贯串，浑化无痕，碧山胜场也"，"词以思笔为入门阶陛。碧山思笔，可谓双绝，幽折处大胜白石"③，等等。由此可见，梦窗、碧山为后人所法之处在于二端，一为缠绵悱恻的忠爱之情，一为可堪效仿的填词笔法。前者与陈、黎二人之间形成了异代同构的精神世界，后者则为他们提供了表现这种精神世界的丰富法门。

结　语

所谓"士君子以文会友，缘情放言"，"同其声气，则有唱和"④，陈洵与黎国廉之间相互投赠、同赋，切磋词艺，声气相求，这在词风委顿的20世纪一二十年代的广州，堪称不可多得的亮色。他们固守词学园囿，以词自托，既与陶渊明的隐逸之思遥相呼应，又与宋代末世词人同鸣共振，将自身的生活样貌与心路历程写入《株音集》中，对于观照辛亥之后士人的人生取向与思想动态来说，无疑具有一定的样本意义。总之，无论从词史还是文人心态史研究方面来说，《株音集》都是值得注意的。

作者通信地址：山东省烟台市芝罘区红旗中路186号鲁东大学文学院，邮编：264025。

责任编辑：蒋方

---

① 陈洵：《玉簪楼词钞序》，曹辛华主编：《民国词集丛刊》第27册，国家图书馆出版社，2016年，第425页。

② （清）周济：《宋四家词选目录序论》，（清）周济编：《宋四家词选》，古典文学出版社，1958年，第3页。

③ （清）周济：《宋四家词选目录序论》，（清）周济编：《宋四家词选》，古典文学出版社，1958年，第3页。

④ （唐）权德舆：《唐使君盛山唱和集序》，（唐）权德舆著，郭广伟校点：《权德舆诗文集》，上海古籍出版社，2008年，第810页。

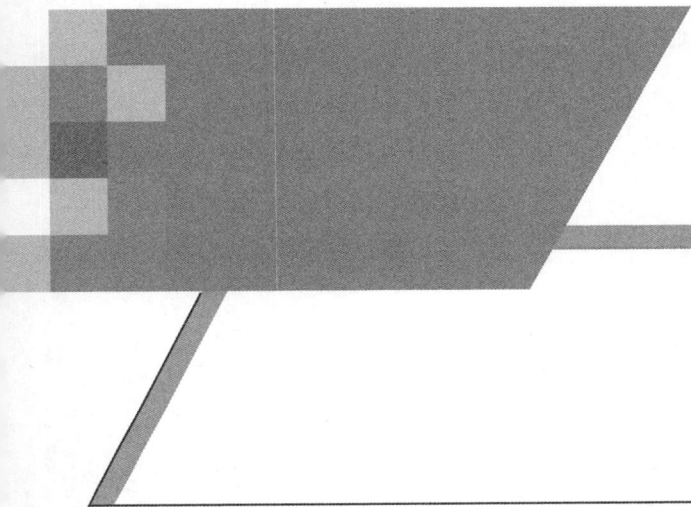

综合研究

区域藏书史的学术传承与问题意识：
以广东藏书史为中心的初步思考*

肖　鹏** 　蔡思明***

中山大学，广东广州，510006

摘　要： 中国传统藏书史研究形成了以"藏书家"与"藏书楼"为纲的叙事风格，其内核是"藏书家写藏书事"的文化传统。20世纪80年代以后，学界从"藏书文化的历史研究""藏书的文化史研究"以及"与藏书相关的思想史、智识史研究"三种路径尝试对这种风格进行突破。为了寻找一条当代藏书史的研究主线和叙事主轴，更好地与主流史学界以及其他相关领域建立学术交流与对话，文章认为藏书史研究的新进路之一是从"地方藏书史"走向"区域藏书史"。文章以广东藏书史为例，探索区域藏书史视角下历史发展和学术议题，讨论藏书史研究中新的叙事可能。

关键词： 区域藏书史；广东；地方藏书史；藏书文化

一　中国藏书史研究的传统与发展

周绍明曾指出，"过去学者们重点关注私人藏书家，事实上是把藏书史变成了一系列个人传记，绝大部分是中国士人的传记，他们被认为是

---

* 本文系2019年度广州大典重点项目"广东古代藏书与近代图书馆史料整理与研究"（项目编号：2019GZZ08）的研究成果之一。
** 肖鹏（1987—　　），男，汉族，广东汕头人，中山大学信息管理学院副教授，博士。
*** 蔡思明（1989—　　），女，汉族，湖北天门人，中山大学信息管理学院博士研究生。

整个中国历史上除了朝廷以外中国书面文化的主要传播者"①。其实，与其说以往中国藏书史研究是"一系列个人传记"，不如说以"藏书家"（或谓"人物"）为纲本就是传统藏书史研究的核心叙事风格。这种叙事风格看似以人物为中心，其内容却远不止于生平或传记。如叶昌炽（1849—1917）及以后的多种"藏书纪事诗"，虽以人物为纲，却囊括书藏目录、校雠问题、管理经验、聚散情况乃至书贾书贩、藏书印等诸多藏书文化的议题，所论甚广。值得注意的是，中国传统的藏书史叙事中又有一种以"书藏"（或谓"藏书楼"）为中心的叙事路径，实际上可看成是"藏书家"叙事敷衍出来的分支。

这种叙事风格的形成原因一言以蔽之，即"藏书家写藏书事"。叶昌炽的《藏书纪事诗》表面上是一种对"个人传记"的咏唱，但他开创的"藏书纪事诗体"不仅涉及纪传和掌故，更融入了丰富的文化要素和诗性精神。其自序谈到，"昌炽弱冠，即喜为流略之学，顾家贫不能得宋元椠，视藏家书目，辄有望洋之叹。因念古人爱书如命，山泽之癯，槁项黄馘。吾吴如孙道明、朱叔英、吴方山、沈与文，皆名不挂于通人之口，缥缃既散，蒿莱寂然，可为陨涕。顾涧蘋先生尝欲举藏弆源流，汇所见闻，述为一编，稍传文献之信"②。这一段自白揭露了传统藏书史叙事的内在逻辑：若非藏书之人，往往难以切身体会爱书之深、聚书之难的复杂情感，也不易激发出记录、传颂藏书往事的志趣。叶氏的藏书纪事诗体与书话（体）③互为交缠，均滥觞于古代私人藏书传统。

继叶氏《藏书纪事诗》后，伦明《辛亥以来藏书纪事诗》、王謇《续补藏书纪事诗》、徐信符《广东藏书纪事诗》、吴则虞《续藏书纪事诗》等，大多沿同一路径顺流而下，深刻影响了当代的藏书史研究。这种影响主要体现在两个方面：一是史料组织思路的承续，诸多前辈既已以"藏书家"或"藏书楼"为纲积淀史料，后来者借此框架继续爬梳发力，是再正常不过的事情。关于特定"藏书家"或"藏书楼"的论著也因此成为当代藏书史研究之

① ［美］周绍明著，何朝晖译：《书史与士人书籍的非士人背景》，《书籍的社会史：中华帝国晚期的书籍与士人文化》中文版代序，北京大学出版社，2009年，第Ⅴ页。
② （清）叶昌炽：《藏书纪事诗》自序，上海古籍出版社，1999年，第30页。
③ 徐雁：《书话源流与文体风范》，《出版广角》1998年第1期，第71—73页。

大宗；二是对藏书文化的情感延续，后来者虽不一定以诗体畅抒胸臆，但在文本写作中亦见得或强或淡的情绪，对聚与散、藏与用等议题往往都有一定慨叹。从这一点发散开来，"藏书家写藏书事"不仅是学术传统，更是一种文化传统。既为文化传统，则必有与之相契合的文化土壤。20世纪上半叶以来，公藏的壮大、公共图书馆的进一步发展，使得市面上流通的古籍总量不断缩减。尽管仍有以韦力等私藏大家为代表写出《书楼寻踪》《书房寻踪》之类延续"藏书家写藏书事"风格的作品，但随着社会整体教育水平的上升，藏书之家、爱书之人逐渐增多，私人藏书的内涵已经发生根本的变化。兼顾收藏、考据、纪事、怀古的私藏风尚也日转萧条。

除了文化土壤的逐渐消散，随着学术研究的职业化特征日益凸显、史学理念和研究视域不断更新，改革开放以后的学界进一步发展了这种聚焦于"藏书家"或"藏书楼"的"半学术化"的研究模式。徐雁在1988年《全面展开中国历史藏书的研究》中指出，自叶昌炽之后涌现的中国历史藏书专题论著"殊少'旁通''会通'之作，几乎尽是私人藏书家的传记资料，囿于体例，终未能于藏书家史实中，考见出当日文化学术进退盛衰之迹"①。2000年之后，周少川又提出，"以往对于古代私家藏书的研究，多专注于藏书家的个案研究，或一朝、一地藏书家事迹的考述，未能综合地将古代私家藏书作为一种文化现象，置于社会历史环境的总相中进行考察，深入探讨私家藏书在长期活动中所形成的基本模式和文化积淀……"②。徐雁、程焕文、王余光、周少川等是较早接触和引介书籍史/阅读史传统的学者，20世纪90年代，这批学者从学术概念层面采纳"藏书文化"术语，开始将藏书史纳入文化史视域，将其作为藏书史研究拓新的可行方向之一。《藏书与文化——古代私家藏书文化研究》③《中国近代藏书文化》④《中国藏书文化》⑤等论著就是这一时期的产物，这些工作致力于将书

---

① 徐雁：《全面展开中国历史藏书的研究》，徐雁、王燕均主编：《中国历史藏书论著读本》代序，四川大学出版社，1990年，第7页。

② 周少川：《藏书与文化——中国古代私家藏书文化研究刍议》，《安徽大学学报》2003年第2期，第92—99页。

③ 周少川：《藏书与文化——古代私家藏书文化研究》，北京师范大学出版社，1999年。

④ 李雪梅：《中国近代藏书文化》，现代出版社，1999年。

⑤ 桑良至：《中国藏书文化》，中国财政经济出版社，2002年。

籍收藏的一系列相关行为与宏大的历史叙事结合起来，在继承"藏书家写藏书事"精神内核的前提下，其研究理路偏重宏大叙事，着力将藏书史融入学术大潮与文化体系之中，同时又把藏书纪事诗体里隐而不彰的"藏书章""藏书癖"等议题显性化、系统化，进一步拓宽了藏书史的学术关怀。近年来，以"藏书文化史"或"藏书文化"为名的论著渐多，大致是在类似的框架下展开叙述的，它们从藏书文化出发，对"考见出当日文化学术进退盛衰之迹"给出了一定的回应。

值得注意的是，上述工作（在历史学界有所谓"旧文化史"的提法[①]）和西方新文化史视角下的书籍史/阅读史研究相比，虽然都以"文化"观"书籍"，却存在理论和方法路径层面的不同。20世纪90年代末，以罗伯特·达恩顿等为代表的西方书籍史研究者被逐步引介到国内，与之密切相关的"文化转向"也一度成为人文社科学界热烈议论的理论话题。在西方书籍史/阅读史中，有相当一部分学者关注到中国的书籍史问题，由于有不少学者已经做过系统的梳理和评述[②]，此处不再赘述。而具体到藏书史，一个关键的线索是从艾尔曼的《从理学到朴学：中华帝国晚期思想与社会变化面面观》到盖博坚《皇帝的四库：乾隆朝晚期的学者与国家》再到周绍明的《书籍的社会史：中华帝国晚期的书籍与士人文化》，这几位学者的论著逐步将藏书问题织入学术交流和政治权力的网络之中。时至今日，将书籍视为一种社会要素的观点已经非常普遍，本土在"社会历史环境的总相"下围绕书籍交流循环圈（Communication Circuit）[③]展开的讨论也日益增多，其中，何朝晖在此基础上进一步提出的涵盖"内圈、内圈标注与外圈"[④]的新研究模型就颇值得重视。但与此同时，某些研究通盘采纳欧美书籍史学界的视域和术语，甚至以本土材料彻底套入外来的框架，得到与欧

---

① 马勇：《新文化史在中国：过去、现在与未来》，《史学理论研究》2013年第1期，第12—17页。

② 张仲民：《从书籍史到阅读史——关于晚清书籍史/阅读史研究的若干思考》，《史林》2007年第5期，第151—180、189页；张炜《西方书籍史理论与21世纪以来中国的书籍史研究》，《晋阳学刊》2018年第1期，第19—25页、33页。

③ 书籍交流循环圈（Communication Circuit）由美国学者罗伯特·达恩顿于1982年提出。见罗伯特·达恩顿：《何为书籍史》，陈恒、耿相新主编：《新史学》第10辑《古代科学与现代文明》，大象出版社，2012年，第144—165页。

④ 何朝晖：《书籍史不仅仅是书籍的历史》，《社会科学报》2021年6月24日，第5版。

美类似研究并无二致的结论。在学术日益国际化的背景下，与欧美学界的对话和交流本无可厚非，但这种对话和交流的过程不应该是单向的，而应当是双向的，尤其是把理论术语引入本土研究的过程，也应该是一个对理论进行批判、接纳和改造的过程。

除了以上两种偏重"文化"视域的思路之外，"藏书思想史"研究或许是实现当代学术突围的第三种思路，不过这方面的作品还比较稀缺。尽管在当前的藏书家或藏书楼论述中，往往会加入"藏书思想"的研讨，但纯以"藏书思想史"为名的专著仅有《清代藏书思想研究》①《祁承㸁藏书及文献学思想研究》②等寥寥几部。藏书思想的研究存在一些天然的难点，例如古代藏书思想和观念往往未臻系统，有"佳句"而难见"全篇"，如以"儒藏"为代表的书藏思想，近代图书馆学观念启发下"进行反向观察"的流通公开思想都是古代藏书思想中比较特别的内容，但其他方面则很难独立于校雠学、版本学、目录学等学术工作之外。除此之外，在历史学等领域还有一系列以藏书目录和书目研究为根底，借分类、分科等角度转入思想史、观念史、智识史研究的议论③，尽管它们传统上不被认为属于"藏书思想"的讨论，但同样具有启发意义。

概言之，传统藏书史研究是以"藏书家"为中心的。在这种传统下，倘若执笔书写藏书史的人物恰能集"藏书家"与"学问家"于一身，以学术意识牵动典藏意识，便有望如徐雁教授所言，见得"旁通""会通"之作。然而，当代"藏书家"与"学问家"的渐次切割几乎是无法挽回的趋势，"藏书家写藏书事"的传统也不可避免地衰败下去，难以为藏书史研究的持续发展提供动能。20世纪80年代以后，藏书史的相关研究从三个不同路径尝试突破：第一种可概括为"藏书文化的历史"研究，特点是以宏大叙事介入微观藏书史，成果丰硕，尤其以任继愈主编的《中国藏书楼》、傅璇琮和谢灼华主编的《中国藏书通史》等几部通史及断代史作品，成就

---

① 王蕾：《清代藏书思想研究》，广西师范大学出版社，2013年。

② 张玮：《祁承㸁藏书及文献学思想研究》，国家图书馆出版社，2016年。

③ 桑兵：《分科的学史与分科的历史——本期专栏解说》，《中山大学学报（社会科学版）》2010年第4期，第66—71页；姜义华：《清末孙中山革命思想的西学渊源——上海孙中山故居西文藏书的一项审察》，《"西学与清代文化"国际学术研讨会论文集》，2006年，第1—21页。

最为显赫。专题式或地方性的藏书史研究也受此影响颇深。第二种可概括为"藏书的文化史"研究,其特点是受启发于西方的文化史与社会史研究,以社会视域重新观察藏书行为,尤其以《从理学到朴学:中华帝国晚期思想与社会变化面面观》的第四、第五章和《书籍的社会史:中华帝国晚期的书籍与士人文化》的第四、第五章最有代表性。而第三种则聚焦藏书相关的思想史、智识史研究,目前还处于萌芽之际。

其实,上述三种路径的划分并不完全科学,它们关注的议题有着相当明显的交叉和重复(例如前两种路径多会关注"藏书与科举""藏书的聚与散"等议题,尽管解释思路截然不同),学者们在开展藏书史研究时也很少清晰地划分三种路径。本文的重点也不是要对它们进行界分,而是尝试厘清藏书史研究的传统理路与近年来的拓展理路,以为后续的讨论奠定基础。

二 从地方藏书史到区域藏书史:继承与开拓

"地方史"不同于"区域史"。大体来讲,如果说"地方"或"地域"还将研究的对象聚焦在一个固定的边界之内,"然后再画地为牢地在这个区域里边,用一些我们过去比较熟悉的、甚至只是读中国通史教科书得来的某种思想的框架,去考虑问题"①,那么,"区域"更多的是一种分析的工具,它首先并不拘泥于特定的地理范畴,而是采纳更为灵活的地理边界(当然,关于何为"区域"也有许多争论),虽然也聚焦于特定地域的事宜,却是以"通史""国史"乃至"全球史"的视域,试图在地方研究中解决全国性的问题②。由于许多学者已经对"地方史"与"区域史"之间的关联、界分进行了深入的讨论③,这里对这些理论层面的问题暂且按下不表,我们更重视的是这两个概念对藏书史研究可能的启发。

---

① 陈春声:《从地方史到区域史——关于潮学研究课题与方法的思考》,山西省历史学会编:《区域社会史比较研究中青年学者学术讨论会论文集》,2004年,第110页。
② 郑振满:《区域史研究的问题导向》,《区域史研究》2020年第1期,第3—16页。
③ 梁仁志:《从地方史到区域史——关于徽学研究的反思》,《中国区域文化研究》2019年第1期,第32—44页;程美宝:《走出地方史:社会文化史研究的视野》,中华书局,2019年。

可以注意到，尽管当前关于特定地方的藏书史研究很多，但从研究方法和分析手段来看，这些工作主要还是整体性或国家性藏书史研究的切片。这里以广东的藏书史研究为例，在本文第一部分提炼的三种研究思路中，广东藏书史研究偏重前两者，暂未看到新文化史视角下"藏书的文化史"研究或对"藏书思想史"的系统梳理。

首先，正如上文所言，关于特定"藏书家"或"藏书楼"的论著一直是藏书史研究的主体，"藏书家写藏书事"的传统叙事、"一人""一楼"的研究模式在广东藏书史研究中同样根深蒂固。在本文两位作者此前完成的《广东藏书史研究综述》中，通过统计相关资料，发现有明确记录的广东藏书家大约在180位以上，现有研究多围绕其中某些重点人物展开，受到关注最多的是清末民初的广府藏书家们[①]。例如，何多源于1933至1935年间发表《广东藏书家考》[②]，以短文形式对40位广东藏书家的藏书活动和事迹进行整理，就是人物传记式藏书研究的代表；20世纪40年代，即便在具有整体回顾意味的《广东藏书记略》[③]中，徐信符的写作模式也大体是逐一罗列和评价藏书家及其藏书活动。

而到了20世纪80年代以后，广东藏书史研究虽然难称兴盛，但在"藏书文化的历史研究"的影响下，已有一批学者将"藏书史"与"大历史潮流"结合起来。从纵向上加强藏书史与宏观历史叙事的关联，注意到藏书事业是"政治经济文化"宏大叙事中的一环，同时也在横向上拓展藏书史的研究对象，论及藏书"文化"覆盖的不同要素。这些工作的成就主要有两点：

第一是开始在宏大的历史书写中嵌入藏书功能与意义的讨论。例如乔好勤的《岭南文献史》从历史纵向梳理各时期的重要典籍文献，该书的第六章第二节《岭南出版发行与藏书事业》、第八章第八节《清代后期岭南的藏书》、第九章第八节《文献收藏、整理与出版》就涉及藏书问题。其

---

① 蔡思明、肖鹏：《广东藏书史研究综述》，《山东图书馆学刊》2020年第5期，第109—116、122页。
② 依次载于《广州大学图书馆季刊》1933年第2期、1934年第3期、1934年第4期、1935年第1期以及1935年第2—3期。
③ 徐信符：《广东藏书记略》，杜定友编：《广东文化论丛》，1949年，第23—34页。

论述已经有意识地将藏书问题和政治、经济、文化、学术的发展结合起来，对各个时期藏书构成的动因和影响做出了阐发。例如，该书谈及藏书问题时，就说到"关于岭南藏书，应该说在东汉、三国时期已受到重视，否则陈氏父子的经学研究，士燮地方人物传记的撰写都是不可能的。至唐高中状元、进士的学者日多，其学养的积累没有足够的图书资料也是不可能的"①。第二是逐步把藏书史的研究对象有意识地拓展到藏书家、藏书楼之外的相关内容，或是物质性的藏书印，或是行为性的藏书购买、藏书利用，或是媒介性的书贩、刻工等等。例如，在罗志欢的《岭南历史文献》②中，第四章实际上采纳了"大藏书史"的概念，同时包括文献典藏、积聚、散佚、遗存等诸多内容，"岭南藏书传统"只是其中一个小节。正如本文第一部分所言，这种"大藏书史"的风尚早在《藏书纪事诗》等文本中即有先兆，对于我们更为深刻地认识和理解藏书史的内在逻辑颇有帮助。

虽然本文主要以广东藏书史为论述对象，但从《武林藏书录》到吴晗的《江浙藏书家史略》再到晚近的《苏州藏书史》，即便在最为发达的江浙藏书史的相关研究中，大致也是依循上文第一部分提到的几种路径。或是遵循"藏书家写藏书事"的传统，以书人为纲，爬梳书史；或是结合从宏观的要素层面讨论藏书与政治、文化、社会之关联；少数新近的研究则尝试以更具理论色彩的"新文化史"为底图，从不同角度分析藏书文化传统与中观层次社会要素的关联。总体上来看，尽管这些研究也在一定程度上讨论地方藏书与地方士人以及区域特征之间的互动，但普遍还是从"地方史"而非"区域史"的角度开展藏书史研究。

直到今天，许多研究者们的主要工作仍然是在划定的地理边界内全面搜集与藏书（有时还会延伸到图书馆史）相关的史料，这种立足"地方史"视角的藏书史研究无论从文化抑或学术层面都是极为重要的。在文化上，它是"藏书家写藏书事"这一传统的发展——几乎所有地方藏书史的研究者，他们在研究的过程中往往都深藏着一种对地方的情愫，进而寄托了某种认同感，这在失却了传统私家藏书土壤的当代文化语境中具有特殊意义；

---

① 乔好勤主编：《岭南文献史》，华中科技大学出版社，2011年，第525页。
② 罗志欢：《岭南历史文献》，广东人民出版社，2006年。

而在学术层面，倘若缺少对特定地域藏书史料的着力搜集和梳理，缺乏史料和基本事实层面的坚实地基，就不可能诞生任何超越于固化地域之上、具有理论价值的新研究。

而之所以有必要从"地方藏书史"走向"区域藏书史"，第一是为了寻找一条当代藏书史的研究主线和叙事主轴。正如前文所述，传统藏书史研究以"一人""一楼"为中心，往往很难把不同的要素聚拢到统一的框架之下；而立足"文化"的新兴进路则很容易因为"宏观"而言之空泛，缺少撑牢宏大话语与微观事实之间的介质。将区域史的理论方法引入到地方藏书史之中，展开"区域藏书史"的研究，或许能够在一定程度上弥补以上两方面的缺憾。在区域史的问题引导下，区域藏书史的研究应当立足地方藏书史料，却又需要从区域的分析视角出发，关注一些更具普遍性的问题——在我们整理广东藏书史料的过程中，或多或少已经触碰到一些具有潜力的案例，例如，梁朝钟（1603—1646，字未央，广东番禺人）在编制吼阁藏书书目的过程中，对先代宋元版本"多不能全"的遗憾显然不仅仅止于版本层面，更与所在时代的际遇相关。"感其事"不仅是"书事"，更是"国事"①。在区域藏书史的研究视域下，关注的一些重点问题可能包括：特定区域的藏书家群体如何互动与交往，这些藏书家社群又与区域的学术共同体、知识共同体之间存在何种关系，藏书家/藏书家社群的藏书体系与区域史研究特别重视的"地方性知识"等概念之间存在何种关系。上述研究绝不能替代地方藏书史正在进行的一些工作，但它们能够帮助我们更好地协调宏观历史叙事和传统/微观藏书叙事之间的关系，更有力地阐述藏书行动和书藏实体在历史系统中的社会功能。

第二是为了更好地与主流史学界以及其他相关领域建立学术交流与对话。应该注意到，虽然藏书史的主力军是图书馆学、文献学的研究者（这事实上是"藏书家写藏书事"的一种变奏），某种程度上与主流史学界之间存在一定的距离，但仍然深受主流史学话语的影响。例如，学术突破的第一种路径"藏书文化的历史研究"，可溯源自1949年以后的革命叙事；学术突围的第二条路径"藏书的文化史研究"则开始与西方新文化史的话

---

① 梁朝钟《吼阁藏书自序》中称"因感其事，追忆先后，造一书目"。见《丛书集成续编　第122册　集部》，上海书店出版社，1994年，第743页。

语对接，新文化史（以及与之密切相关的中层理论）的引入正是历史学界对前述革命叙事的一种突破。从这个角度来讲，"藏书文化的历史研究"与"藏书的文化史研究"，乃至于"藏书思想史"的兴起，都可以视为当代史学潮流的余波。但是，藏书史本身有其独特的学术关怀和理论可能。例如，"地方性知识"是近年来不同人文社科领域都高度关注的议题，而地方藏书作为一种地方文本的系统化，与地方性知识的生成之间无疑存在密切的关系——藏书史的研究者有必要也应当积极参与到这种主流的学术议论之中。通过区域史的视域，或许有望逐步构筑起一套更具诠释力和理论性的藏书史研究话语，并更为深入地参与到一些重要议题的对话里。

三 区域史视角下的广东藏书研究：历史分期与问题提出

需要特别说明的是，我们并未将区域史视域的引入视为一种对地方藏书史研究的替代，而是将其与"藏书思想史研究""藏书的文化史研究"等并列，看作一个可能的深化方向——这也意味着，倘若没有地方藏书史的坚实基础，区域藏书史的工作是虚浮且危险的。

笔者试图通过对比较熟悉的广东藏书史进行回顾，探讨在区域史视角下可能的问题意识，又有哪些值得关注的有价值的人物、事件和学术议题。为了更清晰地阐述观点，我们将20世纪以前的广东藏书史划分为三个阶段：第一阶段为自广东有藏书活动始至17世纪中后期；第二阶段大致为17世纪中后期至1817年阮元督粤前；第三个阶段大致为1817年阮元督粤至19世纪末。

第一阶段为自广东有藏书活动始至17世纪中后期，可以视为广东藏书史的萌芽期。明朝以前，广东有史可载的藏书活动十分有限，仅有地方史志的零星记载。15世纪中后期陈琏、丘濬等藏书家在本土建立书藏，广东藏书始现萌芽之态。直至17世纪中后期屈大均整理广东文献之前，广东本土并未出现大规模的藏书活动。1441年，藏书家陈琏（1370—1454，字廷器，号琴轩，广东东莞人）在家乡东莞建设"万卷堂"藏书楼；1473年，丘濬（1421—1495，字仲深，海南琼山县人）于海南琼山县建"石室"藏书楼。陈琏和丘濬是这一阶段极具代表性的藏书家，除了时代相近，从"国家"和"区域"的关系来看，他们的藏书事业有两个值得关注的共同点：

其一，其藏书主要是在广东以外系统积累起来的。例如，丘濬在进入翰林院后，参与了多项图书编修工作，得以读到馆阁所藏的丰富书籍，亲手抄录馆阁所藏唐代张九龄《曲江集》以及北宋余靖《武溪集》，在返乡服丧期间付梓刻印，由此两书得以传世。他在平时也注意"必多购书籍以庋藏于学宫，俾吾乡后生小子，苟有志于问学者，于此取资焉，无若予求书之难，庶几后有兴起者乎"[①]。他们以外地所收图书在家乡建造书藏，其藏书行为或多或少促进了中原图书体系在广东的扩散。尽管这一阶段广东知名的藏书家不多，但都有与之类似的藏书经历，如梁储（1451—1527，字叔厚，号厚斋，晚号郁洲，广东顺德人）、黄佐（1490—1566，字才伯，广东香山人）、林熙春（1552—1613，字志和，号仰晋，广东海阳人）、张萱（1558—1641，字孟奇，别号西园，广东博罗人）等，大多也是离开家乡为官多年，因为官之便才得以收藏诸多广东难以获得的书籍。在这样的"外地聚书"与"本地存书"之间，潜藏着区域藏书之间的流动和国家藏书意识对区域的影响。

其二，其藏书开放行为在一定程度上起到了关联国家知识与地方知识的作用。屈大均在《广东新语》中将陈琏的"万卷堂"与丘濬的"石室"藏书楼相对比，"东莞陈琴轩先生琏，致仕后，开万卷堂，书多秘馆所无，四方学者至，必馆谷之。而丘文庄于琼州学宫为石室，藏书以惠学者，皆盛德事也"[②]。分析这种"以惠学者"的心态，或许应当注意到这些士人作为"国家"与"地方"之间的中介角色，这种"中介"深刻勾连了国家力量与地方宗族。因此，当我们在考察陈琏致仕后开万卷堂、丘濬返乡建"石室"等行为时，"致仕后""返乡"等具有流动意蕴的概念，在某种程度上是这种国家和地方间中介作用的实在化，也凸显了国家对地方性知识塑造的可能影响。

第二阶段大致为17世纪中后期至1817年阮元督粤以前。与此前相比，这一阶段广东的书籍生产与藏书事业虽有所发展，但仍难称发达，甚至还因为期间的若干禁书事件而遭受挫折。这一阶段的代表人物是屈大均（1630—1696，初名邵龙，字翁山，生于南海，祖籍番禺），尽管其著

---

① （明）丘濬：《藏书石室记》，《丘濬集》第9册，海南出版社，2006年，第4356—4358页。
② （清）屈大均著，李育中等注：《广东新语注》，广东人民出版社，1991年，第413页。

作在雍正、乾隆两朝遭查禁，但屈氏的藏书行动和文献整理工作仍值得特别关注。一方面，屈大均与江南各地的藏书家一直有着比较密切的联系，如其曾在山阴祁氏寓山园观书①，又从金陵黄虞稷千顷堂借阅《易疏》②，等等，这些事迹，使得他也成为一张覆盖辽阔的藏书家网络中的一员；另一方面，屈氏晚年安居番禺，专事广东文献的整理与编撰，编撰的《广东文集》(今存八册)、《广东文选》四十卷、《广东新语》二十八卷等唤起了本地藏书家对地方文献的关注，对于塑造本地的文化意识和藏书意识都有积极的影响。

第三个阶段大致为1817年阮元督粤至19世纪90年代，为广东藏书史的兴盛发展期。这一时期广东藏书的发达表现在私人藏书的发展以及书院藏书的兴起。1817年，阮元(1764—1849，字伯元，号芸台，江苏仪征人)调任两广总督，1820年在广州创办以重经史训诂为宗旨的书院——学海堂。学海堂聚集起广东诸多有才之士，培育了大量人才，使得广州迅速崛起为南方的学术重镇。

学海堂在广东藏书史中留下了浓墨重彩的一笔。首先，在学海堂之前，尽管"岭南学派"即以书院的形制建立了白沙心学的传播路径，构建起具有岭南特征的儒学立场③，但一般认为心学书院不重藏书，相关记录颇为稀缺。自学海堂建立后，广东书院才开始建立系统的书藏，这种"系统性"与岭南学术之间的关联是值得关注的。其次，学海堂藏书丰富，又起到一

---

① 汪宗衍《屈大均年谱》载："(顺治十七年)抵山阴，祁理孙(奕庆)、班孙(奕喜)相留居于寓山园读书。祁氏富藏书，足不下楼者五月。"屈大均《题山阴祁五祁六藏书楼》云："平生窃慕柱下史，列国宝书求未已。闻君家书万卷余，欲向瑯函作蠹鱼。"见《翁山诗外》卷三，清初刻本，第27—28叶。

② 屈大均《过黄俞邰藏书楼作》云："我生南海愁偏僻，经史之外寡书册。扁舟遥至金陵城，欲向名家求载籍。黄君父子世藏书，一室尝开万卷余。欲使文章归作命，岂将词赋送居诸。六经我道非糟粕，天地精神于此托。一画能令日月开，古圣神明必有作。君家易疏几青箱，借我无嫌岁月长。卦外始能知太极，图中亦可得羲皇。君今继述从何始，应征未与先朝史。文献无稽是此时，春秋有志惟君子。秦淮水长连青溪，三月河房柳向西。欲邀雪客同挥管，吾学诸编更整齐。我且浓磨方氏墨，殷勤花下为君携。"见《翁山诗外》卷三，清初刻本，第19叶。

③ 刘兴邦：《儒学岭南化与岭南化儒学——兼论白沙心学》，《中国哲学史》2014年第4期，第80—87页。

个地方知识传播中心的作用。其建有启秀山房刊刻书籍，以刊刻《学海堂集》（共四集）和《皇清经解》一千四百卷（一说一千四百六十八卷）两种文献最为著名。最后，学海堂诸多学人亦是活跃于该时期的藏书家，如曾钊、吴兰修、黄培芳、梁廷枏等，皆著述丰富，富于藏书。他们之间的交流和互动正式塑造了一个强健的、本地化的藏书共同体，由此延伸出一系列值得深究的重要命题——譬如，这个藏书共同体与地方知识的构建有何种关系，对本地文化有何种影响，等等。

从现有的材料可以初步看出，这一阶段广东藏书家的地方意识开始凸显。一方面，学海堂的学人们对广东文献展开了深层次的挖掘，塑造起极具本土特色的人文景观，奠定了藏书基础。另一方面，随着清代文网的松弛，民间图书刊刻活动渐兴，诚如麦哲维所言："跟江南的文人一样，广州文人对收藏珍稀书籍也非常感兴趣。广州学者和藏书家对这些珍稀文本的搜求又促进和诱导了更多书籍的生产。江南印书业的扩张，最主要的是与经学密切相关；而在广州，相当大一个数量新产生的文本是专门服务于广东的本土文化。"[1]当然，我们也不能过分夸大这一阶段本地藏书家和藏书行为的独特性，这一阶段的广东藏书文化与中原、江南的藏书仍有着密切互动。与丘濬等前贤类似，如丁日昌、方功惠、李文田、曾习经、莫伯骥等，尽管被称为知名广东藏书家，但他们诸多藏书活动在岭南以外，从《持静斋藏书记要》《碧琳琅馆书目》《五十万卷楼群书跋文》等私人藏书目录中可见一斑。桑兵曾有"南学之于岭南只能言籍贯而不能讲居处"[2]的论断，用在广东藏书文化上，似乎也颇合用。无论如何，这种本地藏书与外地藏书、本地意识与外来意识、本地学术与外来学术的复合纠缠非常值得挖掘。

结　语

中国传统藏书史研究形成了以"藏书家"与"藏书楼"为纲的叙事风

---

① ［美］麦哲维著，沈正邦译：《学海堂与晚清岭南学术文化》，广东人民出版社，2018年，第205页。

② 桑兵：《近代中国学术的地缘与流派》，《历史研究》1999年第3期，第40页。

格，其内核是"藏书家写藏书事"的文化传统。随着当代史学理念和研究视域的转向，藏书史研究出现了"藏书文化的历史研究""藏书的文化史研究"以及"与藏书相关的思想史、智识史研究"三种新的学术路径。在以上几种路径的影响下，地方藏书史研究取得了不少进展，但也仍有一些可供发力的空间。而在这一基础上，笔者试图借用区域史的一些理念，提出"区域藏书史"的研究可能。在文章的第三部分，我们管中窥豹地尝试研究20世纪以前的广东藏书历史中从区域藏书史角度值得深入挖掘的议题。这一尝试显然是非常初步的。本文重要目的在于抛砖引玉，为后来的研究者提供批评和进一步思考的素材。

值得特别强调的是，区域藏书史研究需要的不仅仅是理论的更新，更依托于坚实基础。区域藏书史首先以地方藏书史的成果为前提，而由于其视域的拓宽、路径的更易，又对史料搜集和发掘提出了更高的要求。从事区域藏书史的研究，不仅要关注传统的藏书史料，更要结合地方史志、士人著作、金石碑铭乃至口述历史等诸多史料，才有可能较好地支持理论的发展和话语的迭代。

作者通信地址：广东省广州市广州大学城外环东路132号中山大学信息管理学院，邮编：510006。

责任编辑：张玉华

"四书"拉丁文译本：从广州译稿到巴黎刊印本[*]

汪聂才^{**}

肇庆学院，广东肇庆，526061

摘　要： 明清之际，耶稣会士入华带来西学的同时亦在中学西传尤其是儒家经典的西传上做出了奠基性的贡献。来华耶稣会士们有着翻译"四书"的传统，从16世纪末至17世纪末，他们分别翻译了《大学》《中庸》《论语》，最终在拘押广州期间完善了"三书"拉丁文译稿。这份广州译稿几经周转最终又回到译者之一的耶稣会士柏应理手中。柏应理对广州译稿的手稿做了大量的校订工作，包括删改、补充、编排等，于1687年在巴黎以 *Confucius Sinarum Philosophus* 为名出版。

关键词： "四书"拉丁文译本；广州译稿；柏应理；《中国哲学家孔夫子》

明清之际，来华传教士在中国宣教，将西方的神学、哲学、科技、天文、历算、机械、水利等知识引入中国的同时，也将中国的社会、风俗乃至思想、文化、历史等知识传播到西欧，其中尤以被来华耶稣会士所看重的儒家思想和经典的西传最为引人注目，影响深远。1687年，被称为"儒家思想西传欧洲的奠基性著作"的 *Confucius Sinarum Philosophus*（拉丁文本以下简称 *Confucius*）[①] 由比利时耶稣会士柏应理（Philippe Couplet,

---

* 本文为2020年度广州市哲学社科规划广州大典专项课题"首部拉丁文'四书'广州译稿与巴黎刊印本比较研究"（课题号：2020GZDD03）成果。

** 汪聂才（1981—　　），男，汉族，安徽潜山人，肇庆学院政法学院副教授，博士。

① Philippe Couplet, *Confucius Sinarum Philosophus*, Paris, 1687。书名全称：*Confucius Sinarum Philosophus, sive Scientia Sinensis Latine Exposita Studio et Opera Prosperi Intorcetta*, Christiani Herdtrich, Francisci Rougemont, Philippi Couplet. 参见张西平：《儒家思想西传欧洲的奠基性著作——〈中国哲学家孔子〉》，《中国哲学史》2016年第4期，第121—128页。

1622—1693）在巴黎出版，该书又被称为"西文四书直解"①，拉丁文书名可以直译为"中国哲学家孔子"。2021年1月郑州大象出版社出版了该书的拉中对照版《中国哲学家孔夫子》（以下简称《孔夫子》），为四卷本，第一卷《前言》，第二卷《大学·中庸》，第三卷《论语》，第四卷《中华帝国年表》②。Confucius 的出版获得了法国国王路易十四的资助，对当时欧洲的知识界产生深远影响，然而，该书从翻译到出版，可谓历时长久、历经曲折。本文将梳理"四书"拉丁文广州译稿的形成过程、它在欧洲的流传与现状，就留存下来的译稿手稿与巴黎刊印本作一初步的比较，并提出笔者认为较为重要的修订内容③。

一 从"四书"翻译到广州译稿

（一）"四书"翻译

来华耶稣会士对"四书"等儒家经典的翻译工作可以追溯到第一批来华耶稣会士罗明坚（Michele Ruggieri，1543—1607）、利玛窦（Matteo Ricci，1552—1610）的时代。他们以儒家经典"四书"为学习中文的课本，同时对照中文一字一字翻译成拉丁文，并且为中文标上拉丁文注音。"四书"西译的最早译本应该说出自罗明坚之手，他在1588年返回欧洲之前已经开始"四书"拉丁文翻译工作。在欧洲，罗明坚在回罗马之前途经西班牙，在此期间他用西班牙文翻译了《大学》《中庸》以及《论语》的第一卷，献给当时西班牙哈布斯堡王朝腓力二世（Felipe II，1527—1598）④。到达罗马之后，1591—1595年间罗明坚整理完成了"四书"的拉丁文翻译，包括《大学》及《中庸》译文、《论语》部分章节译文、《孟子》第一卷译

---

① 方豪：《中国天主教史人物传》（中册），中华书局，1988年，第182页。

② ［比］柏应理等著，汪聂才、齐飞智等译：《中国哲学家孔夫子》（四卷本），大象出版社，2021年。

③ 关于对广州译稿手稿修订的具体内容的考察、修订与译文翻译用词的取舍选择，则还有待进一步的深入研究。

④ 关于罗明坚的西班牙文"四书"译稿研究，可参阅：［法］梅谦立、王慧宇：《耶稣会士罗明坚与儒家经典在欧洲的首次译介》，《中国哲学史》2018年第1期，第118—124页；王慧宇：《现存最早的欧洲语言〈大学〉译本析论》，《哲学与文化月刊》2020年第9期，第117—130页。

文。1593年他所翻译的《大学》第一部分译文被收录在安东尼奥·波赛维诺（Antonio Possevino，1533—1611）的 *Biblioteca Selecta*（《百科全书选编》）中，在罗马出版。

留在中国的利玛窦也在视察员范礼安（Alessandro Valignano，1539—1606）的指示下继续他的"四书"翻译工作[1]，并将其作为新来华耶稣会传教士学习中文的教材。译文在1594年年底之前已经完成，但是并未刊印[2]。他的"四书"拉丁文译本被认为是后来《中国哲学家孔夫子》的最初底本[3]。到了1624年耶稣会李玛诺（Manuel Dias，1559—1639）在给来华耶稣会士学生制定"课程计划"（ratio studiorum）时，确定可以学习的中国古籍有"四书"、《尚书》[4]。1662年，郭纳爵（Inácio da Costa，1599—1666）与殷铎泽（Prospero Intorcetta，1626—1696）在江西建昌刊印了《大学》拉丁文译文、《论语》前五卷（即前十章）以及简短的孔子传，书名为 *Sapientia Sinica*（《中国智慧》）。该书原本作为教学工具使用[5]。随后，殷铎泽自己又于1667和1669年分别在广州和印度果阿完成了 *Sinarum Scientia Politico-Moralis*（《中国政治道德学说》）的刊印，该书提供了《中庸》的中文、拉丁文对照本，并附有八页的孔子传。

殷铎泽原本在江西传教，1667年能在广州刻印《中国政治道德学说》

---

① 参见1593年12月10日利玛窦写给总会长阿夸维瓦（P. Claudio Acqua）的书信。[意]利玛窦著，罗渔译：《利玛窦书信集》（上册），光启出版社、辅仁大学出版社，1986年，第133—136页。

② 参见1594年11月15日利玛窦致德·法比神父（P. Fabio de Fabi，1542—1615）、1597年9月9日利玛窦致巴西奥乃伊神父（P. L. Passionei）的书信。[意]利玛窦著，罗渔译：《利玛窦书信集》（上册），光启出版社、辅仁大学出版社，1986年，第141—143页、第241—248页。

③ 德礼贤和孟德卫皆认为利玛窦的"四书"译文成为后来来华耶稣会士翻译"四书"的底本，并最终被完善成 *Confucius* 而出版。参见 Pasquale D'Elia. *Fonti Ricciane II*. Roma: Libreria dello Stato，1942-1949，p.33；[美]孟德卫著，陈怡译：《奇异的国度：耶稣会适应政策及汉学的起源》，大象出版社，2010年，第271页。

④ [美]柏理安著，毛瑞方译：《东方之旅——1579—1724耶稣会传教团在中国》，江苏人民出版社，2017年，第272、283页。同时可参阅[法]梅谦立：《〈孔夫子〉：最初西文翻译的儒家经典》，《中山大学学报（社会科学版）》2008年第2期，第131—142、209页。

⑤ [美]柏理安著，毛瑞方译：《东方之旅——1579—1724耶稣会传教团在中国》，江苏人民出版社，2017年，第297页。

的一部分，乃是因为杨光先1665年在北京发起"历狱"①，1666年到1671年包括殷铎泽在内的在华传教士被押解到广州，软禁在耶稣会的广州会堂。殷铎泽的《中庸》译文在广州出版的部分上面有作者殷铎泽的姓名，另有4名批准人、12名鉴定人的姓名以及成际理（Feliciano Pacheco，1622—1687）的许可信②，这些参与人都是被押解到广州的耶稣会士。

（二）"广州会议"及广州译稿的完成

1667年12月18日至1668年1月26日，被拘押在广州的耶稣会士与一同被拘押的几位多明我会和方济各会会士召开了为期40天的会议，被称为"广州会议"，这次会议成为耶稣会士翻译"四书"的重要转折点③。"广州会议"形成了四十二条会议条文。纵观这些条文可知会议原本主要是在华传教士借聚集一堂的机会讨论如何平衡天主教圣事礼仪与中国文化的差异，以期在中国寻找宣扬天主教信仰的最佳方法，这也是传教士们对于信仰本地化的有益探索④。然而，其中涉及中国礼仪的第四十一条条文，在传教士之间引起激烈的争吵，随后也引发了在天主教在华传教史、中西关系史上影响重大的"中国礼仪之争"事件。在"中国礼仪之争"的三大问题中，"译名问题"直接与儒家经典密切相关，敬孔、祭祖属于礼仪问题，

---

① 关于"历狱"中在华传教士被拘押广州的具体名单及在广州期间的活动，请参阅赵殿红：《"康熙历狱"中被拘押传教士在广州的活动（1662—1671）》，《澳门研究》2003年第19期，第266—303页。

② 具体4名批准此书发行的耶稣会士为：郭纳爵、刘迪我（Jacques le Fanre，1613—1675）、利玛弟（Matias da Maia，1616—1667）、成际理；集体鉴定的12名会士为：何大化（Antonio Gouvea，1592—1677）、聂伯多（Pietro Canevari，1596—1675）、潘国光（Francesco Brancati，1607—1671）、李方西（Gianfrancesco De Ferrari，1609—1671）、洪度贞（Humbert Augery，1616—1673）、聂仲迁（Adrien Greslon，1618—1696）、穆迪我（Jacques Motel，1619—1692）、毕嘉（Giandomenico Gabiani，1623—1694）、张玛诺（Manuel Jorge，1621—1677）、柏应理、鲁日满（François de Rougemont，1624—1676）和恩理格（Christian Wolfgang Henriques Herdtrich，1625—1684）。见罗莹：《十七、十八世纪"四书"在欧洲的译介与出版》，《中国翻译》2012年第3期，第35页。

③ ［法］梅谦立：《中文版序言二》，［比］柏应理等著，汪聂才、齐飞智等译：《中国哲学家孔夫子》第一卷，大象出版社，2021年，第8页；［法］梅谦立：《〈孔夫子〉：最初西文翻译的儒家经典》，《中山大学学报（社会科学版）》2008年第2期，第131—142、209页。

④ 叶家琪：《广州会议（1667—1668）四十二条条文的意义》，《道风：基督教文化评论》2012年第37期，第277—316页。

而如何恰当地界定中国礼仪，也要追溯到儒家经典。在拘押广州期间，方济各会士利安当（Antonio de Santa Maria Caballero，1602—1669）和多明我会士闵明我（Domingo Fernández Navarrete，1610—1689）获得了40年前耶稣会士龙华民（Niccolò Longobardo，1565—1654）关于"译名问题"的一份报告①，同时，他们也阅读了《大学》译文——《中国智慧》。但他们对耶稣会士的译文以及他们对待儒家经典的态度提出了批评，认为耶稣会士过于抬高儒家经典和孔子思想的地位。"广州会议"最后一天关于第四十一条条文的争论则令修会间的争论更加恶化，这也促使耶稣会士"四书"翻译工作的转变。

首先，翻译方法发生了转变。《中国智慧》《中国政治道德学说》皆以拉中双语刻印，译文简略，基本上是逐字翻译，偶尔加上较为简短的注释。例如《中国政治道德学说》的《中庸》译文，在右叶书眉中间写有"Versio Literalis"（"逐字翻译"，即"直译"）字样②。"广州会议"之后，耶稣会士们改变了他们的翻译方法，由之前的逐字翻译变为"学术性翻译"③。所谓"学术性翻译"，指并非简单的字面翻译，而是在译文中加上大量的注释，或者对译文做诠释性说明，或者提供一些历史背景以帮助读者了解和理解译文。由此，耶稣会士就不能仅仅依据"四书"的原文来翻译，而是要从"四书"的大量注疏中做出选择，据以理解原文进而翻译成拉丁

---

① 该报告标题全文为：*Reposta breve sobre as Controversias do Xámty, Tienxîn, Limhoên, e outros nomes e termos sinicos*（《关于"上帝""天神""灵魂"等名称争论的简单回答》）。关于该报告的概况及其流传与影响，参考李文潮：《龙华民及其〈论中国宗教的几个问题〉》，《国际汉学》2014年第25期，第61—78页。杨紫烟从法文本翻译了该报告的开篇部分的内容，见［意］龙华民，杨紫烟译：《龙华民〈论中国人宗教的几个问题〉》（节选），《国际汉学》2015年第1期，第150—160页。关于龙华民与礼仪之争，可参阅张西平：《龙华民与"礼仪之争"》，《澳门理工学报》2014年第3期，第88—93页。关于龙华民这份报告在这一时期的流传，请参阅拙文《〈中国哲学家孔子·前言〉对利玛窦传教策略的辩护》，卓新平主编：《基督宗教研究》第27辑，宗教文化出版社，2021年，第187—213页。

② 罗莹：《十七、十八世纪"四书"在欧洲的译介与出版》，《中国翻译》2012年第3期，第36页。

③ "学术性的翻译工作"由梅谦立提出来。参见［法］梅谦立：《中文版序言二》，［比］柏应理等著，汪聂才、齐飞智等译：《中国哲学家孔夫子》第一卷，大象出版社，2021年，第8页；［法］梅谦立：《〈孔夫子〉：最初西文翻译的儒家经典》，《中山大学学报（社会科学版）》2008年第2期，第131—142、209页。

文，因此他们所依据的底本也要重新选择。

在《中国政治道德学说》的"Ad Lectorem（致读者）"中，殷铎泽明确提到他翻译《中庸》的底本是朱熹的《四书集注》（ *Su Xu çie chu* ）。实际上，在李玛诺所制定的"课程计划"的最后阶段中，也要求汉语老师结合朱熹的《四书集注》来解读"四书"[①]。然而，利安当和闵明我对儒家经典的批判，正是认为以朱熹为主要代表的宋明理学是无神论。因而耶稣会士不能再以《四书集注》为底本、借助朱熹的注疏来翻译"四书"，于是他们找来了张居正的《四书直解》。李玛诺所制定的"课程计划"中也提到传教士学生可以使用张居正的《四书直解》来帮助他们理解"四书"[②]。从而，耶稣会士在继续"四书"的译介时，他们所依据的底本也有改变。

据梅谦立的研究，耶稣会士虽然在表面上批判了朱熹及其宋明理学，但在译注"四书"的过程中，还是会不自觉且不可避免地采用他的诠释。因此，应该说耶稣会士此时依据的底本包括朱熹的《四书集注》和张居正的《四书直解》[③]。

"广州会议"之后，殷铎泽将翻译工作委托给恩理格、鲁日满和柏应理，因为他自己被选为"中华传教区代表"（Sinensis missionis procurator），要返回罗马，汇报中华传教区的情况，并寻求梵蒂冈的支持[④]。在返回罗马之前，殷铎泽已经完成了一些先导性的工作：他撰写了一篇详细的论文，系统性地介绍中国思想的三个主要学派——儒释道，并证明儒家的优越，以

---

① ［美］柏理安著，毛瑞方译：《东方之旅——1579—1724耶稣会传教团在中国》，江苏人民出版社，2017年，第285页。

② ［美］柏理安著，毛瑞方译：《东方之旅——1579—1724耶稣会传教团在中国》，江苏人民出版社，2017年，第285页。

③ ［法］梅谦立：《〈孔夫子〉：最初西文翻译的儒家经典》，《中山大学学报（社会科学版）》2008年第2期，第131—142、209页。

④ ［法］梅谦立：《中文版序言二》，［比］柏应理等著，汪聂才、齐飞智等译：《中国哲学家孔夫子》第一卷，大象出版社，2021年，第7—8页。同时参阅陈纶绪Albert Chan, "Toward a Chinese Church: the contribution of Philippe Couplet S.J.（1622–1693）", in *Philippe Couplet, S.J.（1623–1693）, The Man who Brought China to Europe*, edited by Jerome Heyndrickx（Nettetal: Steyler Verlag, 1990）, pp. 66–67.

此确定儒家的权威①。这篇论文即是后来巴黎刊印本 *Confucius* 中 *Proëmialis Declaratio*（《前言》）第一部分的主体。殷铎泽 1668 年 9 月 3 日抵达澳门，1669 年 1 月 21 日离开澳门返回欧洲，1669 年 10 月 1 日在果阿完成了在广州刻印的《中国政治道德学说》的后半部分。

1671 年，"历狱"结束，拘押在广州的传教士可以回到内地传教，前述三位耶稣会士在这三年时间完成了"四书"当中前"三书"的完整译文，《孟子》一书没能翻译。除了恩理格、鲁日满和柏应理之外，当时一同拘押在广州的其他耶稣会士亦有参与译介工作，他们"参与编写的方式可能是对'四书'的翻译和注释进行长期的研究和探讨，而不是集中一段时间进行研究"，因而这份译稿是集体努力的成果②。另外，在广州的六位耶稣会士参与了译稿的修订和审核工作③。笔者将这份由耶稣会士们于 1671 年底在广州完成的"四书"译稿称为"广州译稿"。

二　从广州译稿到巴黎手稿

（一）译稿的流传

广州译稿完成之时，殷铎泽还在欧洲，在广州的耶稣会士们抄写了几个副本，分批寄往欧洲。早在 1671 年 3 月 11 日，鲁日满就将刚刚完成的《论语》译稿通过马尼拉寄往欧洲④。1672 年 4 月 15 日，J. B. Maldonado 在一封写于当天的书信中承诺会从澳门通过三种途径将《前言》的最后六章发给身

---

① ［法］梅谦立：《中文版序言二》，［比］柏应理等著，汪聂才、齐飞智等译：《中国哲学家孔夫子》第一卷，大象出版社，2021 年，第 8 页。

② ［美］孟德卫著，陈怡译：《奇异的国度：耶稣会适应政策及汉学的起源》，大象出版社，2010 年，第 272—274 页。

③ 一封鲁日满写于 1670 年 11 月 5 日的书信中提到参与修订审阅译稿的 6 位耶稣会士分别为潘国光、刘迪我、聂仲迁、聂伯多、成理翟和李方西。裴化行（Henri Bernard-Maître, 1889—1975）在其著作中引述了鲁日满的这封信。参见 Henri Bernard-Maître, *Sagesse Chinoise et Philosophie Chrétienne*. Paris & Leiden, 1935, p.131.

④ 参见鲁日满 1671 年 3 月 11 日的书信，该书信收录在 H. Bosmans, "Lettres inédites de François de Rougemont", in: *Analectes pour server à l'histoire ecclésiastique de la Belgique*（ASEB）39（1913），p.43ff. 转自 Noël Goulvers, "The Development of the *Confucius Sinarum Philosophus* reconsidered in the light of new material", in: *Western Learning and Christianity in China*, *Monumenta Serica*, *Monograph Series XXXV*, Sankt Augustin: Steyler Verlag, 1998, vol. 2, p.1144.

在欧洲的殷铎泽。高华士（Noël Goulvers）认为，当时很多书信是通过巴达维亚（Batavica）①发往欧洲的，因此经由巴达维亚应该是Maldonado信中提到的"三种途径"之一。而且，一份1672年4月12日的报告提到，有几份论著于1671年1月从巴达维亚寄给欧洲的殷铎泽②。

目前我们也不能确定，这些从广州或者澳门寄出的译稿有多少到达了殷铎泽自己手中。1672年11月15日殷铎泽从葡萄牙里斯本写给基歇尔（Athanasius Kircher，1602—1680）的信中提及他收到了一份从中国寄来的《中庸》译稿，高华士认为应该就是后来出版的Confucius中《中庸》译文的底稿③。这些译稿几经转折，最终于1676年之后，有两卷译稿汇聚到了在罗马的耶稣会士基歇尔手中，他已于1667年出版了其汉学著作《中国图说》（China Illustrata），因此殷铎泽将"四书"译稿的出版事宜全权委托给了他。然而直到基歇尔1680年去世，也未能将译稿出版，一直将其存放在基歇尔执教的耶稣会"罗马学院"（Collegium Romanum）④。

就在基歇尔去世的同一年，远在中国的柏应理被任命为耶稣会中国传教区代表，并于1681年12月从澳门启程返回欧洲，随他一起的还有中国天主教徒沈福宗（Michael Shen Fu-Tsung，1657—1692）。他们于1682年10月抵达荷兰⑤，在前往罗马之前柏应理去了法国巴黎，他与沈福宗在拉雪兹神父（François de la Chaize，1624—1709）引荐下觐见了法国国王

---

① 即今印尼首都雅加达。

② Noël Goulvers, "The Development of the *Confucius Sinarum Philosophus* reconsidered in the light of new material", in: *Western Learning and Christianity in China*, *Monumenta Serica*, *Monograph Series XXXV*, Sankt Augustin: Steyler Verlag, 1998, vol. 2, p.1144.

③ Noël Goulvers, "The Development of the *Confucius Sinarum Philosophus* reconsidered in the light of new material", in: *Western Learning and Christianity in China*, *Monumenta Serica*, *Monograph Series XXXV*, Sankt Augustin: Steyler Verlag, 1998, vol. 2, p.1148.

④ Noël Goulvers, "The Development of the *Confucius Sinarum Philosophus* reconsidered in the light of new material", in: *Western Learning and Christianity in China*, *Monumenta Serica*, *Monograph Series XXXV*, Sankt Augustin: Steyler Verlag, 1998, vol. 2, p.1150.

⑤ ［美］孟德卫著，陈怡译：《奇异的国度：耶稣会适应政策及汉学的起源》，大象出版社，2010年，第276—277页。

路易十四[①]，直到1684年10月才抵达罗马[②]。柏应理在罗马耶稣会"罗马学院"发现了广州译稿的手稿。1685年12月，柏应理带着译稿手稿回到巴黎，1686年开始校订工作，从而*Confucius*能于1687年6月在巴黎出版。

（二）译稿手稿现状

目前所知，拉丁文"四书"广州译稿留存下来的手稿为保存在法国国家图书馆的两卷本手稿，编号为Ms. Latin 6277/1、2，这也是*Confucius*付梓之前进行修订的底本。两卷手稿皆为对开本，第一卷有32叶（folios）[③]外加299页，第二卷有281叶[④]。

手稿第一卷全部用的是精致的欧洲纸张，抄写者字迹工整、清晰、美观。手稿由四部分组成。第一部分有Ⅰ—XXXII共32叶，内容为殷铎泽所写的*Proëmialis Declaratio*（《前言》）内容。在第一叶正面（fol.1.r.）书边写有拉丁文献编码"6277"。这一部分每一段落前都有段落序号，共98段，不过段落号也都被修订者划掉了。在第17段和第18段之间，有一封殷铎泽所写的书信[⑤]。每一叶正面右上角标有罗马数字叶码，书信部分之外每一

---

① Virgile Pinot, *La Chine et la Formation de L'Esprit Philosophique en France*（1640–1740），Paris, 1932, p.44；中译本参考［法］维吉尔·毕诺著，耿昇译：《中国对法国哲学思想形成的影响》，商务印书馆，2013年。

② Noël Goulvers, "The Development of the *Confucius Sinarum Philosophus* reconsidered in the light of new material", in: *Western Learning and Christianity in China*, *Monumenta Serica*, *Monograph Series XXXV*, Sankt Augustin: Steyler Verlag, 1998, vol. 2, p.1151.

③ 叶指包括正面和反面的一张纸，手稿中通常正面或右页用"r"（recto）表示，反面或左页用"v"（verso）表示。参见Thierry Meynard, *Confucius Sinarum Philosophus*（1687）: *The First Translation of the Confucian Classics*, Rome, 2011, p. 434.

④ 高华士认为第一卷为369叶，但按照下文的介绍，第一卷的内容为32叶的"前言"和369页的译文，其中有70页遗失了。因而译稿手稿的内容应该是32叶外加299页。笔者无缘亲睹第二卷，第二卷的数量采用了高华士的说法。参见Noël Goulvers, "The Development of the *Confucius Sinarum Philosophus* reconsidered in the light of new material", in: *Western Learning and Christianity in China*, *Monumenta Serica*, *Monograph Series XXXV*, Sankt Augustin: Steyler Verlag, 1998, vol. 2, p.1153.

⑤ 高华士注意到这一封信。参见Noël Goulvers, "The Development of the *Confucius Sinarum Philosophus* reconsidered in the light of new material", in: *Western Learning and Christianity in China*, *Monumenta Serica*, *Monograph Series XXXV*, Sankt Augustin: Steyler Verlag, 1998, vol. 2, p.1153.

页页眉上都写有"*Proëm. Declarat.*"。从第III叶开始有大量的划线删改，甚至有几行被重复涂抹从而无法辨认；书边空白处偶尔有抄写者的补充说明，也有修订者的删改和补充；有几处甚至附有修订者补充的小纸片。剩下的三个部分为"三书"译文，共369页。每一页的右上角或左上角标有阿拉伯数字页码。其中第二部分第1—64页，为《大学》译文部分，非常整洁，鲜有修订，奇数页书眉写有"Ta-Hio"，偶数页书眉上写着"Lib. 1."。第三部分第65—264页，主要为《中庸》译文部分和几篇小论文，同样奇数页书眉写有"Chum-yum"，偶数页书眉上写着"Lib. 2."，小论文部分偶数页书眉上则写有每篇的标题，奇数页书眉写有"Lib. 2. Chum-yum"。在第112页左边有封殷铎泽的书信，文字非常密集，也被修订者划掉。这一部分有大量的删改，尤其是最后的几篇小论文。而且，与前面的《大学》译文及后面《论语》译文第一卷不同，《中庸》译文中没有展示带有数字编号的中文原文的罗马字母拼音。第三与第四部分之间的第265—334页遗失。第四部分第335—369页，为《论语》译文的第一卷（前两章），译文中有多处删改或补充。奇数页书眉写有"Lun-yu. Pars.1."，偶数页书眉上写着"Lib. 3."但都被划掉。第369页之后附有几段批语，其中第二段法文批语为当时的书报审查人库赞（Louis Cousin，1627—1707）主席签署的赞同意见。最后有后来附加在上面的4叶纸的文章①。

第二卷则没有那么统一，由几个不同的原始手稿组成。第一部分第2—23叶，内容为 *Proëmialis Declaratio* 的第114—176段，所用材质为质量较差的牛皮纸，字迹也比较糟糕，有很多地方被删掉或修改。第二部分第24—243叶，内容为《论语》译文第2—9卷（即三至十八章），纸张良好且薄，字迹工整、隽美。与第一卷的从左至右的横向排版不同，采取的是从上到下纵向排版；中文以罗马字母拼音排在右边，对应拉丁文译文在左边。第三部分第244—258叶，为 *Proëmialis Declaratio* 的第181段到结束，纸张与字迹都与第一部分相同，内容上也是接着第一部分的，但遗失了第177—180段。第259叶反面上是《论语》第9卷最后一段译文。第四部分第260—281叶，内容为《论语》译文的第10卷（即十九、二十章），纸张、

---

① 手稿第一卷可以在法国国家图书馆网站上检索并能全文下载，但是没有第二卷电子版。

字迹也与第二部分相同，因此应与第二部分是一整体①。

通过比对纸张质量、抄写者字迹、校订者字迹，高华士认为译文手稿第一卷与第二卷第二、第四部分应该出自同一人之手，第二卷第一、第三部分出自同一人之手，而校订者的字迹则与柏应理书信上的字迹相同。

左图为手稿第一卷首页，右图为手稿第一卷中有删划标记的《论中国文字》之部分内容

三　译稿手稿与刊印本比较

1687年，*Confucius* 甫一出版，马上引起欧洲学术界的关注和讨论，莱布尼茨在1687年12月的一封书信中就谈到该书，随后法国的巴黎、荷兰的鹿特丹和阿姆斯特丹、德国的莱比锡等地诸多期刊、报纸都出现了相关评论文章，基本上都持褒扬态度②。进入18世纪初期，情况就发生了

---

① 关于手稿第二卷情况介绍，笔者融合了龙伯格的文章和前引高华士文章，但两者有一些出入。参见Knud Lundbaek, "The Image of Neo-Confucianism in *Confucius Sinarum Philosophus*", *Journal of the History of Ideals*, vol.44, no.1, Jan. 1983, p.20; Noël Goulvers, "The Development of the *Confucius Sinarum Philosophus* reconsidered in the light of new material", in: *Western Learning and Christianity in China*, *Monumenta Serica*, *Monograph Series XXXV*, Sankt Augustin: Steyler Verlag, 1998, vol. 2, p.1153.

② ［美］孟德卫著，陈怡译：《奇异的国度：耶稣会适应政策及汉学的起源》，大象出版社，2010年，第313—320页。

反转。17世纪最后十年到18世纪初，耶稣会与巴黎外方传教会之间的斗争，尤其是关于中国礼仪问题的旷日持久的争论，愈演愈烈。于是在1713年一篇"激烈抨击"*Confucius*的文章中，首次揭示了译稿手稿与刊印本之间的差异，但这些差异被该文夸大了①。这篇抨击文章的作者名为埃蒙（Jean Aymon，1661—1734），此人1706年在法国皇家图书馆（法国国家图书馆前身）偷了很多手稿，其中包括我们目前所见的"广州译稿"手稿，前文所述手稿最后附加上去的文章即是其文章的一部分。一直到20世纪30年代才有法国汉学家毕诺（Virgile Pinot，1883—1936）对埃蒙的批评做出了回应，并就手稿的修订问题做出了中肯的研究②。当代的汉学家龙伯格、高华士对手稿做了翔实的研究，尤其后者对手稿的流传做了细致的考证③；另一位汉学家梅谦立则为我们提供了详细的手稿与刊印本内容比较对照表，而且在其主编翻译的《中国哲学家孔夫子》中，将手稿与刊印本的异同在相应位置以脚注方式给予了说明④。笔者在前述学者研究基础上，对第一部"四书"拉丁文广州译稿手稿与其巴黎刊印本进行比较，以考察柏应理所从事的修订工作具体如何。

首先，重要的但也是至今被学界忽视的一点，那就是刊印本书名"Confucius Sinarum Philosophus"显然没有出现在手稿中。通过高华士对耶稣会士们相互之间往来书信的考察，我们可以看到耶稣会士们对于这份广州译稿并没有统一的书名或称呼。鲁日满在书信中称为"paraphrasis nostra

---

① Virgile Pinot, *La Chine et la Formation de L'Esprit Philosophique en France*（*1640–1740*），Paris，1932，pp. 152–153.

② Virgile Pinot, *La Chine et la Formation de L'Esprit Philosophique en France*（*1640–1740*），Paris，1932，pp. 152–153.

③ Knud Lundbaek, "The Image of Neo–Confucianism in *Confucius Sinarum Philosophus*"，*Journal of the History of Ideals*，vol.44，no.1，Jan. 1983，p.20；Noël Goulvers, "The Development of the *Confucius Sinarum Philosophus* reconsidered in the light of new material"，in：*Western Learning and Christianity in China*，*Monumenta Serica*，*Monograph Series XXXV*，Sankt Augustin: Steyler Verlag, 1998, vol. 2, p.1153.

④ 表格参见Thierry Meynard, *Confucius Sinarum Philosophus*（*1687*）：*The First Translation of the Confucian Classics*，Rome，2011，pp. 434–438；脚注参见［比］柏应理等著，汪聂才、齐飞智等译：《中国哲学家孔夫子》（四卷本），大象出版社，2021年。

latina"，殷铎泽在书信中则称为"explanatione"和"commentarii"①。与郭纳
爵的 *Sapientia Sinica* 和殷铎泽的 *Sinarum Scientia Politico-Moralis* 相比，柏
应理在修订译稿后将书名定为 *Confucius Sinarum Philosophus* 显然是要突
出"孔子"和"哲学"，使欧洲的学者第一眼就能认识到孔子是哲人，"中
国学问"（Scientia Sinensis）——起码这份拉丁文译文所展示的"中国学
问"——是哲学。

其次，手稿中有许多汉字，或者出现在译文、诠释当中，或者出现
在手稿正文边上，在刊印本中都被删除了。例如在手稿"前言"中介绍
六十四卦第十五卦"谦卦"时，手稿书边写有前十四卦的卦名和卦象②，
在刊印本中没有。另外，在手稿第一卷《大学》译文和《论语》译文第一
卷部分，都标有中文原文的罗马字母拼音。拼音按照中文的书写习惯：从
上到下、从右至左，而且每个拼音都有阿拉伯数字序号，从而保持中文
原文的顺序。而相应的译文中，中文对应的拉丁文也标注有阿拉伯数字序
号，以表明这是依据中文原文逐字翻译（versio literalis）的，这与 *Sapientia
Sinica* 和 *Sinarum Scientia Politico-Moralis* 一样。同时，在手稿的边上同样
有很多中文罗马字母拼音，表示的是译文中以斜体形式出现的诠释、评
论内容的中文来源。这些罗马拼音很整齐地保留一定的距离，可以合理
地猜测，耶稣会士原本想要像 *Sapientia Sinica* 和 *Sinarum Scientia Politico-
Moralis* 一样同时提供中文和拉丁译文，但与前两本书不同的是在巴黎没有
能雕刻中文的印刷师③，因而在刊印本中柏应理只好将中文以及其罗马字母
拼音略去，但译文中出现的阿拉伯数字则保留了下来。这一合理的推测可
以从帕伯洛克写给莱布尼茨的书信中获得有力的证明④。

---

① Noël Goulvers, "The Development of the *Confucius Sinarum Philosophus* reconsidered in the
  light of new material", in: *Western Learning and Christianity in China*, *Monumenta Serica*,
  Monograph Series XXXV, Sankt Augustin: Steyler Verlag, 1998, vol. 2, p.1143–1144、p.1150.

② 参见手稿 fol.xxviii v.–xxx r.

③ 关于中国印刷师在前两本书的出版过程中的创造性工作,可参考［法］梅谦立、汪聂才：
  《耶稣会士在广州翻译出版儒家经典的工作及中国教徒的贡献》,《肇庆学院学报》2021
  年第42卷第1期,第1—7、54页。

④ 帕伯洛克在1687年1月26日写给莱布尼茨的信中谈到柏应理正在忙于寻找书写汉字的窍
  门,另一封写于4月1日的信中指出巴黎的这个译本将展示中文原文。参见［美］孟德卫著,
  陈怡译:《奇异的国度:耶稣会适应政策及汉学的起源》,大象出版社,2010年,第313页。

再次，手稿中最醒目的、也是学者们都提到的是大量删除的篇幅以及在书边上的大量补充的内容。在手稿第一卷中，删减的比较多的是"前言"部分，比如开篇不久第3叶正面、反面到第4叶正面，殷铎泽所讲述的传教士为什么必须学习"四书"、他们如何在郭纳爵的指导下翻译并出版了《大学》和《论语》前五卷的中拉对照本译文以及传教士们被拘押到广州等情况被删掉了；第20叶正面、反面及第21叶正面关于译名问题、耶稣会士与多明我会士的争论等内容也被删掉。删除最多的当属《中庸》译文部分了，除了大段的阐释性内容被删，译文中附上的殷铎泽的几篇专题小论文也都被删掉。这些小论文涉及中国的文字（*De Sinarum literis*, pp.186–202）、中国人的祭祖问题（*An Sinarum ritus erga Defunctos fuerint merè civilis*, pp.242–249）、祭孔问题（*An ritus et honores, quos Sinenses literati deferent Magistro suo Confucio, sint merè civilis*, pp.250–254）等内容。另有一些内容，柏应理并没有直接删除，而是移到他处，比如学者们都注意到的手稿中《中庸》部分关于道家的论述在刊印本中被柏应理移至"前言"第三章，从而与上下文构成对中国儒释道思想的系统介绍。

最后，修订工作还有另外一个重要部分，那就是额外附加上去的内容。这些内容主要有：（1）*Confucius* 的开篇是一封献给路易十四的信（*Ludovico Magno Regi Christianissimo*），与前两本书不同，*Confucius* 的出版没有耶稣会的"鉴订"和批准，而是获得了法国国王路易十四的支持，因此柏应理写了一封充满奉承的书信给路易十四；（2）孔子画像和 *Vita Confucii*（《孔子传》），该孔子画像是当时欧洲第一幅关于孔子的画像，《孔子传》文本取自殷铎泽 *Sinarum Scientia Politico-Moralis* 当中的《孔子传》，略有修改①；（3）*Tabula Chronologica Monarchiae Sinicae*（《中华帝国年表》），由柏应理编著并已于1686年在巴黎出版，柏应理将其附在 *Confucius* 的后面②；（4）年表后面又附有"中华帝国及其大事记"（*Imperii Sinarum et*

① 关于《孔子传》的研究，可参考［法］梅谦立：《东方的"哲学之父"——论最早的西文孔子传记的撰写过程》，《北京行政学院学报》2013年第5期，第111—121页。
② 关于这一部分的研究，可参阅吴莉苇：《当诺亚方舟遭遇伏羲神农》，中国人民大学出版社，2005年；［法］梅谦立：《如何解读中国上古史：柏应理〈中华帝制历史年表〉》，《澳门理工学报》2017年第4期，第157—165页；钟鸣旦：《耶稣会士的中国史与纪年著作及其所参考的中国文献》，《世界汉学》第11卷，第55—102页。

rerum in eo notabilium synopsis)；（5）中国耶稣会士的教堂及住所汇总；（6）最后附上了一份折叠的中国地图，标注了当时中国的15个行省和155个城市（ *Paradigma XV Provinciarum et CLV urbium capitalium Sinensis Imperii*)。

作者通信地址：广东省肇庆市端州区紫荆路肇庆学院政法学院，邮编：526061。

责任编辑：蒋方

清前期增城县土地清丈的实施流程与人役组织[*]

——《增城县清田集》初探

黄忠鑫^{**}　施佳妤^{***}

暨南大学，广东广州，510632

摘　要：清康熙后期，广州府增城县举行了土地清丈，知县沈澄将各类公文资料汇编为《增城县清田集》，详细记录了清丈和恢复赋税秩序的全过程。增城县的土地清丈分为四个阶段，准备期是康熙四十八年（1709）四月，主要进行了人役召募、划分疆界、颁布丈量条款等事务；履亩丈量从五月到十月，以业户自丈和人役抽丈相结合，在此过程中形成了"丈册"及其抄本"留乡册"；从九月开始，沈澄组织编造实征册，召募书算手入局核算造册，至次年八月才完成归户册（柳条册）、全县简明册等各类册籍；以实征册为基准，官府颁发各户田由作为赋税征收和交易过割的凭据，专门建造贮存场所，并选举册书进行管理。整个土地清丈过程中，人役组织从临时性的图正、乡导、书算手等转变为常规性的册书，他们以掌握土地、税粮信息为权力基础，并得到官府的授权，成为基层赋税征收之中间力量。

关键词：《增城县清田集》；沈澄；清代；土地清丈

　　《增城县清田集》（下文简称为《清田集》）是清康熙后期广州府增城

---

* 本文为2020年度广州市哲学社会科学规划广州大典专项课题"清初《增城县清田集》的整理与研究"（批准号：2020GZDD02）阶段性成果。

** 黄忠鑫（1985— ），男，汉族，福建福州人，暨南大学历史地理研究中心副教授，博士。

*** 施佳妤（1994— ），女，汉族，江西鄱阳人，暨南大学历史地理研究中心硕士研究生。

县丈量土地的各类往来文书、事件始末记录的汇编，由时任知县的沈澄编集①。该书全文共有34000余字，是较为罕见的官方土地丈量记录之结集专书，详细反映了增城县清丈的主要流程，呈现出诸多关键细节。本文拟梳理《清田集》的整体内容，探讨土地清丈实施流程的具体细节和人役组织构成，观察土地清丈对赋税秩序重建的作用。

一　清丈的发起

利用土地清丈实现赋役均平是中国古代后期官府的通行做法②。增城县的土地清丈正是在此大趋势下的一个地方实践。至于赋役不均的原因，常被人概括为土地兼并、浮粮虚税、册籍失实等较为抽象的理由。实际上，不同时期、不同地区造成赋役不均的具体因素有很多，如明代的土地兼并，江南地区主要由于士绅，而湖广地区则主要由于众多的藩王。清初增城县面临的赋役不均问题有两个方面：

其一，清初社会动荡频仍造成土地业佃关系混乱，进而影响了赋税失额和征收困难。增城各都图的"里民"代表请求清丈的呈文称：

> 窃增城粮额实计二万有奇，历来照额收租供税。慨〔概〕自明末变乱，两藩进剿以来，丙戌、丁亥频经兵燹；循至戊子、癸巳，连年大饥。邑处山陬，屡遭寇乱，村散人离，田地抛荒。至康熙年间，幸获荡平，渐次开垦，而流离日久，物产无在，人民已非。或以父而传子，或以祖而传孙，或有逃亡故绝而与他人，田多新主，足迹未经，奸佃从此计生。或改坵而易段，或全没而俱湮，

① （清）沈澄：《增城县清田集》二卷，清康熙年间刻本，北京大学图书馆藏。影印收入陈建华、曹淳亮主编：《广州大典》第319册，广州出版社，2015年，第647—714页。
② 栾成显指出：宋代土地私有已占据主导地位，买卖频繁，租佃兴盛，土地流转加速，致使业户土地占有形态极为分散。官府必须实行新的举措，制定新的制度，运用新的机制，才能掌握业户占有土地的实际数量，才能达到均平赋役、确保稳定的赋税来源的目的。南宋绍兴经界就是在这样的历史背景下实施的，后世鱼鳞图册实起源于绍兴经界的鱼鳞图账。参见栾氏著《鱼鳞图册起源考辨》，《中国史研究》2020年第2期，第88—107页。本文所谓的"中国古代后期"也是指由宋至清这一时期。

豪强乘此兼并，或借东而影西，或鲸吞而全霸。更有乡同一姓，附为祖蒸，异姓杂处，归为神业，牢不可破。虽有黄册，然皆统载总梗，而无土名、分晰可稽，以致田少税多，历年贼纳，挖肉医疮，惨莫可言。间有民米一二十石，而存田地四五十亩者有之；或民米二三石，仅存田地五六亩者有之，甚至寸土俱无，一遇征比，扑责难堪。始则卖田以供虚税，继则拆屋以完正供，甚而鬻妻卖子，贼纳不前，因之逃散四方，累及亲戚者，不可胜数。钱粮积欠，官累考成，揆其积弊，总由奸佃豪强互相吞匿，以致税亩依然毫无亏缺，乃彼则享无税之田，此则供无田之税。民间大害，莫甚于此。若非阖邑通丈，清源破弊，永为吞并，害累不休。^①

上文所谓的"丙戌、丁亥，频经兵燹"和"戊子、癸巳，连年大饥"，便是顺治三年（丙戌年，1646）清军开始进入增城和政权更迭，以及顺治五年（戊子年，1648）开始的大饥荒。这几年间，清廷和南明对增城争夺激烈，此进彼退。在局势不明的情况下，知县等地方官员也叛降不定。县志载："（顺治三年）冬十二月十有三日，总督部院佟养甲同提督李成栋统兵，自惠潮至增城县，知县黄明衮迎降，遂以诘日为顺治三年。"小字曰："是日，总督佟驻扎水东，知县黄明衮籍户口，将明朝印记诣军门迎降，乃遣将官十人，渡江封仓库，令民间剃发易服色，命浙人徐士赓署县事。"两年后的大饥荒，"饿殍盈路，至有人相食者"，加剧了增城地方社会的危机。李成栋就在此时叛降南明，"檄郡邑蓄发"，被永明政权封为增城侯。顺治七年（1650），"两王帅师围广州，遣总兵许尔显至增城，知县孙士登率众归附"^②，清朝的政权统治稍加稳定。康熙十五年（1676）爆发的三藩之乱，对增城的冲击似乎不大。但是，增城峒贼以及流窜的海贼等"寇乱"一直很严重，导致了基层社会治安不稳。从明末至康熙三年（1664），几

①　（清）沈澄：《增城县清田集》卷上，陈建华、曹淳亮主编：《广州大典》第319册，广州出版社，2015年，第655页。

②　（清）蔡淑修，（清）陈辉璧纂：《[康熙]增城县志》卷三《事纪志》，广东省地方史志办公室辑：《广东历代方志集成·广州府部》第31册，岭南美术出版社，2009年，第171页；（清）管一清修，（清）汤亿纂：《[乾隆]增城县志》卷五《编年》，广东省地方史志办公室辑：《广东历代方志集成·广州府部》第32册，岭南美术出版社，2009年，第87页。

乎年年都有官兵进剿绥福、云母等都山贼的记录，此后还有零星而局部的寇贼记录，直至康熙三十四年（1695）后整体局面才算稳定下来①。

长期的动荡，使得地方社会的土地产权归属极为混乱。首先，万历清丈的鱼鳞册及大多数黄册均在战乱中毁失，官府并没有足够的土地和赋税登记册籍，而黄册登载多为总数，无法具体到各户情况。其次，土地易主无常，通过承继而来的新业主对地块不熟悉，佃户趁机侵吞，豪强则乘乱大肆吞并。再次，地方社会势力盘根错节。同姓的宗族，以祖先祀产的名义寄税寄产，杂姓村落则将产业寄托于神灵祭祀，官府无法盘查。如此一来，豪强之家拥有数十亩土地，却只有区区一二十石的税粮；而贫民仅数亩或无地耕作，却有数石税粮之责，赋税不均的矛盾激化。

其二，客家人进入珠江三角洲北缘山区定居开垦。明末清初，增城山寇峒匪此起彼伏，不乏有来自闽粤赣交界地区的客家人参与其中。张氏族谱载："（顺治）十八年辛丑，抚目李颠三、颠七占夺潭村居场田地，粮寄坊一四，改名李万顷"。其后注曰：

> 时长宁流贼李颠三，字桢玉，李颠七，字梓周，聚党简祥君、牛三劫掠，后招抚为增城城守，其党仍行劫，久窥潭村不能入。自十七世某流入贼党，盗牛事觉，贼杀弓役。于是，官贼交害，人不能支。李贼乘势肆横，捉族人亚四等吊拷，局写屋宇、田地，村半为贼有，房屋倾圮，半鞠茂草。②

长宁即惠州府长宁县（今新丰县），也是明代南赣巡抚辖地、客家人的主要分布地区。而这段叙述表明，来自客家地区的流贼一度被官府招抚，成为地方守备力量，实际上更多的客家人在乡间定居，形成了诸多客家村落。另外，即便是土著，也有混迹于流贼之中打家劫舍者，张氏族人（十七世某）便因盗牛陷入杀人官司，导致整个家族产业败落。

不过，在清丈之初的里民呈文和官府公文中，均未提及客家。直到清

---

① （清）管一清修，（清）汤亿纂：《[乾隆]增城县志》卷五《编年》，广东省地方史志办公室辑：《广东历代方志集成·广州府部》第32册，岭南美术出版社，2009年，第82—91页。

② （清）张祖龄：《增城张氏永思堂族谱》卷十二《时事》，清光绪十七年刻本，第10叶。

丈后期,《里民呈请照例均税爬平丁口公呈》才明确提到客家占地垦殖的影响,"乃迄年以来,哀鸿已集,民乐升平,更兼客家吊耕入籍,遇岭侧山背,悉皆开垦"①,由此造成中下则田土溢额。而康熙四十八年十月二十日的《饬禁盗入山税示》列举客家人盗税一例:"玉枕围客家张兆兰先年止买本图九甲陈相乡中田税若干,今盗入山税六分"②。这些都说明,新的人群移居增城,是造成赋税不均的另一大因素。

一些地方官员尝试解决赋税不均的问题。康熙十二年(1673),广东巡抚刘秉权、广州府通判聂炜和知县许代岳一同清查报荒田土。县志对此评论道:"查荒之役,最为拯救时艰急务。今躬行履亩,共得有主荒田并故绝及全户故绝税亩共四百六十一顷三十七亩一分七厘三毫六丝五忽,条分缕析,开载详矣。然考其所荒之处,原佃逃亡、混淆莫辨者有之,低洼岁久、草木盘结者有之,山崩水陷、无从开垦者有之,倘得一概豁免,增民庶有瘳乎?"③此次清查应该是较为认真的,对荒地的实际情形有较准确的认识,但如何在清查基础上均平赋税,似乎没有明确的措施,并且很快就在三藩之乱冲击下,相关信息再次紊乱。此后赋税秩序一直处于混乱状态。康熙二十四年(1685),广州府通判戴法亲临增城县征收逋赋,"劝谕有法,不事鞭挞,民甚德之"④,仅仅是赞扬其仁厚追讨逋赋,实际征收效果应该是很有限的。数十年的动荡、逋赋,让增城成为难治之地。沈澄尚未赴任便得到友人提示:"官斯土者,恒不暖席"⑤。因此,想要改变增城的面貌,清丈并重新整理赋税势在必行。

在两次里民公呈中,都提到"幸于康熙二十八年奉皇恩,洞悉民隐,敕赐丈量,颁行天下,邻省邻邑业经举行,有等倒悬在望,正切投生,奈

---

① (清)沈澄:《增城县清田集》卷下,陈建华、曹淳亮主编:《广州大典》第319册,广州出版社,2015年,第697页。

② (清)沈澄:《增城县清田集》卷下,陈建华、曹淳亮主编:《广州大典》第319册,广州出版社,2015年,第691页。

③ (清)蔡淑修,(清)陈辉壁纂:《[康熙]增城县志》卷三《事纪志》,广东省地方史志办公室辑:《广东历代方志集成·广州府部》第31册,岭南美术出版社,2009年,第173页。

④ (清)管一清修,(清)汤亿纂:《[乾隆]增城县志》卷五《编年》,广东省地方史志办公室辑:《广东历代方志集成·广州府部》第32册,岭南美术出版社,2009年,第90页。

⑤ (清)沈澄:《增城县清田集》卷上,陈建华、曹淳亮主编:《广州大典》第319册,广州出版社,2015年,第651页。

前任县主听惑，竟然终止，遂使清宁日久，普天共乐太平，惟我增邑穷民独遭涂炭也"①。但不同于明代的洪武、万历清丈，清代清丈多为地方督抚奏明朝廷，或府县向省禀告，获准后便可在局部开展。在《清实录》记载中，康熙二十八年只有湖南的偏沅巡抚兴永朝上疏要求"丈量湖南地亩，及豪强侵隐者，准自首免罪"②。而粤北的保昌县（今南雄市）亦有在此年份开展清丈的记录。当年上任的知县陈旭，在看到保昌"粮多虚赔，役多烦扰，人民逃窜，田地荒芜"后，故而"甫下车，即履亩清丈，历六寒暑"，在康熙三十三年"始置鱼鳞册，虚粮为之一清"③。这两个应该就是增城里民所知晓的"邻省邻邑业经举行"之成功事例，清丈缘由和举措都与增城颇为相似。

根据沈澄自撰的《清田记》，他对增城地方局势有深刻认识，上任之初并没有迅速着手开展清丈，而是将重心放在治安上，通过平息讼端、劝盗归农、编排团练、复设汛防、打击私盐等一系列举措，稳定了社会秩序。之后，整顿田粮才提上议程：

> 其虚粮赔累，增邑自鼎革以来，旋遭逆变，人民逃亡，畎亩非故，侵欺隐漏，富者享无税之田，贫者供无田之税，日久困深。佥曰：非清丈不可。余亦苟抱此愿，但揣时度势，未便轻举，因谕之曰："尔不我信，未可行也。"越明年，请如故。又谕之曰："我不尔信，未可行也。"岁甲申，廉使黄公委余谳狱，往来会城者三载。至丙戌，大中丞范公咨访利弊，民复以清丈请，余曰："可矣。"爰具文详请，两台报可。适时调摄揭阳，继署高要，未暇也。④

① （清）沈澄：《增城县清田集》卷上，陈建华、曹淳亮主编：《广州大典》第319册，广州出版社，2015年，第655页。

② 《清圣祖实录》卷一四〇，清康熙二十八年闰三月丙辰条。

③ （清）余保纯等修，（清）黄其勤纂：《[道光]南雄直隶州志》卷六《名宦》，成文出版社，1967年，第107页。

④ （清）沈澄：《增城县清田集》卷上，陈建华、曹淳亮主编：《广州大典》第319册，广州出版社，2015年，第651—652页。

虽然官方已经意识到增城清丈之必要，但在康熙朝时，从官员到地方人士已经对万历以来的土地清丈利弊有了更成熟的认识。郑东来给《清田集》所写的序言就说："夫清丈之难，利害实相半焉。行之而善，则民蒙其利；不善，则民受其害者。"①沈澄便是在这样的观念下，寻求清丈条件之成熟——官民之间、上下级官员之间的互相信任。在里民多次主动请求下，以及沈澄与省城官员交流之后，他才正式向省里提出清丈。

前文提到里民在康熙四十五年（丙戌年）第三次提请清丈，而在四十三年（甲申年）前提过两次。显然，在地方局势未稳的情况下，沈知县并没有贸然同意。据《清田集》所收录的文件，里民在康熙四十五年的三月和八月两次提出公呈，都呈报给巡抚。经过数月的讨论和公文呈转，终于在当年十二月获得总督、巡抚两院批准的宪牌。不过，沈澄在此期间先后被调往揭阳（四十五年六月十九日至四十六年六月）、高要（四十六年十一月至四十七年终）两县代署知县，又在省城会审盐道案（四十六年七月十五日至十月）②，清丈工作一直停滞，直到康熙四十八年三月才在上级催促下得以举行。

二 清丈的准备工作

清丈前的准备工作较多，按照实施先后顺序，主要包括：召募具体丈量的各色人役，共有五个名目，分别是图正、乡导、书手、算手、弓手；明确全县基层区划（都、约）的疆界，从而划清清丈责任的空间范围；颁布清丈条款和相关公告，明确若干原则和具体丈量、登记造册的方法。

（一）召募人役

早在康熙四十八年四月二十八日正式获得上级批准"准其宽限五个月"完成清丈之前，沈澄即已着手召募清丈人役，组成各个图的清丈组

---

① （清）沈澄：《增城县清田集》卷上，陈建华、曹淳亮主编：《广州大典》第319册，广州出版社，2015年，第649页。

② （清）沈澄：《增城县清田集》卷上，陈建华、曹淳亮主编：《广州大典》第319册，广州出版社，2015年，第662页。

织。首先召募的是书手、算手、弓手，在四月十二日的《召募书算手示》中，对这类人役的共同要求是"年力强壮"，算手应"精于算法"，弓手"善合田形"，书手需"字画端楷"。凡是应募者，"俱先开具年貌、籍贯，限某日听候本县当堂面试"。取舍标准是："凡算法不精者，不取；年力衰弱者，不取；字画潦草、性情浮躁者，不取。"如果符合要求，"每名按日给工价六分"①。七日后，又颁布《谕弓、算、书手取具保结示》，说明面试已经结束，"尔等书、算，俱经本县当堂逐名考试，取录在案"。被录用的书、算、弓手应有保人担保并互相监督，"如无保人及各结者，一概不准收用"。这包括两个方面。其一，在各自乡保内签订"保领结式"，即保证书，证明此人"都图甲村人氏"，在外"听候拨遣"期间，"如有逃躲，系某身上寻出，中间不冒"。其二，又在"弓、算、书手内取具五名，连环互结"，即互相保证书（个人甘结式和五人联结式）："凛遵条约，如法丈算，不敢颠倒跳越，及以多作少，亦不敢将重作轻，擅改科则等弊。如内有一人受贿行私，弓步失实情弊，某等四人情愿一体坐罪。"②

四月二十四日，县衙发出《唤公正票》，在各都遴选公正。该人选是在各图甲里长户内选出，各甲"选报公正各一名"，在特定时间内"齐赴听候本县当堂查验"。其主要职责是"监丈"，即监督弓、书、算手等专业丈量人员。据《公正结式》内容，公正的具体职责是："兼同乡导，弓、算、书手，从公鱼鳞编号，逐坵挨丈。如有荒熟与等则失实，通同受贿，互相徇庇等弊查出，情甘受罪。"而公正实际丈量活动参与不多，即如唤票所言，"在工为日无几"，所以需要"遵照明示，恪守法纪，毋得科敛工食"③。

四月二十七日，县衙再发出《唤点乡导票》，由都长、地保、约正等在各乡举报乡导，以约为单位，造《乡导册》连同各都约边界图一并上缴。乡导也是在约定时间内赴县"点验"，领取凭票和《临填印册》，"带领公正，弓、算、书手，照依编定字号，鱼鳞清丈"。在《乡导结式》中，

---

① （清）沈澄：《增城县清田集》卷上，陈建华、曹淳亮主编：《广州大典》第319册，广州出版社，2015年，第664页。

② （清）沈澄：《增城县清田集》卷上，陈建华、曹淳亮主编：《广州大典》第319册，广州出版社，2015年，第671页。

③ （清）沈澄：《增城县清田集》卷上，陈建华、曹淳亮主编：《广州大典》第319册，广州出版社，2015年，第672页。

更详细描述了各约乡导的职责。一方面，实地丈量时，乡导需要带领清丈小组和业户、佃人一齐到场，逐一丈量，不得遗漏舞弊。"所有约内产业，遵照条约，带同各业户、佃人，从公鱼鳞挨号，逐坵引丈。如有引丈不到，及将岲底山背，足迹罕到之处，朋蔽欺隐，致有遗漏；及徇庇等则，并将有主荒田妄称无主等弊查出，情甘坐罪。"另一方面，负责保管《留乡图册》以供百姓查对。这份册籍誊抄自《临填印册》，是留存乡间的底本。"每日丈毕，遵择本乡善书之人，照临填印册，另誊留乡图册收贮，听业户查对，不敢刁难需索。"①

根据时间顺序可知，增城县首先召募具有专业技能的丈量人员，再以各都、约为单元，报选清丈小组的领导人员。据浙江开化县的雍正年间《丈量图号联单》载，清丈人员主要由公正、知识、弓手、算手、书手构成，知识即等同于乡导，"利用其对于地区人事物的熟悉，行查核之事"②。开化和增城两县的清丈人役结构完全相同。徽州府的清丈组织则有"六役"之称③，包括图正（公正）、图副（公副）、弓手、算手、书手、图手，有专业的画手，而非书手、弓手兼任绘图。图正、图副皆有"监临丈量田土"之责，但似乎少了在地引导之人。实际上，无论徽州的图正、图副，还是开化的公正、知识，要么是同一宗族长辈，要么是在地的不同宗族代表之组合。增城现存的清丈由票中呈现出的公正、乡导和其他人役往往不同姓氏（详后）。清丈条例中明确提到"乡导乃本约有田之人，引丈分所当然；公正虽属别甲，但彼此互查，劳逸亦无偏枯"④，可见这是沈澄有意将清丈组织安排为不同约、甲人员构成，排除乡族亲属和在地关系，不同于浙江、安徽等地默许宗族垄断清丈组织的做法。

① （清）沈澄：《增城县清田集》卷上，陈建华、曹淳亮主编：《广州大典》第319册，广州出版社，2015年，第673页。

② 胡铁球、徐伟、赵婷婷：《清代鱼鳞册所见业主姓名、地权分配及相关问题研究——以雍正开化县〈丈量图号联单〉为例》，《史林》2019年第4期，第100—114、220页。

③ 曾旭彤、黄忠鑫：《明清之际徽州清丈人役的承充、组织与田土处置》，《安徽大学学报（哲学社会科学版）》2020年第3期，第22—32页。

④ （清）沈澄：《增城县清田集》卷上，陈建华、曹淳亮主编：《广州大典》第319册，广州出版社，2015年，第667页。

（二）划分疆界

康熙四十八年四月十三日，沈澄发布告示，将明确都、约疆界作为清丈的另一项重要准备工作："将本都周围界至，会同邻都都保长查明，于该都交界处所，高树大竿，书写都分疆界起止字样，立明界界。再于本都内各乡约按照原约所辖村庄，亦会同邻约约保、土著，立明约界，各用木牌，大书某约字样，东、西、南、北四至，或以山河，或以路，或以坑堑为界，俱实注木牌上，竖立适中高阜及交界处所。"①他要求十日内完成立界、绘图的工作，之后便分配丈量人员和土地字号。四日后，他又发出"委捕巡官督分疆界牌"，让巡检等官员亲自下乡监督划界事务，十日内完成造册并选举乡导②。但十日后，沈知县又在《唤点乡导票》中再次提到绘图造册，说明这项任务并没有如期完成。

明清民国各版《增城县志》中，对于都所辖村落范围记载是很明确的，但皆无"约"建置的专门记载。乾隆县志在村落建置的记载中提及约的情况，如甘泉都的东洲村"分约五"、西洲村"分约四"，是一村分为若干约的情况；各都皆有若干村落"并入他约"，但约名大多是"大村"名，存在一约有若干村的可能；而坊都所增加的亲民街铺位于县前西街，"阛阓相次，异县之贾聚焉，因另为一约"③，说明约与铺、村的一一对应关系。现存几份《清丈由单》（详后）上都有"扶罗约"字样，而县志载有扶罗村，是金牛都的"大村"，亦可佐证约与村的对应。而晚清的《广东舆地全图》的增城县图上约和村皆有标注④。可推知，"约"和"约保"应该是以村落为基础编成保甲和乡约，大多是一村一约，也有少数一村分为几约的情形。

---

① （清）沈澄：《增城县清田集》卷上，陈建华、曹淳亮主编：《广州大典》第319册，广州出版社，2015年，第665页。

② （清）沈澄：《增城县清田集》卷上，陈建华、曹淳亮主编：《广州大典》第319册，广州出版社，2015年，第666页。

③ （清）管一清修，（清）汤亿纂：《［乾隆］增城县志》卷一《里廛》，广东省地方史志办公室辑：《广东历代方志集成·广州府部》第32册，岭南美术出版社，2009年，第28页。

④ 《广东舆地全图》上册《增城县图》，光绪二十三年（1897）广州石经堂印本，第10叶。

（三）颁发条款

康熙四十八年四月十八日，沈澄确定了清丈的十二个条款，分别是：划分都约疆界、自我查签呈报产业归属、丈量人役的责任、字号分配和填册、图形绘制、不得蒙混和笼统登记、丈毕地块应更换题签、各类土地的等则、荒地和新生土地的登录方式、人为阻扰舞弊的惩罚、免丈的各种情形、知县抽丈的事项等。条款告示"每约发一张"①。

此后，条款相关内容的公文陆续发布。在颁布条款的次日，县衙即发出一份告示，提出"绥福都先行查丈"，即抽丈从县西的绥福都开始。因而提醒全县凡有坐落该都的业户（寄庄户）在十日内插签标注，"毋得遗漏一坵一段"。当五月初一日清丈人役"履亩抽丈"时，如发现"有不插签者，佃人立时责处，业户照隐匿田产治罪"②。到了四月二十七日，沈澄再发出《抽丈起马牌》③，最后通告绥福都的都长、保长、约正必须完成立界竖签的任务。

四月二十六日发出《禁饬供应示》和《抽丈自备供给示》④，再次强调抽丈时不得索取酒食和钱财等供应，丈量人役"所需薪米，本县每日捐给银二钱，着令自行采买"；沈知县也自我约束，"所带人役、脚夫寥寥无几，日逐口粮，概行捐给；其柴薪菜蔬，亦皆现价平买；至所居公馆，或祠堂，或庵庙，只求聊蔽风雨，不须洒扫民舍"。

此外还有每约一张《拨丈票》，"陆续拨丈给发"。这是给清丈小组的凭证，既交待了基本的职责和流程，还提到及时提交丈量册是官府考量各都、约清丈人役的标准："以缴册之迟速，别尔等之勤惰。"⑤

---

① （清）沈澄：《增城县清田集》卷上，陈建华、曹淳亮主编：《广州大典》第319册，广州出版社，2015年，第667—670页。

② （清）沈澄：《增城县清田集》卷上，陈建华、曹淳亮主编：《广州大典》第319册，广州出版社，2015年，第670页。

③ （清）沈澄：《增城县清田集》卷上，陈建华、曹淳亮主编：《广州大典》第319册，广州出版社，2015年，第675页。

④ （清）沈澄：《增城县清田集》卷上，陈建华、曹淳亮主编：《广州大典》第319册，广州出版社，2015年，第674页。

⑤ （清）沈澄：《增城县清田集》卷上，陈建华、曹淳亮主编：《广州大典》第319册，广州出版社，2015年，第673页。

三 履亩抽丈

正式丈量前，有一个重要仪式——知县率全体丈量人役在县城隍庙集体盟誓。由于丈量主要由自丈和抽丈构成，需要大量人役的密切配合。即便沈知县一人"不愧不怍之心，实可指天誓日"，也难保"人心各怀偏私"。所以，沈澄在康熙四十八年四月二十八日的《谕乡导人等齐集誓神示》中希望借助神灵的力量约束参与丈量之官民："若或作奸犯科，立赐昭报，是纠是殛，神威赫濯。"①同时，他还将清丈条款中的要求诉之神灵，以求得到神灵权威的保障。五月初一日"起马抽丈"当天的《誓祷城隍文》便言："务期彻底清厘，断不避劳避怨。刍粮自备，不以丝毫累民；阡陌必周，不因豪强弛法。宽既往以开自新，严将来以惩怙恶。劝事人役，有功必赏，有罪必罚。经管胥役，舞文者黜，弄法者惩，稍徇偏私，难逃默鉴。"②丈量前的祈神行为在徽州也存在③，目的都是约束众人，保障丈量的顺利进展和公正公平。但稍有不同的是，增城必须在五个月内全部完成丈量，由知县引导全县人役共同盟誓；而徽州各图各村的开弓时间不一，丈量人役组织分别在乡村庙庵或祠堂里举行较小规模的誓神仪式。

整个丈量过程中，知县亲自下乡抽丈是有凭据的。绥福都乌石村的毛似樵就在"邑侯鉴湖沈公议清丈"时，为沈澄提供借宿（"尝造庐借箸焉"④）；而沈澄也称其"足以表率风俗、维持政教也，尝式庐焉"⑤。另外，沈知县还应邀撰写了一篇墓志铭，对毛氏家族褒扬有加："余莅增有年日，以激扬为务，求其山林硕德可以表率风化者，如乌石毛子君长首屈一指

---

① （清）沈澄：《增城县清田集》卷上，陈建华、曹淳亮主编：《广州大典》第319册，广州出版社，2015年，第675页。

② （清）沈澄：《增城县清田集》卷上，陈建华、曹淳亮主编：《广州大典》第319册，广州出版社，2015年，第676页。

③ 曾旭彤、黄忠鑫：《明清之际徽州清丈人役的承充、组织与田土处置》，《安徽大学学报（哲学社会科学版）》2020年第3期，第22—32页。

④ 《毛氏龙韬后凤斌四房家谱》卷四《列传谱·隐德·伍峰公》，民国十八年（1929）铅印本，广东省立中山图书馆藏，第39叶。

⑤ （清）郑际泰：《伍峰公齐眉双寿序》，《毛氏龙韬后凤斌四房家谱》卷四《艺文》，民国十八年（1929）铅印本，广东省立中山图书馆藏，第47叶。

焉。未几，有谋清丈借箸便民良策，得君长经画，了如指掌，窃讶其才能固由天授，抑亦扶舆淑气所钟也，闻望岂偶然哉？迨临田勘阅绥福，偶憩于松阴，凭眺山川，灵秀蟠结，询之乡导，指点此中吉穴即君长之祖茔，余时心焉识之。"①墓志铭虽然没有落款时间，但沈澄以绥福都为抽丈核查对象，并在乡导指引下实地查勘，都是可以得到印证的。

沈澄还在绥福都、崇贤都等地亲眼所见虎患严重之景象："猛虎成群，遇晚入村，啗噬猪犬，以致乡民、弓算人等，闻声战慄，见迹彷徨。"遂在六月初九日向神祇发出两篇公文格式的祭文——《祷城隍除虎牒文》②和《祷山神除虎移文》③，其中都提到自己"捐资裹粮，冲炎冒暑，寝食田间，已三旬有余"，可推知沈知县从五月初即出发抽丈，至六月上旬才有"三旬有余"之说。而此二都之地虽位于山区，也是"属在贡赋之区，又多生齿之繁"，祈祷神灵保护正是为了保证清丈顺利开展和贡赋的足额，也体现了父母官的德政。八月初二日黄集贞等多位耆民的《请建醮酬神禀词》就歌颂沈澄"轸念民瘼，虔诚祭祷，荷神昭鉴，五日之内虎患消除"④。

沈澄先后发布多则告示、牌文，针对各都、约在丈量过程中产生的各项问题提出解决方案。通过这些公文，可以了解临田丈量的具体情形。

（一）丈量漏洞的陆续发现

沈知县在亲临现场时发现，即便有插签标示和乡导指引，也难免出现诸多漏洞。例如，弓手丈量时，"各业户、佃人并不到田"，无法确认插签信息的准确。而检查插签文字，"因各佃有目不识丁者，将赵姓田签插入钱姓田内者甚多"，对此乡导也不知详细情况，于是"书手照签入册"，由

① （清）沈澄：《侣苍公暨莫氏孺人墓志铭》，《毛氏龙韬后凤斌四房家谱》卷四《艺文》，民国十八年（1929）铅印本，广东省立中山图书馆藏，第55叶。
② （清）沈澄：《增城县清田集》卷上，陈建华、曹淳亮主编：《广州大典》第319册，广州出版社，2015年，第679页。
③ （清）沈澄：《增城县清田集》卷上，陈建华、曹淳亮主编：《广州大典》第319册，广州出版社，2015年，第680页。
④ （清）沈澄：《增城县清田集》卷上，陈建华、曹淳亮主编：《广州大典》第319册，广州出版社，2015年，第683页。

此讹误丛生、纠纷不断。沈澄认为："在本县尚不避暑雨，日事田间，而业户各佃，反袖手旁观，漫不经心，扪心自问，其能安乎？"①所以他在五月十一日告示全县，要求乡导务必在实地丈量时将业户、佃人都带到，亲自指认引丈并登记入册。

十天后，沈澄又发现有的疏漏讹误未必是"出于无心"，而是豪强、佃人等有意为之。他在《饬除欺隐示》指出，"增田欺隐之弊，固系豪强不法者所为，亦半由佃人借彼影此，以遂其奸贪之所致也"。他下定决心，"此番若不直穷到底，仍使弊窦潜滋，则终无厘正之日矣"。在数日的实地勘察中，他就见闻了不少欺隐舞弊行为："或胆大包天重插字号，或以田土荒瘠弃为无主，或嘱令乡导隐瞒不带，或贿通弓、算、书手，以多作少，种种弊端，实难枚举。"对此，他要求每约完成丈量后，在地的基层组织头目（约正、乡老等）需要保证田签能够继续保留，以便核查。"嗣后凡丈完一约，即着该约约正、乡老人等，挨号查签，饬令耕人、牧童毋得拔弃田签，毋得归并坵段。"至于"果有漏丈、重号等弊者，立即报明，以凭单骑勘丈"，一经查实，将欺隐田产奖赏给报告者，而将舞弊之徒绳之以法，"田产给与首报之人为业，其作弊者治以国法"。他还鼓励"密报"，"若有畏强不敢明证者，许其密报，禀词存衙候察"②。

到了八月，沈澄注意到增城民众还有一些田产坐落在邻县，即寄庄现象。这也许是借鉴了万历清丈的经验。康熙四十九年三月的《里民呈请照例均税爬平丁口公呈》就提到，万历时"追册成解京上都，复乘恩诏建言，抚按院宪委番禺、东莞二县摘丈，又查出田地一十七顷"③。故沈澄发出《谕报邻县交界田地示》，重申了"不能遗漏隐匿"之原则，要求全县业户"凡有田地山塘坐入龙门、博罗、东莞、番禺、从化各县地界之内者"，将土名、税亩报明官府，"点拨弓、算、书手给册，公同尔等前往清丈，编造鱼鳞册籍"。也就是说，业户和清丈人役同样实地勘查丈量，将

① （清）沈澄：《增城县清田集》卷上，陈建华、曹淳亮主编：《广州大典》第319册，广州出版社，2015年，第676页。

② （清）沈澄：《增城县清田集》卷上，陈建华、曹淳亮主编：《广州大典》第319册，广州出版社，2015年，第677页。

③ （清）沈澄：《增城县清田集》卷下，陈建华、曹淳亮主编：《广州大典》第319册，广州出版社，2015年，第697页。

跨县的土地产业也载入增城相关册籍内。"如有观望隐匿，或经察出，或被首报，定将田土分别入官，仍治以欺隐之罪。"①这一做法效果如何，是否引起县际税粮的纷争和阻扰，目前限于史料不得而知。

沈澄还听闻地方上有不法之徒诈骗钱财、散布谣言："或借安册为名，或以欺隐恐吓，包揽阻吭，局诈愚民。更有欺隐之辈，见水落石出，故倡流言，以惑听闻，言之真堪发指。"他于六月初九日发布《禁恐吓包揽示》，澄清官府并无要求民众自费造册之举，禁止敛费、包揽，严惩肇事者，"许被骗小民不时喊禀，审讯果真，轻则杖惩，重则枷号示众，仍追赃给主"②。基层社会广大，官方告示未必能准确地传达到每个普通百姓，遂为虚假信息的传布提供了条件。沈知县能够较为及时地遏止此势头，说明他非常关注清丈期间的社会舆论。

（二）各类册籍的编造

各种册籍编造是沈澄关注的重心，主要有两类：需要上缴县衙的丈册，也称为印册、临填册；由当地"善书之人"誊抄，留存在乡间供民众查核的留乡册。丈册和留乡册的内容应是一致的，特别注重的是四至、田邻、佃人、则数四大要素，需要"查填清楚"③。佃人和则数主要是自我插签报告，再有清丈人役核查；而四至和田邻则需要实地丈量、勘查登记入册。丈册和留乡册格式相同④，其封面（皮面式）记载都约名称、字号及流水号的起止情况，以及乡导、公正、弓手、算手、书手的姓名。册内每面（篇）刊印了六个字号的地块的信息，包括字号、四至、图形、税户和业户姓名、坐落、佃人、税则等信息（如下图）。

① （清）沈澄：《增城县清田集》卷上，陈建华、曹淳亮主编：《广州大典》第319册，广州出版社，2015年，第683页。
② （清）沈澄：《增城县清田集》卷上，陈建华、曹淳亮主编：《广州大典》第319册，广州出版社，2015年，第678页。
③ （清）沈澄：《增城县清田集》卷上，陈建华、曹淳亮主编：《广州大典》第319册，广州出版社，2015年，第677页。
④ （清）沈澄：《增城县清田集》卷下，陈建华、曹淳亮主编：《广州大典》第319册，广州出版社，2015年，第712页。

图1　丈册格式图

　　沈知县十分注重留乡册的誊写和作用。他在六月初十日发出的《谕誊写留乡册牌》指出，官府已经"捐买纸张，钉装分发"留乡册，而当时村民"互相推诿，不行书写，反雇外乡外邑之人"来抄写。如此一来，不但费用增多，而且容易"潦草舛错"。因此，知县要求必须本地人誊写留乡册，且"誊完一本，另请给发"。留乡册最大的功能就是供业户查阅、抄录相关内容，不许乡导、保长等人"揹勒需索"[1]。而且，留乡册还可以让业户及时发现丈量的失误，经由乡导等禀告官府改正。六月十一日的《饬催业户查对丈过田号牌》就提出查对要求："凡有丈竣田产，该业户仍赴该约查取留乡图册，将的名、都图甲分，挨号查对。如有佃人错插田签、书手讹写图甲的名，许各业户开列字号，并将二三人同坵未经分税者，即日分晰明白。通限十日内，公同乡导具禀，本县以凭查册改正。"[2]

　　至于丈册，沈澄关心的是上缴速度，这是清丈完成的重要标志。他在禀告上级的详文中就说道："庶丈册早竣，而卑职亦免迟延之惩矣。"[3]"查阅各都约缴到临填册"后，沈澄在七月初七日发出《谕饬弓手同坵不得分

---

① （清）沈澄：《增城县清田集》卷上，陈建华、曹淳亮主编：《广州大典》第319册，广州出版社，2015年，第680页。

② （清）沈澄：《增城县清田集》卷上，陈建华、曹淳亮主编：《广州大典》第319册，广州出版社，2015年，第681页。

③ （清）沈澄：《增城县清田集》卷下，陈建华、曹淳亮主编：《广州大典》第319册，广州出版社，2015年，第685页。

号牌》禁止舞弊行为，专门以"杨梅［都］钟岳约弓书张上捷、黎梧茂，以一坵之田朦混分作两三号"为例，将他们"枷责游儆"，以示惩戒。由此对地块编号提出补充要求，不得分割太细，难以核查："凡有二三人田地同坵，及十余人同塘一口者，俱列为一号；或业户一人有屋地数间，及数座相连者，亦列为一号。"①而直到十月二十八日，全县丈册方才如数缴齐，终于宣告"通县税产俱皆丈竣"。而沈澄在十一月初五日才递交了《通报丈竣日期详文》②此后仍有造册归户计税的任务，"照前详册式造具柳条册及简明总册，另文分别申缴"。总体看来，增城以自我呈报为基础和主体的履亩丈量仅6个多月便已全部告终，却仍超出既定的5个月之期限。

四　开局造册

当各都、约丈量逐渐进入尾声时，沈澄便紧锣密鼓地召集新一批人役在县城开局，进行统计造册工作（即"串造归图，科算粮额"③）。在清丈条款中尚无提及此环节，但在六月十一日的牌文中，沈澄便已提醒绥福都各约业户及时查对丈过田号的正误，"如再逾限，及进局后混行渎扰者，定行重责"④，说明此时早有设局之意。到了八月初一日的《召募入局书手示》⑤，知县要求应募人员"俱于八月终旬开具籍贯递赴本县衙门，面加考选，合式者即令进局"。与丈量人役中书算手的要求大体相仿，雇募进局之人"务要精明、强壮、诚朴、谨慎"。人役分为三类："精于归图数目者，每名每日给纹银八分；精通算法者，每日给纹银六分；善于书写者，每日给纹银四分。""归图数目"是会计税粮数目，待遇最高；"算法"是一般田亩、科则的折算，待

①（清）沈澄：《增城县清田集》卷上，陈建华、曹淳亮主编：《广州大典》第319册，广州出版社，2015年，第681页。

②（清）沈澄：《增城县清田集》卷下，陈建华、曹淳亮主编：《广州大典》第319册，广州出版社，2015年，第693页。

③（清）沈澄：《增城县清田集》卷上，陈建华、曹淳亮主编：《广州大典》第319册，广州出版社，2015年，第682页。

④（清）沈澄：《增城县清田集》卷上，陈建华、曹淳亮主编：《广州大典》第319册，广州出版社，2015年，第681页。

⑤（清）沈澄：《增城县清田集》卷上，陈建华、曹淳亮主编：《广州大典》第319册，广州出版社，2015年，第682页。

遇次之；"书写"则是誊抄计算好的数字和相关文字，待遇最低。无论如何，他们入局期间的"一应供给"，全部都是官府提供，"不烦里民措备"。

到了九月十二日，"各都约业户税亩已经陆续丈竣"，上缴册籍也需要相继"发局覆算"，从而"归户科粮"。而县衙雇选的书算等人，"齐赴内衙，核造册籍"，需要制定相应规约进行管理。《开局归户条约》共有九则[1]，主要有以下内容。其一，办事人员的规模与构成。书、算手共有300名，分东、西二局居住；每局雇拨水夫、火夫、官厨5人，共计10人；县衙另请精明练达的幕友"董率稽查"，书、算人"听其查核"。在后续工作中，发现丈册中"多有错写图甲，及漏填花户，亦有将花户户长错填业主的名者，种种错误，难以枚举"。故而知县又"唤总书进局"，依据黄册、实征册上的"排年花户之名"，专列一单供书手们"查照归户"[2]。其二，全县产业、钱粮的核算属于机密，需要对书、算人众进行保密管理。他们"听候唱名"方能入局，随身所带铺盖及衣服也得"逐名搜检"，"若有夹带情弊，即行杖逐"；"两局内有栅栏门户，每日封锁严密"，不得随意开关；书、算手入局后"必俟事竣方准出衙"，如"有托故告假者"，便不许再入，"纵有前功，概置不叙"；他们与外界的书信往来，"俱要露口，不许封固，致滋弊窦"。其三，局内册籍均属于重要文书，大量纸张容易引起火灾，需要特别注重安全。虽然办事人员"固不能禁其吃烟"，而"晚间灯火辉煌，夜深人倦，必须吹熄灯火，然后就寝"。总领内丁还需要对"各房及厨灶前后逐一查阅"，才能回房安卧。其四，各人员严肃对待公务，保持秩序。"既不得闲谈聚笑，怠缓偷安，亦不许以片言小忿，动辄争斗喧嚷，违者责究"；"每日用饭时，总领内丁先鸣锣一声，使在局诸人收卷丈册后方许一齐散饭，不许先后参差，致荒册务"。其五，基本工作流程和工具。各算手自行携带算盘，但规格"必须长大"；纸张笔墨由衙门提供，"照人给发，用尽换给"。覆算和对读时，书手使用紫朱笔，"遇错落处添改，不得私用墨笔擅行涂抹"。准备四颗图章，"覆算相符者，钤

---

① （清）沈澄：《增城县清田集》卷上，陈建华、曹淳亮主编：《广州大典》第319册，广州出版社，2015年，第687—688页。

② （清）沈澄：《增城县清田集》卷下，陈建华、曹淳亮主编：《广州大典》第319册，广州出版社，2015年，第694页。

一小'算合'二字；归入图甲者，钤一小'归户'二字；对同者，钤一'对同'二字。通本全完者，册面上照前各用大'钤记'二字"，并在册面上写明覆算、归户科粮和对读三个环节的人员名字，"以凭按名核查功过，不致彼此推诿"。另外，在具体实践中还形成简便的归户方法，即"照鳞册字号逐条誊写都图甲户税亩等则"，由此也成为工作流程的补充条款。

虽然有条例约束，但近两个月的工作还是暴露出一些问题，特别是书手"勤惰不一，优劣亦殊"。所以沈澄在十一月初六日的《饬谕局内书手摘写归户示》中改变了原先每日工银四分的做法，将书手定为三等，给予不同的工钱："凡数目清楚、摘录篇数多者，列为上等，每日给银五分；其数目清楚、摘录篇数少者，作为中等，仍照原数，每日给银四分；至数目难清，而摘录迟钝者，为下等，四分之内酌减一分；若数目舛错遗漏一条者，罚银一分。"至于不守秩序、不服从管理、偷懒懈怠和数目混乱之人，则"着头人举报，核实黜逐"①。

康熙四十九年五月，为了增强责任，便于"稽察逐日课程"，将书、算手姓名和都图对应，专门登记一册。由此规定了罚例："倘田地山塘等则混乱不清者，责在书手；如税亩总撒不符者，责在算手。"如果复查之人查出书、算手的舛错，每条罚银一分；而覆算手不细心，被县衙查出讹误，每条罚银一钱。这些处罚都专门登记在"罚簿"上，在发工银时，"按数扣出，即给与查出之人，及凑买纸笔之需"②。而书、算手有多条错误，处以黜逐。

到了六月，书、算手敷衍造册仍是局内的主要问题。此时正在编造柳条册的正本，需要字迹端正、仔细核对。而县衙"不惜工价"，每篇给书手纹银5厘，另有"饭食、纸张、笔墨等项，共计银一分"。但书手为了多赚取工银，"每日抄写十五六篇不等，竟不对读，以致错落挖补、字画潦草者不可胜指"，而负责核查的头人，每日有纹银八分之工钱，却"以乡情为重，功令为轻，一切错误概置不问"，使得所誊写的正册讹误不少。沈澄在六月十三日示谕称："昨据书手李赞缴送正册二本，共错落三十八

---

① （清）沈澄：《增城县清田集》卷下，陈建华、曹淳亮主编：《广州大典》第319册，广州出版社，2015年，第694页。

② （清）沈澄：《增城县清田集》卷下，陈建华、曹淳亮主编：《广州大典》第319册，广州出版社，2015年，第700页。

条，殊属可恨。”[①]遂立刻订立条例，“如清册一篇内洗补数字者，免其另写；如潦草、重号、遗漏及挖补字多者，即着该书手扣写，每篇仍罚银五厘，即给赏对读小书，该头人亦罚银三厘，以抵纸张饭食之费，并赎其徇情怠惰之咎”。同时，还点名斥责了数位书、算手，如西局书算手林天喜、何成章、陆元照、陆在中、李翰明等，东局书算手薛桂、李英标、林拔玱、陈廷彩、潘南斌、邝俊、袁庆余、钟扬等，“每日止科粮三四户”，而“饭后俱三五成队，嬉笑自如”，予以警告和扣罚工钱。

八月二十四日，造册工作正式完成。共计柳条册511册、目录册1册、简明清册3套共249册（每套83册）、县总都总册3套共3册。简明册是各户税粮数额的汇总，仅记载一个总数；柳条册则是在各户之下，罗列纳税田土情况。其内容格式如下图所示：

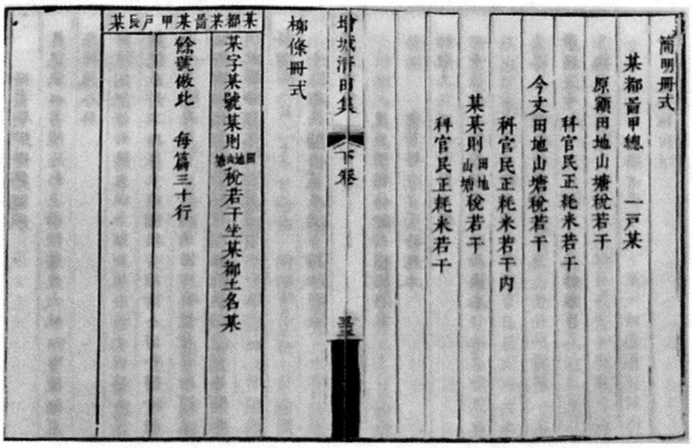
简明册式
某都啚甲總 一戶某
原額田地山塘税若干
科官民正耗米若干
今丈田地山塘税若干
科官民正耗米若干内
某某則田地山塘税若干
科官民正耗米若干
增城清田集 下卷
柳條冊式
某都某啚某甲戶長某
某字某號某則田地山塘税若干坐某都土名某
餘號倣此 每篇三十行

图2 简明册和柳条册内容格式[②]

这些册籍总共764册，装成9箱，上缴给上级官府。其中，上缴给广州府“清丈税亩册一箱”，包括了简明册83本和县总都总册1本。广东布政司将“柳条册一套、简明册一套存在本司备查”，又将“简明册一套共八十三本，本县总册一本”转呈总督、巡抚衙门。至此，沈澄自称“将李英杨等二千三百八十八户内豁去虚粮二千零三十三石八斗零，将丈溢各户

① （清）沈澄：《增城县清田集》卷下，陈建华、曹淳亮主编：《广州大典》第319册，广州出版社，2015年，第700页。

② （清）沈澄：《增城县清田集》卷下，陈建华、曹淳亮主编：《广州大典》第319册，广州出版社，2015年，第712页。

按税科粮，照数补足，以故田地山塘悉符原额"，从而"田赋均平，黎庶绝虚亏之累；疆界厘正，豪强杜影占之端"①。作为清丈成果的总结，沈澄同月颁布知单，将各类田土和征派税粮的总数公之于众：

> 通县田地山塘共税六千七百六十六顷八十八亩一分一厘三毫一丝五忽。成丁一万七千四百四十五丁，每丁征银九分四厘二毫七丝四忽；妇女一万两千八百九十四口，每口征银二分五厘四毫七丝三忽，共额征钱粮银二万六千四百二十六两五钱零四毫二丝七忽三微四织二沙三尘。遇闰，每两加银一分八厘二毫六丝一忽六微七织。本色米二千八百五十一石二斗正。

> 上则僧道田地塘共税二十四顷一十亩零三分三厘。每亩科官米八合八勺，僧道米五升三合五勺，每亩征银四分九厘三毫三丝八忽八微零四沙二尘；每亩征丁银四厘一毫六丝七忽三微一织七沙八尘，共每亩编征银五分三厘五毫零六忽一微二织二沙。色米七合二勺四抄零五粟。

> 上则民塘税一百五十一顷三十七亩九分四厘八毫。每亩科官米八合八勺，民米五升三合五勺，每亩征银五分六厘四毫七丝六忽八微三织五沙；每亩征丁口银四厘九毫六丝三忽零八织一沙，共每亩编征银六分一厘四毫三丝九忽九微一织六沙。色米七合二勺四抄零五粟。

> 中则民田地塘共税六千零六十四顷五十二亩九分零四毫七丝五忽。每亩科官米六合、民米三升二合一勺。每亩征银三分六厘九毫一丝零六微零三沙八尘；每亩征丁口银二厘九毫八丝二忽七微五织四沙，共每亩编征银三分九厘八毫九丝三忽三微五织七沙八尘。色米四合三勺四抄四撮零二粟九粒八截。

> 中则僧田地塘共税五顷三十四亩五分零四毫。每亩科官米六合，僧米三升二合一勺，每亩征银三分二厘六毫三丝二忽五微；每亩征丁银二厘五毫零七微六织三沙八尘，共每亩编征银三分五厘一毫三丝三忽二微六织三沙八尘。色米四合三勺四抄四撮零二粟九粒八截。

① （清）沈澄：《增城县清田集》卷下，陈建华、曹淳亮主编：《广州大典》第 319 册，广州出版社，2015 年，第 702—704 页。

下则民田山共税一百九十六顷三十四亩四分一厘二毫四丝。每亩科官米二合八勺七抄五撮六圭，民米一升六合零五抄，每亩征银二分一厘九毫三丝五忽六微五织二沙；每亩征丁口银一厘四毫八丝八忽九微二织八沙，共每亩编征银二分三厘四毫二丝四忽五微八织。色米二合一勺七抄二撮零八粒。

下则民地税三百二十五顷零三亩一分七厘五毫。每亩科官米二合八勺七抄五撮六圭，民米一升零一勺六抄五撮，夏农桑米五合八勺八抄五撮，每亩征银一分九厘八毫九丝四忽一微零四沙；每亩征丁口银一厘四毫八丝八忽九微零八沙三尘六埃，共每亩编征银二分一厘三毫八丝三忽五零一织二沙三尘六埃。色米一合三勺七抄五撮六圭一粟。

下则僧地税一十四亩八分三厘九毫。每亩科官米二合八勺七抄五撮六圭，僧米一升零一勺六抄五撮，夏农桑米五合八勺八抄五撮，每亩征银一分八厘五毫四丝五忽七微一织七沙；每亩征丁银一厘二毫三丝六忽四微一织三沙，共每亩编征银一分九厘七毫八丝二忽一微三织。色米一合三勺七抄五撮六圭一粟。[①]

九月初五日，郑有上、曾觐飏、黄震耀、顾倚重、陈邦贵、郑弘仁、廖昌龄、黎明晟等里民上谢恩公呈[②]，对官府完成清丈、解除虚粮之困表示感谢和歌颂。

五　税粮秩序

造册完成之后，仍有许多后续事务需要处理。一方面，将已正式造册的地块、税粮信息逐一抄出，以"田由"形式发给各个业户；另一方面，将实征册等册籍统一保管。

---

① （清）沈澄：《增城县清田集》卷下，陈建华、曹淳亮主编：《广州大典》第319册，广州出版社，2015年，第705—707页。

② （清）沈澄：《增城县清田集》卷下，陈建华、曹淳亮主编：《广州大典》第319册，广州出版社，2015年，第707—708页。

（一）抄发"田由"

康熙四十九年十二月初十日《饬书手誊写田由谕》表明，造册完成之后各书手仍在局中，当时已开始誊抄"田由"，并提出具体的抄录要求：其一，纸面整洁，"尔等照册誊写，字画俱要端楷，不得洗补、潦草、错落"；其二，信息准确，"其字号、图甲、税亩、弓口，概写正字，每晚与同伴互相对读清楚"；其三，细心核对，"誊完一本，将田由暂行串钉，夹册内交与经管册书，数清登簿，俟查对无讹，然后按数给发工银。倘有舛错等项，责令写换"。另外，也对书手在局内的管理秩序再次做出规定："至内衙系关防重地，尔等各宜恪守法纪，毋许动辄争闹，违者责逐。册籍关系匪轻，时值隆冬，各宜谨慎火烛，凛遵毋违。"①

关于"田由"的作用，在随后的五十年正月二十一日告示中提到，"所有田由现在誊造，凡有买卖田土，应各照田由字号折实税亩授受，毋庸丝毫增减者也"，即百姓在土地交易时按照所持有的"田由"所载字号、等则、税亩等信息订立契约，不得私自更改、复丈。业户和佃人"耕管田地，永遵现丈坵段，毋许擅自分并，违者以移坵换段律论罪"。这些都说明官府希望将地块固定化，从而保障税粮征收的稳定。同时，土地交易也纳入官方的管控，包括契约书写格式，"书写卖契，照颁发契式，概用连四纸，不得仍用桑皮纸张"；契约名称，"民间典按田产，止用典契，不得写卖作典，并双头交契，至启日后讼端"②，等等。契约格式如下：

> 立卖契某为因乏银纳粮及缺用度，情愿将某某后开字号税
> 共计 顷 拾 亩 分 厘 毫 丝，今出卖，先召房亲四
> 邻，无人承买，托中某引至某处，公同踏看，如意承买。三面议
> 定酬，还实价银若干纹银马戥。二家允肯，就日立契。价银即日
> 凭中眼同交讫。其产亦交与 管业。此系实银实契，不是债拆
> 逼交，若产业不明，系卖主同中清理，与买主无干。共税粮系在

① （清）沈澄：《增城县清田集》卷下，陈建华、曹淳亮主编：《广州大典》第319册，广州出版社，2015年，第709页。

② （清）沈澄：《增城县清田集》卷下，陈建华、曹淳亮主编：《广州大典》第319册，广州出版社，2015年，第709页。

都　　图　　甲户长　　的名　　名下，除割收过　　都

图　　甲户长　　的名　　，永远管输，日后彼此不得生端留

难。今欲有凭，立卖契为照。

计开　共付田由若干张

字　号则税　坐　都土名　字　号则税　坐　都土名

字　号则税　坐　都土名　字　号则税　坐　都土名

字　号则税　坐　都土名　字　号则税　坐　都土名

字　号则税　坐　都土名　字　号则税　坐　都土名

字　号则税　坐　都土名　字　号则税　坐　都土名

康熙　年　月　日立卖契人

中人

见银

房亲①

直到八月，"田由"誊写才算完成，官府对"田由"设有专门的"号簿"登记。沈澄的《发领田由示》通知各业户持"照单"在八月二十日至九月初五日的18天内赴局领取②。现将各都领取顺序、天数，结合县志所载各都的距离县城之里数③，归纳如下表：

各都领取"田由"的顺序、天数和里数

都名	坊都	庆福	上都	绥福	下都	清湖	绥宁	崇贤	云母	杨梅	金牛	甘泉
天数	3	1	2	2	3	1	1	1	1	1	1	1
里数	0	5	20	50	30	70	40	25	20	60	60	80

一个地块颁发一张"田由"，所以发给的"田由"数量，是地块数量决定的。而各都领取天数安排与"田由"数量是相关联的。坊都和合兰下

① （清）沈澄：《增城县清田集》卷下，陈建华、曹淳亮主编：《广州大典》第319册，广州出版社，2015年，第714页。

② （清）沈澄：《增城县清田集》卷下，陈建华、曹淳亮主编：《广州大典》第319册，广州出版社，2015年，第710页。

③ （明）文章等修，（明）张文海纂：《[嘉靖]增城县志》卷二《地理志·坊都》，广东省地方史志办公室辑：《广东历代方志集成·广州府部》第31册，岭南美术出版社，2009年，第14页。

都最多，发给的"田由"数量也是最多的；其次是合兰上都和绥福都，其余八个都皆仅安排一天。这说明增城纳粮地块主要分布于增江下游和绥福水上游。而从距离来看，有远近搭配之意，可分为三阶段。第一阶段的前6天，是城内和近城20里以内的二个都领取，之后是知县重点丈量的县西绥福都领取2天；第二阶段先是城南郊的下都领取3天，随后是较远的清湖和绥宁两都各领取1天；第三阶段都是数量较少的5个都，从近城约20里的崇贤、云母再到最远的甘泉都按顺序依次领取。

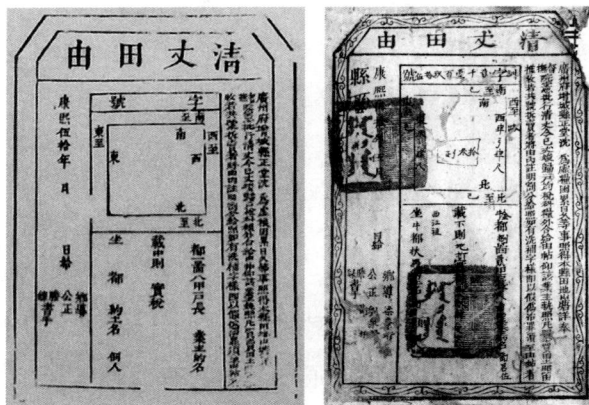

图 3　清丈田由格式（左）与实物（右）

　　笔者收集到4份金牛都扶罗约的"田由"，与《清田集》所载"田由"格式大体相同。"田由"实物尺寸是29.5×19.5（厘米），在年号和实税处钤有官印。与《清田集》格式不同之处有两个细节：其一，由帖四围有花纹边栏，而格式没有花纹；其二，由帖左栏有"县"字样和画押，格式亦不载。

　　这4张"田由"可对《清田集》的一些细节进行补充和印证。所载田地都位于金牛都扶罗约，但业主所属都图甲却有不同。有两件是"金牛都八图二甲户长宋节矩、业主的名邓君佐"，还有两件则属于其他都，分别是"上都五图十甲户长刘太、业主的名刘德君"、"庆福都二图十甲户长邓宗光、业主的名邓俊千"。这反映了寄庄户的广泛存在。"田由"所载字号是训字号，为千字文第340字。而增城都图建置是12都81图，如前《分疆界示》所言，清丈划界以都、约为单元，"按约分给字号"，而约大致与村落相对应。根据《［乾隆］增城县志》所载村落建置，旧载（康熙二十五年县志）坊、村是340个，"姚志"（即雍正年间纂修的县志，今不存）增补了30个村落，共有370个坊、村，这也就是康熙后期清丈时约的大体数量。那么，土地字号是以约为单位进行分配也是可以证实的。

（二）册籍管理

虽然增城县没有专门攒造鱼鳞册，但整个清丈过程留下了大量的丈册、实征册等册籍，贮存在官府。根据康熙五十年十月的《饬新充册书管理册籍谕》告示提及，"从前贮册开收在清献崔公祠内"，而开局期间，"总书算手寝斯食斯，殊亵先贤，亦非贮册之所"，而且"清丈册籍，较诸前册不啻数十倍也，若不建楼架搁［阁］，恐日久霉烂虫蛀，难以垂后"[①]。崔公祠即南宋名臣、增城人崔与之的专祠，又名崔相祠、清献祠，位于县城西南部的凤凰山南麓[②]，"本县印官，春秋致祭，仪同乡贤"[③]。县衙东侧"地颇高燥弘厂"，沈澄在此修建专门贮存册籍之楼，名为"垂远楼"。楼前保留"隙地"，用以不时晒册；楼傍盖平屋三间，作为册书"歇宿、料理、开数各册之所"（参见下图）。

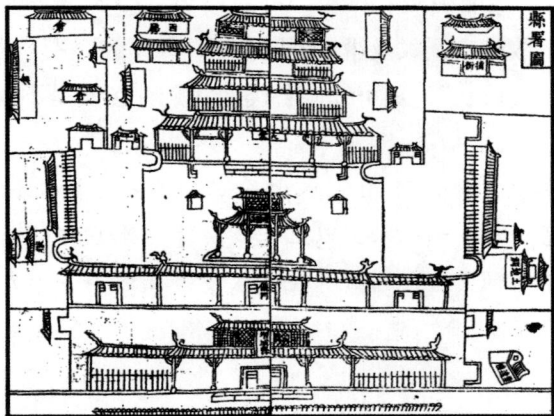

图4　增城县衙图（东侧为垂远楼）[④]

---

① （清）沈澄：《增城县清田集》卷下，陈建华、曹淳亮主编：《广州大典》第319册，广州出版社，2015年，第711页。

② （清）蔡淑修，（清）陈辉璧纂：《［康熙］增城县志》卷二《政治·坛庙》，广东省地方史志办公室辑：《广东历代方志集成·广州府部》第31册，岭南美术出版社，2009年，第159页。

③ （清）管一清修，（清）汤亿纂：《［乾隆］增城县志》卷八《祠祭·秩祀》，广东省地方史志办公室辑：《广东历代方志集成·广州府部》第32册，岭南美术出版社，2009年，第126页。

④ （清）管一清修，（清）汤亿纂：《［乾隆］增城县志》卷一《区宇·舆图》，广东省地方史志办公室辑：《广东历代方志集成·广州府部》第32册，岭南美术出版社，2009年，第24页。

这里所谓的册书,其实就是县衙负责经收钱粮的总书[①]。在数月前,"旧役总书刘继高、吴湘英服役年久,具呈告退"。于是全县里排代表吴蔼彦、邓俊千、刘俸千、胡成隆、陈云汉、刘达仁、王英才、赖衍颖、朱墨林、朱蕃勷、梁健廷、湛从之等,在七月依据旧例("向以粮多之户出身承充"),议举出12个大户,接管总书之吏职,主要负责新册籍的管理,分别是:"坊都之黎明晟,庆福之王一鸢,上都之姚世传,绥福之毛闰昌,下都之曹光祖,清湖之陈同德,绥宁之吴中与,崇贤之赖永昌,云母之刘振宗,杨梅之林天禄,金牛之梁茂乔,甘泉之陈兴,俱税溢粮多甲于各户者也。"[②]基于"粮多之户,则丁自众,谙练书算者,自不乏人"的考虑,从这些大户中"选举谙练户丁报台,考取六人,以备册书之用"。十二月时,陈廷彩、王勖佐、黎光大、林邦贤、陈维直、朱廷凤等六位册书签署"具认状",领取清丈和赋税册籍。他们的主要职责是保管册籍,"谨慎收贮,不时禀请锁钥,候委捕衙公同查阅检晒";更新赋税信息,编造实征税粮数字,"递年悉照税契、田由,查对的名、印册、号税等则,开收编造实征粮额,不敢私自开收及盈缩诡飞等弊"。

根据这份"具认状",还可知晓各类册籍贮存场所是不同的:

> 十二都共鳞册二千七百八十一本,里民开报山税册八十四本,旧黄册一百一十三本,以上三项俱封贮册楼。
> 十二都共的名册八百九十七本,誊清山税册一十九本,以上二项俱收存册房。[③]

各都的丈册、山册以及黄册贮存在册楼,其上内容或为前朝旧额,或为清丈数额,都是作为初始数据而被封存;而的名册、山税册等则存于县衙之内的册房,也就是户房,都是折算后的应纳税粮数字,可直接应用于

---

① 周健:《维正之供:清代田赋与国家财政(1730—1911)》,北京师范大学出版社,2020年,第380—381页。

② (清)沈澄:《增城县清田集》卷下,陈建华、曹淳亮主编:《广州大典》第319册,广州出版社,2015年,第710页。

③ (清)沈澄:《增城县清田集》卷下,陈建华、曹淳亮主编:《广州大典》第319册,广州出版社,2015年,第711页。

税收。的名册格式大体与柳条册、简明册相当，但在田土之外增加了"编征连丁口银"和"色米"的内容，即人丁折银的相关信息[1]，是各户征派税粮最全面、最准确的数字。

在县衙之侧营建垂远楼，将全县田土税粮信息的册籍保存其中，具有独特的景观意义。这既表明田粮清理的彻底，也彰显了沈澄个人的政绩，还是官府试图掌控税粮征收权力的表现。《里排议举册书公呈》提到了一个细节："至五年一换之说，又在天台于良法之中，寓通变之意，非彦等管见所能及也。"[2]虽然管理册籍的册书是里甲选出，但官府并不希望他们长期垄断，应有五年轮换的期限。如此，册书只是代理人，仍处于官府的控制之下。

结 论

康熙后期增城县的土地清丈是恢复地方秩序、加强官府控制的重要举措，可分为四个阶段：准备期是康熙四十八年四月，主要进行了人役召募、划分疆界、颁布丈量条款等事务；履亩丈量从五月到十月，以业户自丈和人役抽丈相结合，在此过程中形成了"丈册"及其抄本"留乡册"；从九月开始，沈澄组织编造实征册，召募书算手入局核算造册，至次年八月才完成归户册（柳条册）、全县简明册等各类册籍；以实征册为基准，官府颁发各户田由作为赋税征收和交易过割的凭据，专门建造贮存场所，并选举册书进行管理。从过程来看，履亩抽丈只有区区5个月时间，而造册核算则长达16个月，可见土地清丈的目的并不在于精准，而是为清查产权归属、恢复赋税提供依据。

整个土地清丈过程中，人役组织从临时性的图正、乡导、书算手等转变为常规性的册书。乡导等拥有留乡册等初步丈量的册籍数据；图正等有各图约的实征册；册书管理全县的丈册和实征册，并负责更新相应的数

---

[1] （清）沈澄：《增城县清田集》卷下，陈建华、曹淳亮主编：《广州大典》第319册，广州出版社，2015年，第713页。

[2] （清）沈澄：《增城县清田集》卷下，陈建华、曹淳亮主编：《广州大典》第319册，广州出版社，2015年，第710页。

据。他们都以掌握土地、税粮信息为权力基础，并得到官府的授权，成为基层赋税征收新秩序之中间力量。

作者通信地址：广东省广州市天河区黄埔大道西601号暨南大学历史地理研究中心，邮编：510632。

责任编辑：赵新良　赵晓涛

清末粤方言白话报刊语词札记[*]

王毅力^{**}

广州大学，广东广州，510006

摘　要：清末粤方言白话报刊中的作品用当时的广州方言写作，反映了清末广州方言口语的面貌特征。其中不少当时广州口语里的特有语词，是考察清末广州方言口语词汇的宝贵材料。

关键词：清末；白话报刊；广州方言；口语；语词

19世纪末至20世纪初，为传播革命思想和开启民智，革命派报人在广东地区创办了大量报刊。其中在广州创刊的两种白话报《广东白话报》（1907年）和《岭南白话杂志》（1908年），尤为值得重视，因其刊登的小说、新闻、演说、戏曲等，基本上是用当时的广州方言写作，使用的语法词汇也基本上是当时的口语，对于研究当时的广州方言具有独特的价值。下面列举的一些语词，或在广州方言中已基本消亡，或仍有少数老广州人使用但在词典上查不到，或其词源已难以考察清楚。

【表相】

学九走出门口，嗌声："骚奶！"就有个四十多岁嘅婆𡢃走嚟，一见君芷，话："原来<u>表相</u>嚟噃。"（欧博明《学海潮》，《岭南白话杂志》1908年第3期）

---

* 本文为2020年度广州市哲学社科基金项目"清末粤方言白话报刊整理与语言研究"（项目批准号：2020GZDD07）成果。

** 王毅力（1980—　），男，汉族，江西湖口人，广州大学人文学院副教授，文学博士。

（婆娰）连手俾猓戴猓起佢，话："要整新年茶过表相饮。"

君芷话："唔在咯，我赶住番出城。"（出处同上）

上二例中的"表相"都是主人公学九的妻子对学九的表弟魏君芷的称呼。该词在今广州话中已消失。今广州话称丈夫的表弟为"表少［piu³⁵ siu³³］"。广东梅州客家话有"表相［piau³¹ sioŋ⁵³］"一词，但意思是"表面"。福建连城庙前客家话说"表乡［piə³³ ɕia²²］"，指表兄弟①。梅州客家话中的"表相"，当与福建连城庙前客家话中的"表乡"有同源关系，而《岭南白话杂志》中的2例"表相"，与客家话中的"表乡""表相"当有关联。

【人林】

有一条村，适值一日，忽然嚟左一只老虎。咁就通村都震左喇。个阵墟咁嘈，巴咁闭，唔知点算好啰播。……有个二撇须，椿吓椿吓埋个堆人林处。佢就指手笃脚，就话："你地千祈咪个乱嚟亚！凡事要商量过至好做亚！……。"（趣致小说《好箭法》，《广东白话报》1907年第2期）

"人林"，人丛，人群。"林"，即堆、丛。白宛如《广州方言词典》（第290页）写作"冧［lɐm²²］"，义项2为"堆，丛"义，举例"工夫冧"指成堆的工作，"劈冧"指棘手的事。"人林"即成堆的人，今各粤语辞书均未见收该词。

【板硬】

有的知到新学个的好处，板硬要敢做；有的知到新学个的好处，仍然唔肯去敢做既播。（奕《办呢间白话报嘅原故》，《广东

---

① 本文现代广州方言材料主要参考白宛如：《广州方言词典》，江苏教育出版社，1998年；麦耘、谭步云编著：《实用广州话分类词典》，世界图书出版公司，2016年。其他现代方言材料则主要参考许宝华、［日］宫田一郎主编：《汉语方言大词典》，中华书局，1999年；李荣主编：《现代汉语方言大词典》，江苏教育出版社，2002年。

白话报》1907年第2期）

　　如果个个学翻个的，知到新学好处，个个<u>板</u>硬要敢做个的人敢样开通法喇，呢个世界，唔驶忧嘅。（出处同上）

　　当代各种粤方言辞书均未见收录该词。依照文意，"板硬"即一定、必定。上例中"板硬要敢做"，意思是一定要这样做。今广州话"板颈"[pan³⁵ kɛŋ³⁵] 指"脾气倔强"，亦说"硬颈"[ŋaŋ²² kɛŋ³⁵]，如"佢个仔好板颈（硬颈）嘅"，说明"板"义同"硬"。银川话也说"板颈"，如他是个犟板颈[pan⁵³·tɕiŋ]。"板"本指木板，后亦指片状的硬物，如"钢板""玻璃板"。木板质地较硬，引申出"硬"义，如太原话说"地太<u>板</u>了，不好锄"，乌鲁木齐说"当咧个芝麻大底官，见咧人要救<u>板</u>底硬硬第咧"。吴方言、江淮官话中"板"有"一定、必定"义，如"这场球国家队<u>板</u>赢"（扬州），"俚<u>板</u>要买上海货，结果买仔半日买勿着"（苏州）。表示必定、一定，吴方言还说以"板"充当语素的词，如"板定"（上海、苏州）、"板素"（苏州）、"板规"（宁波）、"板过"（丹阳）等。"硬"在南方诸多方言中有"一定、必定"义，如湘方言（长沙、双峰）：今天下午的会你<u>硬</u>要参加；闽方言（厦门、潮州、揭阳等）也有类似说法[①]。表示"一定"，闽方言也说"硬虎"（揭阳、汕头、潮州）、"硬空"（仙游、莆田）、硬框（仙游）、硬额（厦门）等。

【打牙音】

　　湛士见得喜连送佢嘴，后生仔嘅野，点揾都揾几句说话打吓牙音喇。（亚乐译《装愁屋》，《岭南白话杂志》1908年第2期）

　　上例中"打吓牙音"，即聊下天儿。今广州话一般说"倾偈"，也说"打牙骹"或"黐牙音"，如"成日都喺处打牙骹（整天都在那里聊天儿）"。"打牙音"的说法今天已消失。

---

① 许宝华、[日]宫田一郎主编：《汉语方言大词典》，中华书局，1999年，第6059页。

【 阔牌 】

况且**阔牌**嘅老举，顶足十二季衣服，金鈪带到上手踭，龙眼肉咁大粒珍珠戴满头，打爆人眼珠嘅钻石戴满手。（天义《皇帝孖老举》，《广东白话报》1907年第5期）

"阔牌"，阔绰，阔气。"老举"是旧时广东对妓女的称谓。后句"顶足十二季衣服，金鈪带到上手踭，龙眼肉咁大粒珍珠戴满头，打爆人眼珠嘅钻石戴满手"是对妓女阔绰气派生活的具体描写。通行的粤方言辞书均未收录"阔牌"。《汉语大词典》收"摔阔牌子"一词，释为"摆阔气"，引《二十年目睹之怪现状》第十一回："虽然未见得都做了札费，然而格外多赏些，摔阔牌子，也是他们旗人的常事。"① 今广州话有"衰牌"一词，义即"不体面，差劲"，如"个野好衰牌嘅"，源于赌博用语②。"阔牌"义与"衰牌"恰好相反，恐亦源自赌博用语。

【 夜摩 】

啱隔离村有个大难，听闻人人都咁话嘞，个晚去做**夜摩**，作致个师傅个弍百银。（趣致小说《好箭法》，《广东白话报》1907年第2期）

又点知个晚有**夜摩**嚟作致佢呢？（出处同上）

"夜摩"，指晚间入室盗窃的小偷。"摩"同"摸"。"摸"有盗窃义，如《儿女英雄传》第四回："讲到咱们这行啊，全仗的是磨搅讹绷，涎皮赖脸，长支短欠，摸点儿赚点儿，才剩的下钱呢！"③ 今广州话多说"鼠摸［ sy^{35} $mɔ^{55}$ ］"④。一般称入屋盗窃的小偷为"贼仔"或"贼佬"；而称白天入室盗窃者为"白撞"⑤。

---

① （清）吴趼人：《二十年目睹之怪现状》，北方文艺出版社，2019年，第76页。

② 白宛如：《广州方言词典》，江苏教育出版社，1998年，第271页。

③ （清）文康著：《儿女英雄传》，浙江古籍出版社，2016年，第35页。

④ 白宛如：《广州方言词典》，江苏教育出版社，1998年，第78页。

⑤ 麦耘、谭步云：《实用广州话分类词典》，广东人民出版社，1997年，第28页。

【手公头】

通十八省地方、人物、出产、食息、广东洞起手公头，就冇人敢认第二嘅咯。（公壮《哭广东》，《广东白话报》1907年第1期）

"手公头"指大拇指。"洞起手公头"即竖起大拇指。今广州话一般说"手指公"①，但位于广州西部旧芳村区的龙溪村和东部的黄埔两地都称大拇指为"手公头"，并称大拇趾为"脚公头"②。其他粤方言区主要说"手指公"。四邑片则多说"手公"，如斗门（上横水上话）、台山台城、开平赤坎、恩平牛江，但有江门白沙、南海沙头、梧州等方言点保留了"手公头"的说法③。早期粤语文献亦多称"手指公"。1859年出版的湛约翰（John Chalmers）《英粤字典》thumb条："thumb：手指公。"（第142页）1877年出版的《散语四十章》第17章"联语"只收"手指公"的说法。

【炮屎】

故此利用个种人嚟做炮屎，一味唔教育佢，有事就推佢去挡死。（公壮《哭广东》，《广东白话报》1907年第2期）

外人侵入，亦相率去做炮屎系喇。敢你话我又点唔哭得落呢？（出处同上）

"炮屎"即炮灰，喻指被迫去打仗而送命的士兵。广州话中"屎"有"烧剩下的渣"义，如"火屎"指柴、炭等燃烧后的残屑，"煤屎"指烟囱等处的烟灰。另有书面语"炮灰"一词，如鲁迅《拿破仑与隋那》："杀人者在毁坏世界，救人者在修补它，而炮灰资格的诸公，却总在恭维杀人者。"④徐哲身《大清王朝三杰》第四十九章："与其开炮打死他们，不如派

---

① 白宛如：《广州方言词典》，江苏教育出版社，1998年，第200页。

② 李新魁、黄家教、施其生、麦耘、陈定方：《广州方言研究》，广东人民出版社，1995年，第289页。

③ 詹伯慧、张日昇主编：《珠江三角洲方言词汇对照》，广东人民出版社，1988年，第196页。

④ 《鲁迅文集全编》编委会编：《鲁迅文集全编》，国际文化出版公司，1995年，第1100页。

了我们的船只，前去将他团团围住，活捉洋鬼子，解到北京献功，自然比较将他们统统打成炮灰，更有面子。"①

【瓦烧】

呢句说话咁惨，听见唔嬲除非系瓦烧嘅喇，点知各人病到惜，真系唔嬲，重话喽。（庐亚《白话报系中国人嘅圣药》，《广东白话报》1907年第1期）

个个见左唔嬲就系瓦烧嘅喇，拧狗嚟比华人，都咁得人嬲咯。（《狗共官比并》，《广东白话报》1907年第1期）

"瓦烧"，傻笨。各大粤方言辞书均未收录该词。民国泥印本粤剧《庄子试妻》剧本："（观音白）老爷！不如入去抖下，唔好嬲叻！（仙翁古声白）唔嬲就瓦烧。"②

【尾棚】

个个弓箭师傅，照正只虎尾棚，尽力一箭，射正只老虎个个粪门。（趣致小说《好箭法》，《广东白话报》1907年第2期）

首先去揾定一块烂锅铁，驼住喺后便，遮住自己嘅尾棚，敢就唔怕佢射得亲喇吗，样样整齐。（出处同上）

"尾棚"，指屁股。前例是说"对着老虎的屁股射箭"，后例的意思是"找了一个破铁锅挡住自己的屁股"。广州话一般称屁股说"屎忽"或"啰柚"，其他粤方言点多同广州话，个别方言点（如台山台城、开平赤坎、恩平牛江）说"臀"③，均未见"尾棚"的说法。"尾棚"一词清代已经出现，主要出现在广东籍作家的作品中。清邵彬儒辑《俗话倾谈·二集·好秀才》："三千斤大炮打向贼船，打向贼艇，能打折舵，能打折桅，推断尾棚，推

---

① 徐哲身:《大清王朝三杰》（上），时代文艺出版社，2001年，第452页。

② 陈建华、傅华主编:《广州大典·曲类》第2辑第14册，广州出版社，2019年，第365页。

③ 詹伯慧、张日昇主编:《珠江三角洲方言词汇对照》，广东人民出版社，1988年，第204页。

倒全只，其气势之大，可谓壮哉。"①林松阳《南澳岛纪游》："停靠着许多
大大小小的渔轮，驳艇和竹筏，把那'大街'挤得融融泄泄。热闹的场面
人头攒动，东一摊子，西一摊子，有蹲在尾棚上的，也有侧身卧躺在驾驶
棚顶。"②旧时船艇尾部是水上人家活动和休息的地方，沿着船尾伸搭出去，
像一间小房子，水上人家一般称作"尾棚"③。尾棚可作为厨房，也是日常
便溺之所④。屁股位于躯体尾部，且是便溺之处，故用"尾棚"喻指屁股。

【唔听古】

学九唔肯接佢杯茶，反转闹多几句，话："你一味听老豆话，
嚟打死老师㖞喇。"出劳一个**唔听古**，挖起身走番入去。（欧博明
《学海潮》，《岭南白话杂志》1908年第4期）

"唔听古"，指什么都不听。广州话中"古"指故事，如"你讲只古
我听"，即"你讲个故事我听"。"听古"即听故事。此例是私塾老师学九
责备学生出劳，出劳不想听学九唠叨，站起身就走进房间里去。"唔听古"
显然不是字面上的不听故事，而是不想听别人说话絮叨。今各粤语辞书未
见收该词语。白宛如《广州方言词典》（第85页）收"唔听笛"一词，释
为"别人说话都不听"，略同。

【审死官】

一波未平一波起，公案无头**审死官**。（亚乐译《装愁屋》，《岭
南白话杂志》1908年第3期）

"审死官"即审判官。本作"审事官"，湛约翰《英粤字典》（第六版）
Judge条："judge：按察司，审事官 ⌐shum-sze⌐-⌐koon。"（第138页）取同音

---

① 刘世德、陈庆浩、石昌渝主编：《古本小说丛刊》第6辑第1册，中华书局，第2562页。

② 林松阳编：《南澳岛纪游》，汕头大学出版社，1996年，第59页。

③ 罗润芳：《水上人家》，新世界出版社，2008年。

④ 徐杰舜、韦小鹏：《蛋民：创造水上文明的族群》，谭宏、徐杰舜主编：《人类学与江河文
明——人类学高级论坛2013卷》，黑龙江人民出版社，2014年。

字"死"作"审死官",是对旧社会审判官戏谑的称呼。20世纪30年代粤剧演员马师曾将京剧《四进士》改编成粤剧,取名"审死官",以暗讽剧中贪赃枉法的审判官。20世纪90年代有周星驰主演的电影《审死官》,即是改编自马师曾创作的同名粤剧。

作者通信地址:广东省广州市番禺区中环西路230号广州大学人文学院,邮编:510006。

责任编辑:黄小高

近代西方文献所见的"爱情溪"位置及航行问题研究[*]

阮　宏[**]

暨南大学，广东广州，510632

摘　要： 近代西方文献里提到广州与黄埔之间有一河道名为"爱情溪"，其作为连接两地的水道而为当时的外国人所广泛使用。文章就"爱情溪"的位置及航行问题进行考证分析，否定了磨碟沙涌及黄埔涌两种位置误说，考定其方位当为今赤岗涌的位置，并在此基础上对外国人在"爱情溪"的航行情况进行论述，最后探讨了近代"弗利德水道"与"爱情溪"混淆的背景及原因。

关键词： 爱情溪；位置；航行；弗利德水道

近代西方文献里经常提到 Lob Lob Creek 或 Lob Creek 一词，今天一般翻译为"爱情溪"，指的是清代广州城与黄埔之间的一条小溪，起到沟通两地的重要作用。过去，爱情溪是外国人在广州的一个重要活动空间，西人记载里也保留了许多与此地相关的外国人活动史料，对研究清代外国人在广州尤其是黄埔地区的社会活动颇具价值。然而，由于目前我国对于清代黄埔外国人的活动空间研究尚未深入开展，爱情溪的研究价值尚未受到学术界的重视。关注者仅有美国学者范岱克一人，其在《流动妓院与广州花

---

[*] 本文系国家社科基金冷门绝学研究专项"明清广东海防地理史料的整理与研究"（批准号：20VJXT004）、2019年度《广州大典》与广州历史文化研究博士学位论文资助项目"外国人在广州的活动空间研究（1800—1911）"（批准号：2019GZB01）阶段性成果。

[**] 阮宏（1990—　），男，汉族，广东肇庆人，暨南大学文学院历史系在读博士生。

船 1750—1930》一文中对外国人在爱情溪的狎妓活动有所论及①，但关于爱情溪的位置则十分含混，令人不免存疑。还有一个不容忽视的问题是，爱情溪作为一条沟通广州黄埔两地的珠江支流，外国人在此地的航行却少有人问津。今笔者不揣浅陋，拟结合中西文史料，对爱情溪的相关问题略述一二，以供专家学者采撷。

一 爱情溪的位置考证

爱情溪，虽冠以爱情之名，但实际上却是18—19世纪广州的外国水手排解性欲的烟花之地。该地首见于18世纪英国人威廉·希基所著的回忆录。希基在1769年游历广州期间，曾到访爱情溪并对其印象深刻。他在回忆录里记载道"差不多在中途（此处指从广州至黄埔的航程），我们被指引来到了一条叫爱情溪的小水道或者小溪上，这里是舢板（乡村船只的名字）聚集的地方，舢板上出来了一些女性，如果你命令她们的话，她们会登上你的船只（为你进行服务）。游弋于爱情溪上的女性一般被认为是秘密地为客人们提供服务"②。根据范岱克的研究，在19世纪60年代的外国人游记中仍可见到"爱情溪"这一地名③。关于"爱情溪"（Lob–Lob Creek）的名字由来，美国学者金斯利·博尔顿曾有过一番解释：根据当时的中式英语（指广东英语），hab 这个词汇，其实就是英语 have 的谐音。至于 lob 这个词语，通过类比，则可以认为是英语 love 一词的讹音④。金斯利的这种说法也受到国内部分学者的认可，曾有学者将在黄埔附近为外国人提供性服务的水上流动妓艇翻译为"爱之船"（Lob Lob boat）⑤。

---

① Van Dyke, *Floating Brothels and the Canton Flower Boat 1750–1930*, Review of Culture, Vol 37, 2011, pp.112–142.

② Alfred Spencer, *Memoirs of William Hickey 1749–1775 Vol 1*, Hurst & Blackett, Ltd, 1950, p.134.

③ Van Dyke, *Floating Brothels and the Canton Flower Boat 1750–1930*, Review of Culture, Vol 37, 2011, p.114.

④ Kingsley Bolton, *Chinese Englishes：A Sociolinguistic History*, Cambridge University, 2003, p.149.

⑤ 冷东、沈晓鸣：《黄亚胜案件辨析》，《学术研究》2014年第12期，第113页。

爱情溪介于广州城与黄埔之间，关于它的具体位置，目前大致有两种说法：一说在今磨碟沙涌一带，一说在今海珠区黄埔涌附近。以上两种说法究竟是否符合历史实际，这就要从其依据入手，并对有关史料记载进行研究，才能得出正确结论。

磨碟沙涌说最早见于沈正邦与章文钦二人译校的《旧中国杂记》版本。书中称 Lob Lob Creek 为磨碟沙涌，其校注里也明确写道："当时外国商船的碇泊所在黄埔村前面的江中，从该处乘划艇经磨碟沙涌可至广州。"[1]这种说法明显也影响了后来的翻译者。景欣悦就是直接沿用了沈、章二人的观点，在其翻译的版本里写道："等小艇到达磨碟沙涌（Lob-Lob Creek）之时，划船人就只剩下了三两个，其他人早就醉得不省人事。"[2]磨碟沙涌，即黄埔涌的西段，位于今广州市海珠区琶洲岛与赤岗沙之间，南接黄埔涌，西北可通珠江前航道，是古代黄埔通往广州的一条常用水道，至今仍发挥着重要作用。关于爱情溪即磨碟沙涌的判断依据，沈正邦与章文钦二人并没有给予明确的解释，只是在谈及磨碟沙涌时，提到磨碟沙涌附近的塔（Lob Creek Pagoda）即为赤岗塔。赤岗塔位于赤岗涌旁边，而赤岗涌又与磨碟沙涌毗邻。然而，若以此来作为判断依据的话，显然有失偏颇。因为按照当时的说法，"磨碟沙涌塔（Lob Creek Pagoda），得名自流过它所在的小丘下的一条珠江支流"[3]，赤岗塔并非位于磨碟沙涌旁边，可见磨碟沙涌说应为误说。

黄埔涌说则是源自范岱克先生的研究。爱情溪的位置应该是黄埔涌一带，这是他依照爱情溪宝塔的位置所推定出来的。按照范岱克的分析，爱情溪附近的佛塔应为琶洲塔，英文称 Whampoa Pagoda，至今仍然是广州的一个著名地标[4]。以此来推断的话，符合以上条件的水道则只有黄埔涌这一地点。黄埔涌，位于今广州市海珠区东北部。西口为磨碟沙涌口，与珠江前航道相通，东口为石基河口，与新洲海相通，全长7.8公里，河宽57—130米，是防洪、排涝、灌溉的重要河涌。黄埔涌原来是珠江的一

---

① ［美］亨特著，沈正邦译，章文钦校：《旧中国杂记》，广东人民出版社，1992年，第7页。

② ［美］威廉·亨特著，景欣悦译：《天朝拾遗录：西方人的晚清社会观察》，电子工业出版社，2015年，第7页。

③ ［美］亨特著，沈正邦译，章文钦校：《旧中国杂记》，广东人民出版社，1992年，第209页。

④ Van Dyke, *Floating Brothels and the Canton Flower Boat 1750–1930*, Review of Culture, Vol 37, 2011, pp.114–115.

条分叉水道，后因两岸平原发展，河床淤浅变窄而成今日的黄埔涌。不过，让人颇感疑惑的是，范岱克的研究却存在一地异说的问题。范岱克在文字论述上称爱情溪宝塔为琶洲塔，与其绘制的《广州与黄埔地图》（见图1）不符。我们可以清晰地看到图上标注琶洲塔的位置有误，因为琶洲塔顾名思义应该是位于琶洲岛上，范岱克也曾对琶洲塔的位置作过解释：琶洲塔位于今广交会场所附近即今琶洲岛上。琶洲岛在近代西文文献中被称为 Whampoa Pagoda，亦即是图上注有 Whampoa 字样的岛屿。对比今赤岗涌（见图2）的位置，图1中琶洲塔位置似乎更接近于赤岗塔的方位所在，而所标注的 lob lob Creek 则明显位于今赤岗涌一带，与此前所说的黄埔涌并不一致。范岱克对于爱情溪与爱情溪塔的位置推断颇为含混，难免让人疑惑。

图1 Map of Canton and Whampoa[①]

实际上爱情溪的具体位置，《旧中国杂记》中已有较为清楚的记载。《旧中国杂记》的九层宝塔一节里记述了广州附近的宝塔状况，在提及广州与黄埔之间的佛塔时写道：

> 外国人溯江而上前往广州，过了虎门以后，往往就会被沿途看到的几个高耸的宝塔所吸引；一方面由于它们是奇妙的中国建筑的样品，一方面也由于它们建造的地点之美好、塔身之高与结

---

① Van Dyke, *Floating Brothels and the Canton Flower Boat* 1750–1930, Review of Culture, Vol 37, 2011, p.117.

构之和谐。在广州与黄埔之间就有两座最好的塔。离广州最近的一座被外国人称为爱情溪宝塔（Lob Creek Pagoda）的，得名自流过它所在的小丘下的一条珠江支流。另一座是琶洲塔。①

由此记载可知，爱情溪宝塔是距离广州最近的一座宝塔，而清代在广州与黄埔之间的九层佛塔就只有琶洲塔和赤岗塔，琶洲塔在东，赤岗塔在西，显然后者离广州更近。加之亨特已称爱情溪塔并非琶洲塔，亦即是说赤岗塔才是爱情溪塔的所在。由此可证，所谓爱情溪就位于今赤岗涌。这种观点亦可从1856年出版的《中国商业指南明细》（*A Chinese Commercial Guide Consisting of a Collection of Details*）中得到印证。该书载："爱情溪塔，又称赤岗塔（Chikkong tap），位于河南岛上，它与琶洲塔皆为珠江边上显眼的标志物。"②此外，《中国丛报》提到的爱情溪位置也与亨特所言别无二致。《中国丛报》第19卷的报道中记录道："我们可以看到赤岗塔位于琶洲塔以西的方向，地处一条小溪的岸边，海员们将这条小溪称为爱情溪，海员们有时候会穿过这条小溪来缩短他们从黄埔到广州的航程。"③可见，爱情溪即今天所说的赤岗涌是确定无疑的。

图2　现今赤岗涌的位置④

---

① ［美］威廉·亨特著，景欣悦译：《天朝拾遗录：西方人的晚清社会观察》，电子工业出版社，2015年，第7页。

② Samuel Wells Williams, *A Chinese Commercial Guide Consisting of a Collection of Details*, Printed In the Office of Chinese Repository, 1856, p.69.

③ *Chinese Repository*, *Vol 19*, October, Printed For the Proprietors, 1850, p.541.

④ 根据电子地图整理绘制。

图3 赤岗涌北闸方向眺看的赤岗塔（笔者摄）

部分学者误将爱情溪塔认为是琶洲塔，可能是受美国人威涵励夫人有关爱情溪宝塔在旧黄埔村附近的记载影响。威涵励夫人，原名玛萨·诺耶斯·威廉姆斯，其丈夫威涵励于1861年出任汕头海关首任税务司，她随夫来华，在中国生活了一年的时间，而《在华一年记》正是其来华期间的见闻之作。书中讲道："当我们几乎要完全经过在旧黄埔村附近的、同时也是位于爱情溪边上的九层高佛塔时，屏障塔就映入我们的眼帘了。"①范岱克在论述爱情溪位置时，便是援引《在华一年记》的记载作为辅证②。其实此书说爱情溪宝塔在旧黄埔村附近，并不能得出一定就是琶洲塔的结论。因为琶洲赤岗二塔都是在旧黄埔村附近，而且二者相距不远，所以清代外销画中经常可以看到它们出现在同一幅作品里。再者，威涵励夫人的记载颇为模糊，一定程度上反映出其本人对于广州的情况似乎知之不详。比如《在华一年记》里还提到一个名为屏障塔的地方，至今仍未知其所指为何地③。因而威涵励夫人对于爱情溪的记载疑点颇多。

除此之外，近代文献里一些将赤岗塔与琶洲塔混淆的记载也有可能影响到学者对爱情溪塔的判断。近代西方文献所称的Whampoa Pagoda，不仅是指琶洲塔，有时也指赤岗塔。例如，有一幅绘于19世纪名为"Whampoa Pagoda"（见图4）的外销画，便是误将赤岗塔当作琶洲塔。另据1911年出版的《即将到来的中国》中所收录的一张名为"Pachao Pagoda"（琶洲塔）

---

① Mrs. H. Dwight Williams, *A Year in China*, Hurd and Houghton, 1864, p.176.

② Van Dyke. *Floating Brothels and the Canton Flower Boat* 1750−1930, Review of Culture, Vol 37, 2011, p.114.

③ Mrs. H. Dwight Williams, *A Year In China*, Hurd and Houghton, 1864, p.176.

的照片（见图5），可以确定此塔实为赤岗塔，可见外国人对于赤岗塔的错误认识直到清末民初时仍旧存在。部分学者在撰述时，将爱情溪宝塔理解为琶洲塔，以致爱情溪位置出现偏差。

图4　Whampoa Pagoda[①]

图5　Pachao Pagoda[②]

二　爱情溪的航行情况——以《旧中国杂记》为中心的考察

关于清代外国人在爱情溪的航行状况，笔者曾在博士论文《清代西方人在广州的活动空间研究（1757—1911）》中有过初步的探讨，认为清代外国人在爱情溪的航行受到了清廷的种种限制，尽管如此仍有不少外国人尤其是外国水手热衷于航行爱情溪，其原因很可能是爱情溪能有效缩短广

[①]　Thomas Allom, *China, The Scenery, Architecture, and social Habits of That Ancient Empire*, Son & Co., 1843.

[②]　Joseph King Goodrich, *The Coming China, with 32 Illustrations From Photographs*, A. C. McClurg & Co., 1911.

州与黄埔港间的航程①。但随着对相关史料的深入挖掘，笔者日益觉得原有之研究尚存在一些有待完善与补充之处。故而有必要对相关史料特别是《旧中国杂记》里的爱情溪内容进行重新解读。

《旧中国杂记》中有不少关于外国人在爱情溪的航行状况的记载。譬如书中称：

> 从1825年直到《南京条约》签订的1842年为止，河南那边的江边总是停满了一排一排的航海的中国大帆船，大约绵延一英里半的距离……紧靠这些中国帆船的停泊处的下游，就是江面开阔的"中国帆船河道"（Junk River），江面豁然开朗。这条河道流过黄埔岛（琶洲岛）的北边，而磨碟沙涌（爱情溪）则流向岛的南边，两条水道都通往外国商船的碇泊所，船上的小艇往返广州时也走这两条水道。②

黄埔岛，为清代西方人对琶洲岛的叫法③。在一口通商时期（1757—1842），洋人入粤须先将船停泊在黄埔港，之后方可搭乘指定的驳船（一般由珠江上的疍家人执桨）从港口前往十三行。在此期间，驳船需要绕行黄埔岛。受到黄埔岛的阻隔，其附近的水道被分隔为北边的中国帆船河道（Junk River）④即黄埔水道，和南边的水道磨碟沙涌，亦即爱情溪。在清代的官方文献中，爱情溪又被称作琶洲南水。清《［同治］番禺县志》载："琶洲南水自分南流迳赤冈塔东，又南流过赤冈陇南口，屈东迳七星冈，下又东过赤沙北。"⑤换言之，当时的外国人在出行时大多都离不开爱情溪

---

① 阮宏：《清代西方人在广州的活动空间研究（1757—1911）》，暨南大学博士学位论文，2021年，第187—190页。

② ［美］亨特著，沈正邦译，章文钦校：《旧中国杂记》，广东人民出版社，1992年，第23页。

③ 吴宏岐、阮宏：《近代西文文献所记"浩官炮台"位置新考》，《中国历史地理论丛》2021年第1期，第153页。

④ Junk River一词又被寿纪瑜、齐思和译为沙船江，参见［英］宾汉著，寿纪瑜、齐思和译：《英军在华作战记》，中国史学会主编：《鸦片战争》（五），上海人民出版社，1957年，第159页。

⑤ （清）李福泰修，（清）史澄、（清）何若瑶纂：《［同治］番禺县志》卷五，成文出版社，1967年，第36页。

这一航道，其重要性可见一斑。

至于外国人的爱情溪航线状况，《旧中国杂记》中有关于外国水手"游散日"的路线可供参考。需要说明的是，此处所述之"游散日"为"每个月黄埔的外国水手会有一天的时间能够去十三行商馆区游玩"①。现以"游散日"外国水手返回黄埔港口的具体路线进行说明，《旧中国杂记》记述：

> "老头兄弟"（此处老头为外国人给买办起的外号）露面了，他们是被派来跟踪爱闹事的船员们的。他们一边帮水手收拾散落的物品，这些东西都是从新豆栏街（在十三行商馆区内）花了许多钱买来的；同时又是求又是哄，总算把这些人引回牡驴尖。到了这儿，船副还得精明地行使一下权威，才能使水手们都登上小艇，最后，人员总算齐集到艇上了。一边各两三支桨，由那些醉得不那么厉害的船员划着，穿过那些中国小艇。一旦来到通畅的航道上，碰运气有神祇保佑，迟早总能到达大船。当划到半路的磨碟沙涌（Lob-Lob Creek，爱情溪）时，划船的人数减少到两三个，其余的人都烂醉如泥，倒在舱里了。不管怎么说，总算回到大船了。于是动用索具，把水手吊到船上，然后跟跟跄跄往前桅走去！②

上述文字表明十三行返回黄埔港的起点位于商馆区的牡驴尖，而爱情溪边上的赤岗塔则是途中重要的路标。在近代西方文献中，赤岗塔被称为中途塔（Halfway Pagoda 或 Middle Pagoda）。马礼逊称"从广州去往黄埔即欧洲船只停泊之处的中途所见的佛塔，被称为赤岗塔"③。英国人罗伯特也提到了中途塔一词是因为此塔地处黄埔与广州城之间而得名的④。《中国丛

---

① 阮宏：《清代西方人在广州的活动空间研究（1757—1911）》，暨南大学博士学位论文，2021年，第188页。

② ［美］亨特著，沈正邦译，章文钦校：《旧中国杂记》，广东人民出版社，1992年，第6—7页。

③ Robert Morrison, *A Dictionary of the Chinese Language Vol 2*, Printed at the Honorable East India Company's Press, 1815, p.349.

④ Robert Burford, *Description of a View of Canton, the River Tigress, and Surrounding Country*, Printed by T. Brettell, 1838, p.8.

报》中写道："我们可以看到中途塔位于黄埔塔以西的方向，位于一条小溪的岸边，海员们将这条小溪称为爱情溪，他们有时候会穿过这条小溪来缩短从黄埔到广州的航程。"①因此缘故，赤岗塔很自然就成为外国人往返广州与黄埔港两地的重要路标。

关于外国人尤喜经行爱情溪来往返十三行商馆区与黄埔港的缘由，笔者曾提出"外国人喜欢取道爱情溪航行的原因是其可以缩短广州与黄埔两地间的航程"的观点，并援引美国驻广州领事老比尔以及威廉·亨特于1854年取道爱情溪以缩短行程来处理事务的两次经历作为例证②。但是这种说法并不全面。实际上，笔者发现除了可有效缩短行程外，当时外国人取道爱情溪应该至少还有以下两方面的因素。

首先，爱情溪存在已久的娼妓业是促使当时外国人热衷于取道爱情溪的一大诱因。据范岱克研究，早在一口通商前爱情溪就已经出现了为外国人提供性服务的船妓③。因清廷规定"夷妇"不得入广州，又禁止国内女性与外国人接触，导致了十三行商馆区和黄埔港的外国人对于异性有着强烈的生理需求④。爱情溪上的船妓正是在此背景下产生。这些浮舟流莺所在的爱情溪便成为外国人趋之若鹜的温柔乡。例如瑞典人奥斯贝克从黄埔去广州时就是走爱情溪的航线，其称一开始就经过了一处让好色欧洲人失去他们健康的地方，此处指的便是爱情溪⑤。英国人威廉·希基也曾于18世纪中期多次行经爱情溪在黄埔一带狎妓寻欢⑥。

其次，外国人取道爱情溪应还与珠江的潮汐有关。《中国丛报》第10卷第5期（1844年5月）所刊登的《Challaye先生的冒险》一文中就有关于法国人为躲避潮汐而取道爱情溪前往黄埔的记载：

---

① *Chinese Repository*, *Vol 19*, October, *Printed For the Proprietors*, 1850, p.541.

② 阮宏：《清代西方人在广州的活动空间研究（1757—1911）》，暨南大学博士学位论文，2021年，第190页。

③ Van Dyke, *Floating Brothels and the Canton Flower Boat 1750-1930*, Review of Culture, Vol 37, 2011, p.114.

④ 冷东、沈晓鸣：《黄亚胜案件辨析》，《学术研究》2014年第12期，第113页。

⑤ ［瑞典］彼得·奥斯贝克著，倪文君译，周振鹤校：《中国和东印度群岛旅行记》，广西师范大学出版社，2006年，第245页。

⑥ Alfred Spencer, *Memoirs of William Hickey 1749-1775 Vol 1*, Hurst & Blackett, Ltd, 1950, p.134.

法国领事 C.A.Challaye 和 Messrs Monge 及 Jeanneret 三人于本月 13 日乘坐当地的小船从广州去往黄埔。航行途中为免受潮汐的影响，船家从主航道（指珠江前航道）驶出转入一条小溪（这条小溪通常被称为爱情溪），当船只行经中途塔（halfway pagoda）附近时，他们三人就提出了让船家停靠并上岸游览中途塔的想法，尽管船家一再反对他们的意见。①

值得注意的是，这段记载提到了外国人取道爱情溪能免受潮汐的影响。珠江的潮汐对于穿行江上的船只影响颇深。奥斯贝克曾总结道："有种舢板专门载人往返城里和泊船处，你可以每天雇这种船，也可以雇大些的大艇，或是小一点的小艇，它们比你想象的要快，只要利用了潮水的涨退。"②诚然，正确利用潮汐涨退可以便利出行，但凡事都是利弊相当，反过来说一旦未能遇到适合航行的潮汐，则会给出行者带来颇多不便。屈大均在《广东新语》中讲道："广人以潮汐为水节，或曰一潮而一汐，或曰两潮而两汐，皆谓之节。其在番禺之都，朝潮未落，暮潮乘之，驾以终风，前后相蹙，海水为之沸溢，是曰沓潮……沓潮者，潮之盛也。一名合沓水。水之新旧者，去来相逆，故曰沓。沓，重沓也。当重沓时，旧潮之势微劣，不能进退。"③外国人遇到这种情况时，就会取道爱情溪来避免潮汐的影响。由此可见，取道爱情溪可以有效避免潮汐对影响之说法是有足够的依据的。

三　爱情溪与弗利德水道的关系

鸦片战争后，清廷对于广州外国人的活动限制被打破，诸如外国人"游散日"的规定已经不复存在，他们可以在广州、黄埔一带的河道自由航行。在此背景下，原先外国人经常穿行的爱情溪受到一定的影响，其航

① *Chinese Repository*, *Vol 19*, October, Printed For the Proprietors, 1850, p.541.

② ［瑞典］彼得·奥斯贝克著，倪文君译，周振鹤校：《中国和东印度群岛旅行记》，广西师范大学出版社，2006年，第74页。

③ （清）屈大均：《广东新语》（上）卷四《水语》，中华书局，1985年，第133—135页。

行作用相对下降；而与之毗邻的弗利德水道则逐渐取代前者，成为外国人往返广州黄埔两地的另一便捷水道。

　　弗利德水道，即近代西方文献里所称 Fiddler's Reach 或者 Fiddler's Reach Passage。Fiddler's Reach 一词最早见于何处，今已不可考，但其首次为西方人所熟知则可追溯到鸦片战争时期。《复仇女神号在华征战记》一书提到复仇女神号在 1841 年就曾数次穿过弗利德水道往返广州与黄埔二地[1]。时任侵华英军军官义律上校曾在弗利德水道一带进行水文勘测的工作，"（1841 年 4 月某日）下午，复仇女神号载着海军准将和义律船长去往下游的黄埔，沿着琶洲岛西侧的水道航行，复仇女神号所走的这条水道现在被称为弗利德水道；它（指复仇女神号）整整一天完全都是绕着琶洲岛航行的；因为她既从东边或者沙船江沿岸的水道往上游行驶，又从西侧的弗利德水道顺流而下，以便验证船只在这两条水道处于枯水期时的实际航行状况"[2]。照此看来，弗利德水道的位置当为琶洲岛西侧的水路，而符合位置者则只有赤岗涌（即爱情溪）和磨碟沙涌。

　　可以肯定的是，弗利德水道绝非本文所述的爱情溪，这可从 19 世纪中期的广州地图中得到答案。《广州十三行：中国外销画中的外商（1700—1900）》一书中收录了一幅名为 "PLAN OF THE ATTACK & BOMBARDMENT OF CANTON"（《攻打及轰炸广州计划图》）的地图，此图原刊载于 1857 年的《泰晤士报》上，反映的是 1857 年英法联军攻打广州城及附近地区时的军事状况。《攻打及轰炸广州计划图》蕴含了丰富的地理信息，其中就包括了弗利德水道的位置状况（见图 6）。根据图中信息显示，弗利德水道正是琶洲岛西侧的河道，其实更值得我们关注的是爱情溪的位置，即弗利德水道西边的那条小溪。此地虽无标注地名，但位于溪边的 inclined pagoda（斜塔）却为我们提供了重要的线索。近代日本人编撰的《岭南纪胜》中刊有一幅名为《岭南大学附近之赤岗塔》的照片（见图 7），

---

[1]　Dallas Bernard, *The Nemesis In China*, *Comprising A History of the Late War in That Country*, Henry Colburn, 1847, p.124.

[2]　Dallas Bernard. *The Nemesis In China*, *Comprising A History of the Late War in That Country*, Henry Colburn, 1847, p.136.

其英文对应的名称为inclined pagoda①。换言之，inclined pagoda所在的河溪就是爱情溪。另外，按照英人编撰的《中国东北部分省份军事报告》的描述，从黄埔往广州城方向的珠江航道上，会途经一座斜塔，这座塔是建在一座山丘之上。"这座山丘上有一座斜塔建于其上，位于比附近的炮台高20英尺左右的地方，它们两者之间只有不足500码的距离。"②书中还提到斜塔附近的河段有4座炮台，南边有1座，其余3座在北边，而斜塔就位于南边的炮台旁边。在省河水面上就只有当时珠江前航道南岸的定功炮台吻合以上种种描述。定功炮台，位置大概在今广州塔一带，建于清光绪年间，前身为清道光二十二年（1842）修建的东靖炮台。《[同治]番禺县志》载，东靖炮台，其地在赤岗水口③。由此可见，上述相关文献提及的珠江上的斜塔应该就是赤岗塔，进而可以证明弗利德水道并非爱情溪。亦可推出，磨碟沙涌很有可能就是昔日弗利德水道所在的位置。

图6 《攻打及轰炸广州计划图》中的爱情溪与弗利德水道④

---

① 小巴拉盖：《盘点近年广州老照片研究成果：八、弄清了赤岗塔每一幅老照片的拍摄方位》，https://weibo.com/p/2304184be4a7f10102w8so。

② India. Quarter Master General's Department. *China：Being a Military Report on the North-eastern Portions of the Provinces of Chih-li and Shan-tung；Nanking and Its Approaches；Canton and Its Approaches*，Office of the Superintendent of Government Printing，1884，p.222.

③ （清）李福泰修，（清）史澄、（清）何若瑶纂：《[同治]番禺县志》卷十四《建置》，广东省地方史志办公室辑：《广东历代方志集成·广州府部》第20册，岭南美术出版社，2007年，第149页。

④ Patrick Conner，*The Hongs of Canton，Western merchants in south China* 1700~1900，as seen in Chinese export paintings，English Art Book，2009，p.214.

图7 《岭南大学附近之赤岗塔》①

实际上，弗利德水道的范围并不止于此。据《中国海洋词典》一书的说法，弗利德水道还应包括琶洲岛南边的水道，因为书中记述道："从黄埔到广州——黄埔在广州城下游8英里的地方，也即是在沙面或者说是外国人租界下游10英里处……需要注意的是如果你开船经过黄埔附近的炮台时，江上潮水涨落过于厉害的话，最好还是贴着弗利德水道涌口的（琶洲岛）南岸行驶。"②英国人伯纳德也提到从广州驾船可以通过弗利德水道到达黄埔村③。

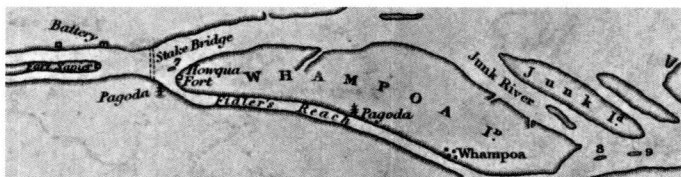

图8 《珠江水道皇家海军舰船位置图》中的"弗利德水道"④

除文字记载以外，近代西人绘制的地图也为这种说法提供了有力证据。首先是1844年出版的《复仇女神号航程和历史纪事》一书中刊有一幅

---

① 小巴拉盖：《盘点近年广州老照片研究成果：八、弄清了赤岗塔每一幅老照片的拍摄方位》，https://weibo.com/p/2304184be4a7f10102w8so。

② Captain Charles J. Bullock，*The China Sea Dictionary Vol 3*，Printed For the Hydrographic Office，Admiralty，1884，p.118.

③ Dallas Bernard，*The Nemesis In China*，*Comprising A History of the Late War in That Country*，Henry Colburn，1847，p.124.

④ W. D Bernard，*Narrative of the Voyages and Services of the Nemesis*，*Vol 1*，Henry Colburn，1844，Encl of the Vol.

标有英军航线的广州河道平面图，名为"Part of the Canton River, Shewing the Position of H.M Ships"（《珠江水道皇家海军舰船位置图》，见图8）。图中所示的弗利德水道正是位于琶洲岛南边的水道，即《[同治]番禺县志》上所述的琶洲南水，亦即是今天的黄埔涌。其次便是英国的另一幅反映19世纪30年代广州附近河道情况的地图"Pearl River Leading to Canton"（《珠江水道往广州方向图》，见图9）。该地图收录于1924年英国人詹姆斯·奥朗奇编写的《中国通商图》(*The Chater Collection : Pictures Relating to China, Hongkong, Macao, 1655–1866*) 一书中。该书是詹姆斯根据英国渣打公司所拥有的与中国相关的藏品编著而成，故该图可以看作是渣打公司的藏品之一。从地图所反映的内容来看，《珠江水道皇家海军舰船位置图》与《珠江水道往广州方向图》可谓大同小异。后者标注的弗利德水道方位，与前者一样，皆为琶洲岛南黄埔涌的位置。所以严格地讲，近代西文文献中所谓的弗利德水道主要是指广州与黄埔之间位于琶洲岛西边及南边的河段，包括磨碟沙涌和琶洲岛南边的黄埔涌，按今天的理解，磨碟沙涌又被视为是黄埔涌的一段，则可以认为弗利德水道是指含磨碟沙涌在内的黄埔涌范围。

图9 《珠江水道往广州方向图》(局部) [①]

较之爱情溪，弗利德水道江面宽阔，水位更深，适合外国商船及汽轮航行。英军正是看到了弗利德水道潜在的航行价值，所以在鸦片战争时期多次在此进行航行勘察，并最终绘图记录以供航行之用。反观爱情溪方面，因水面较窄，主要是舢板与划艇在此穿行，航行时还需要一定的驾驶经验才能顺利通过。"这种小船在最浅的水域行驶，要准确无误

---

① James Orange, *The Chater Collection : Pictures Relating To China, Hongkong, Macao, 1655–1866*, Butterworth, 1924, p.142.

地驾驶需要一定的经验。有时，船桨深入水中，随后猛烈地回转，撞击新手的胸口，将他扫出船外，掉进水里，狼狈不堪。"①爱情溪不利于大型船只航行的情况，自然很难得到英军的青眼，以致于在19世纪中期英军绘制的诸多地图中并无爱情溪一地的存在。尽管19世纪中期仍有不少外国人选择雇艇取道爱情溪或游览观光，或缩短行程，如前文提及的亨特和威涵励夫人就是例证，但毋容置疑的是爱情溪的航行地位已受到冲击。

　　随着19世纪中期爱情溪一词逐渐消失在历史舞台，外国人将爱情溪与弗利德水道二者混淆的现象开始出现，这在近代西方文献中多有反映。目前可查到最早的材料是成书于1867年的《中国与日本的条约口岸》，据该书所云："赤石岗塔位于一条被人唤作弗利德水道的小溪岸边，这条溪流连接着黄埔与珠江主航道上的黄埔炮台群。炮台群现在已经被破坏掉了，昔日还是存在的。"②赤石岗塔即赤岗塔，其应位于爱情溪边上，而非弗利德水道旁，再加上书中赤石岗塔的英文为 first bar pagoda，first bar 对应的应是头道滩，位置当在今南沙区一带，可见此处实为误说。另外，《复仇女神号在中国》中亦有误将弗利德水道当作爱情溪的记载："（从广州去黄埔的方向）在过去，几乎我们所有的商船都是通过黄埔水道到达我们在琶洲岛上经常下碇的抛锚地。但是，小型的船只则是可以取道那条名为弗利德水道的河道，直趋黄埔村所在。"③这显然与鸦片战争前的外国人记载大相径庭。若要追根溯源的话，前述1841年英军测绘的《珠江水道皇家海军舰船位置图》则可视为这种误说的滥觞。盖因此图将琶洲岛西侧的多条水道俱称为弗利德水道，后世不少西人的广州游记中多用此图说明，使得近代西人在参照爱情溪一地时易与弗利德水道相混，与实际情况发生偏差。

① ［法］老尼克著，钱林森、蔡宏宁译：《开放的中华：一个番鬼在大清国》，山东画报出版社，2004年，第21页。

② William Frederick Mayers, *The Treaty Ports of China and Japan*, Trubner and Co., 1867, p.128.

③ Dallas Bernard, *The Nemesis In China, Comprising A History of the Late War in That Country*, Henry Colburn, 1847, p.986.

结　语

综上所述，近代西文文献所记载的"爱情溪"具体位置当为今天的赤岗涌，并非此前学界所认为的磨碟沙涌或黄埔涌，而爱情溪塔对应的则是赤岗塔。鸦片战争以前，爱情溪因地处广州与黄埔之间的地理位置，其作为外国水手"游散日"的必经之路和外国人群体缩短二地行程的便捷水道而被广泛使用。但是鸦片战争后，与爱情溪相邻的弗利德水道逐渐取代了前者的作用与地位，随着19世纪中期爱情溪消失于历史舞台，近代西方人开始出现了将爱情溪与弗利德水道混为一谈的现象，使得后人在研究相关问题时产生偏差。

作者通信地址：广东省肇庆市端州区绿荷路山水晴天3幢1004，邮编：526040。

责任编辑：于百川

关赓麟和他的《东游考察学校记》（上）[*]

刘平清^{**}

广州大典研究中心，广东广州，510623

摘　要： 晚清时期涌现出大批考察日本的文献，《东游考察学校记》是其中之一。文章通过细读该书，分析一个中国留学生笔下的日本新变化，早期赴日留学生在日本的观感，特别是成城学校入学事件导致的留学生之间政治倾向上的分化。全文共12部分：关赓麟生平概说、近代留日兴起与广东选派学子赴日的缘起、《东游考察学校记》篇章序跋和《日本学校图论》的关系、弘文学院与速成师范科学员的日常、成城学校入学事件及其影响、对速成师范教育的反思与批评、留日学生社团生活之一瞥、关赓麟对日本学校的考察、日本习俗和明治维新后新变化的反映、"身在日本 笔叙异国 意在故国"、留意日本人对中国有关议论与看法、考察日记中有意留下的空白。

关键词： 关赓麟；赴日留学；日本明治维新后的教育；成城学校入学事件

一　关赓麟生平概说

《东游考察学校记》，清光绪二十九年大新街汉石楼铅印本，封面无

----

* 本文为广州市委宣传部《广州大典》与广州历史文化专题研究项目"晚清广州人考察日本研究"（批准号 2018GZY06）阶段性成果。

** 刘平清（1967—　　）男，汉族，湖北襄阳人，文学博士，高级记者。历任广州日报社理论评论部副主任、太原日报社总编辑、河源日报社总编辑等职。现任广州大典研究中心常务副主任，《广州大典》副主编。

署名，标识有"光绪癸卯初春校于十三芝室"，收录于《广州大典》第37辑，史部政书类第33册，总册数第338册，作者关赓麟。关赓麟（1880—1962），字颖人，广东南海吉利乡（今佛山市禅城区南庄镇）人，北洋时期"交通系"重要成员，中国铁路建设事业的重要推动者，近代著名诗人、学者、词学家、实业家、教育家。20世纪30年代以后其逐渐离开政坛，在北京、南京等地与文人雅士、遗老遗少结诗社，唱和吟咏，并刊刻酬唱诗集，影响甚巨。

关赓麟的父亲关蔚煌（1848—1925），字家瑞，号掞生，光绪二年（1876）举人，连续八次参加会试，都以失败告终，曾任广东大埔县训导。与其父相比，关赓麟的科考之路要顺畅许多。他于1901年广东乡试中举，176名录取者中名列第14名。此前，八国联军占领北京，慈禧太后和光绪皇帝"西狩"，逃遁到西安，拟于1902年春举行的会试无法照常举行。清末新政实施后，1902年的春夏之交，在吴稚晖的游说下，两广总督陶模选派广东学子赴日留学，关赓麟入选。1903年初，关赓麟从日本返国，经上海短暂停留，随即南下广州，向上司呈递《学校图说》①。随后返回家乡，利用春节时间，一方面整理东游日记，一方面备考即将举行的会试。春节刚过，关赓麟远赴开封参加会试，以落第告终。同年7月，关赓麟入京参加京师大学堂招考，以第一名的成绩入仕学馆就读。次年2月，关赓麟再至开封，参加甲辰年科举会试。这是千年科举制最后一次会试。主考官为裕德，副主考为张百熙、陆润庠、戴鸿慈。3月，关赓麟中式第49名；4月举行的殿试中，获得二甲110名；5月，朝考获得二等56名。是年，关赓麟不过24岁，可谓少年得志。更重要的是，第二年的1905年，朝廷就停止了科举考试，他赶上了科举考试的"末班车"，成为末代进士②。

张百熙担任广东学政时，就很欣赏关赓麟，后又成为关赓麟会试座师。这些渊源对关赓麟后来的职业走向影响甚大。张百熙（1847—1907），字埒秋，一作冶秋，号潜斋，湖南长沙人，清末著名教育家。同治十三年（1874）进士，授编修。光绪二十三年（1897）八月被任命为广东学政，

---

① 即《日本学校图论》一书。

② 以上有关关赓麟生平，参考关赓麟著，孔繁文、吴国聪整理：《东游考察学校记》前言，凤凰出版社，2018年。

一直到光绪二十六年（1900）九月升任都察院左都御史，十二月受命回京供职才离开广东。此时慈禧与光绪皇帝逃到西安，张百熙就直接从广州赴行在①。光绪二十八年（1902）初，张百熙被任命为管学大臣，上奏《筹办京师大学堂情形疏》，建议先开预备、速成两科，预备科分政科、艺科，速成科分为仕学、师范两馆。"仕学馆造就已登仕版者，以应目前创办新政之需；师范馆则为中学堂教习之需"，同时"兼添设讲舍，附设编译书局，广购书籍图器"。同年七月奏准所拟各级学堂章程：《京师大学堂章程》《考选入学章程》《高等学堂章程》《中学堂章程》《小学堂章程》《蒙学堂章程》，统称《钦定学堂章程》②。这是我国第一次颁布以政府名义规定的完整学制。鉴于学堂兴起后教习人才的缺乏，光绪二十九年（1903），张百熙还建议朝廷选派40余人赴欧美和日本留学③。张百熙一生主要从事教育管理工作，注重培养人才，对京师大学堂和中国近代学制的建设有开创性的贡献。

考中进士后，关赓麟以主事用，签分兵部职方司，不久兼武库司行走。当时朝廷规定，近两科进士应入京师大学堂的进士馆，关赓麟因先在仕学馆已届三学期，仍留馆肄业。光绪三十一年（1905）六月，清政府派戴鸿慈、端方到海外考察政治，关赓麟借调为随员，十二月随同出洋，经日本前往美洲。三十二年（1906）六月关赓麟随考察政治大臣入京销差，仍回京师大学堂学习。这一年九月，清政府改订官制，兵部改陆军部，关赓麟从仕学馆毕业，入陆军部供职。不久，新任邮传部尚书张百熙奏调关赓麟到部办事，分文案处内文股帮主稿兼议事处评议员。光绪三十三年（1907），张百熙逝世。邮传部尚书改为岑春煊，关赓麟派充路政司帮主稿；八月，派署路政司主事；十月，派充路政司官办科科长，时尚书又改为陈璧担任。十一月，出使美国、墨西哥、秘鲁大臣伍廷芳奏调关赓麟为三等参赞出洋，因邮传部奏准仍留部办事而不果。光绪三十四年（1908）

① 蔡冠洛编著：《清代七百名人传》，中国书店，1984年，第622—623页。
② （清）张百熙：《钦定学堂章程》，沈云龙主编：《近代中国史料丛刊三编　第十辑》，文海出版社，1986年。
③ （清）张百熙：《管学大臣奏派学生前赴东西洋各国游学折》，（清）顾世清辑：《约章成案汇览》乙篇卷三二下，参见《续修四库全书》编纂委员会编：《续修四库全书》第876册，上海古籍出版社，1996年，第267—268页。

三月，奏补路政司主事。这是他开始参与中国铁路建设事业的起点，宣统元年（1909）九月，派兼川粤铁路筹备处办事员，十二月派充铁路总局提调，其多次到各地巡视铁路工程，并曾出任京汉铁路会办。进入民国后，北洋军阀统治时期，关赓麟一直在交通部任职，最高官职做到代理交通部次长。南京国民政府成立后，关赓麟改任铁道部参事、平汉铁路局局长等职，直到抗战爆发，淡出政坛，隐居北京。

由以上经历不难看出，关赓麟无论是考中进士前入读京师大学堂仕学馆，还是从兵部调到邮传部，都有张百熙的提携成分。光绪二十八年（1902）时任两广总督陶模选派广东学子赴日留学时，关赓麟如何从前年中举的学子中脱颖而出，张百熙是否向陶模推荐，现在还没有资料予以佐证，但很难排除有这样的原因①。

二　近代留日兴起与广东选派学子赴日的缘起

1894年，甲午海战爆发，清朝政府败于向来被国人视为"蕞尔小国"的日本，举国震惊。随后《马关条约》的签署，更让全国上下痛心疾首："唤起吾国四千年之大梦，实自甲午一役始也。……吾国则一经庚申圆明园之变，再经甲申马江之变，而十八行省之民，犹不知痛痒，未尝稍改其顽固嚣张之习，直待台湾既割，二百兆之偿款既输，而鼾睡之声，乃渐惊起，此亦事之无如何者也。"②

梁启超的这段回忆，大抵能反映出时人的直观感受。在著名的公车上书中，康有为指出："日本一小岛夷耳，能变旧法，乃能灭我琉球，侵我大国，前车之辙，可以为鉴。"③

如何借鉴日本？派学子赴日留学是其中最主要的举措之一。光绪

---

① 与早期国人畏惧出洋游历游学不同，20世纪初，国人开始转变观念，以能出洋参加考察、公费留学为荣。光绪二十八年七月初出版的《新民丛报》第13号，《蔡使要求日本警察入署拘捕学生始末记》中，吴稚晖就说，"近顷出洋之风甚盛，官场每有请咨游历，逗留旬月，便充洋务人员者"，可见风气之变。在此背景下，能出洋公费留学，机会就很难得。

② 梁启超：《改革起原》，《戊戌政变记》，岳麓书社，2011年，第166—167页。

③ 康有为：《上清帝第二书》，中国史学会主编：《戊戌变法》（二），上海人民出版社，1957年，第153页。

二十二年（1896）三月，《马关条约》墨迹未干，惨败后的清政府被迫放下身段，出于知彼之需要，虚心向战胜自己的敌国学习，向日本派遣了13名留学生，开启近代中国赴日留学的先河。戊戌变法前后，无论是在朝在野，是此时的维新改良派，还是保守派，中国的政界和思想文化界，几乎一致在鼓吹"以日为师"。鼓吹最力者，在地方，有张之洞。在《劝学篇》中，他大力宣传留学日本，振兴清廷，其云："日本小国耳，何兴之暴也？伊藤、山县、榎本、陆奥诸人，皆二十年前出洋之学生也，愤其国为西洋所胁，率其徒百余人，分诣德、法、英诸国，或学政治工商，或学水陆兵法，学成而归，用为将相，政事一变，雄视东方。"①在朝廷，光绪二十四年（1898）四月，御史杨深秀上奏折称："泰西各学，自政治、律例、理财、交涉、武备、农工、商务、矿务莫不有学。日本变新之始，遣聪明学生出洋学习，于泰西诸学灿然美备，中华欲游学易成，必自日本始。"②

在此前后，日本从国家战略的高度出发，不断向清政府抛出橄榄枝。俄、德、法三国干预还辽，让日本认识到自身作为战胜国，羽翼尚未丰满，力量仍然有限，出于与俄国在东亚抗衡的需要，必须交好中国。光绪二十三年（1897）底，日本派出高级军事代表团访问中国，游说中国高级官员，特别是如刘坤一、张之洞这样的地方实力派人物，大唱中日"同文同种，友好相处"的论调。关于此，张之洞光绪二十三年十二月初十日电奏总理衙门，称"倭参谋部副将神尾光臣到鄂，洞出省未回……大略言，前年之战，彼此俱误。今日西洋白人日炽，中东日危。中东系同种同文同教之国，深愿与中国联络"③。

上述杨深秀奏折还称："闻日本大开东方协助之会，愿智吾人士，助吾自立，招我游学，供我经费，以著幸好之实。"但因戊戌变法失败，日本政府帮助康梁出逃并收留他们在日本，派遣留学生的事又被搁浅。光绪

---

① （清）张之洞：《劝学篇下·游学第二》，赵德馨主编，吴剑杰等点校：《张之洞全集》（十二），武汉出版社，2008年，第174页。

② 杨深秀奏章见《总理各国事务衙门：奏遵议遴选生徒游学日本事宜片》，《约章成案汇览》乙篇卷三二游学门下。转引自舒新城编：《中国近代教育史资料》上册，人民教育出版社，1961年，第170—171页。

③ （清）张之洞：《日派员来鄂意欲与我联英以抗俄德法》，赵德馨主编，周秀鸾点校：《张之洞全集》（四），武汉出版社，2008年，第462页，

二十五年（1899），随着英、俄、德、法等国在中国租借土地，划分势力范围，日本调整其对华战略，收敛其对康梁改良派的同情，重提中日友好。同年闰三月间，日本驻清政府大使矢野文雄致函总理各国事务衙门称："该国政府拟与中国倍敦友谊，借悉中国需才孔亟。倘选派学生出洋习业，该国自应支其经费。"后又赴署面称："中国如派肄业学生陆续前往日本学堂学习，人数约以二百人为限。"派遣学生赴日留学才又重新提上议事日程。上年因为参与戊戌变法而惨遭朝廷处决的杨深秀的奏折，被总理各国事务衙门捡起，他的建议重新受到重视①。

为什么选派留学生到日本留学？张之洞认为："西洋不如东洋，一路近省费，可多遣；一去华近，易考察；一东文近于中文，易通晓。"②张之洞的上述认识，随着朝廷推介与翻印《劝学篇》，在全国流传甚广。总理各国事务衙门也承认："近年以来，日本讲求西学，大著成效。又与中国近在同洲，往来甚便。"③在派遣学生留日方面，张之洞不仅大力提倡，还身体力行。光绪二十五年（1899）初，其就派两湖学子赴日学军事。最引人注目的是，这其中还有他的长孙张厚琨。在朝廷提倡和地方政府的响应下，1899年赴日留学生人数由上年的18人激增到207人。庚子事变发生后，朝廷上下自顾不暇，1900年赴日留学生人数为零。光绪二十六年十二月（1901年1月），痛定思痛的清政府以上谕方式，命令各大臣在两个月内必须条议变法要项。光绪二十七年五月二十七日（1901年7月12日），张之洞奏《变通政治人才为先遵旨筹议折》④，大力主张留学，特别是留学日本，并论述奖励及限制办法。在奖励方面，给予优秀的自费留学生进士、举人等资格；在限制方面，即使具有进士、举人等资格，如无留学经历，则不授官职。同年九月十六日（10月27日），上谕各省须派学生留学，并须订

---

① 《总理各国事务衙门：奏遵议遴选生徒游学日本事宜片》，《约章成案汇览》乙篇卷三二游学门下。转引自舒新城编：《中国近代教育史资料》上册，人民教育出版社，1961年，第171页。

② （清）张之洞：《劝学篇下·游学第二》，赵德馨主编，吴剑杰等点校：《张之洞全集》（十二），武汉出版社，2008年，第174页。

③ 《总理各国事务衙门：奏遵议遴选生徒游学日本事宜片》，《约章成案汇览》乙篇卷三二游学门下，转引自舒新城编：《中国近代教育史资料》上册，人民教育出版社，1961年，第171页。

④ （清）张之洞：《变通政治人才为先遵旨筹议折》，赵德馨主编，周秀鸾点校：《张之洞全集》（四），武汉出版社，2008年，第7页。

立奖励及限制办法以督促之。在一系列政策鼓励下，1901年赴日留学生人数达280人[①]。

朝廷的倡导，张之洞、刘坤一、袁世凯等地方要员的示范，也让两广总督陶模不能不在选派学生赴日留学上有所行动。促成广东学子赴日留学的牵线人吴稚晖此时在广州官场登场了。吴稚晖，江苏武进县人，生于1865年，早年曾在天津北洋学堂、上海南洋公学任教习、学长，光绪二十七年（1901）三月，吴稚晖由上海赴日本，在东京高等师范学校自费留学。这年冬天，吴由常州同乡、时任两广总督陶模幕僚的方子仁推荐，赴广州筹备广东大学堂。十二月，吴抵达广州，住总督衙门西花厅，结识同样担任陶模幕僚的沈雁潭（字赞清，后改号演公，沈葆桢之孙）。胡衍鹗、胡衍鸿[②]兄弟此时在沈家做家庭教师，"均与先生常晤谈，深相契合。乃力劝其游学东瀛，以广智识"[③]。在吴的鼓动、沈的游说下，"粤督派令先生带领学生数十人赴日本学习速成法政，以一年为期，胡衍鸿（汉民字展堂）及詹宪慈、冯鸿若、周起凤等被派参加。四月，先生乃率领学生等人，暨沈雁潭堂弟沈刚，子觐恒、觐鼎，李准之弟某先至上海，又增加无锡吴松云子荣鬯（震修）等共二十六人，同赴日本"[④]。

这里有些地方与事实不符。关赓麟《东游考察学校记》记录得很明确，胡汉民是和他一同赴日，入弘文书院读速成师范科，而非速成法政科，时间是六个月，而非"一年为期"。从被派往日本官费留学的26人名单中不难看出，跻身其间，并非易事。沈家三人，李准之弟，莫不与官场有千丝万缕的联系。如李准（1871—1936），晚清广东军界有影响的职业军人，历任广东候补道员、总兵、水师提督，光绪二十八年（1902年）担任何职虽不太清楚，但也能为其弟争取一个名额。至于胡汉民，此时也刚刚中举不久，其父亲去世后家道中落，兄弟两人都只能以舌耕谋生。如果不是因

---

① 以上几年赴日留学生数，参见［日］实藤惠秀著，谭汝谦、林启彦译：《中国人留学日本史》，生活·读书·新知三联书店，1983年，第451页。

② 胡衍鸿，字展堂，后以胡汉民知名于世。《东游考察学校记》中称胡为"胡展堂同年衍鸿"，（清）关赓麟：《东游考察学校记》，陈建华、曹淳亮主编：《广州大典》第338册，广州出版社，2015年，第1页。

③ 杨恺龄撰编，王云五主编：《民国吴稚晖先生敬恒年谱》，台湾商务印书馆，1981年，第23页。

④ 杨恺龄撰编，王云五主编：《民国吴稚晖先生敬恒年谱》，台湾商务印书馆，1981年，第24页。

缘巧合，在沈家担任家庭教师，长住总督府衙门内，得以结识吴稚晖，估计也难争取到官费留学。正是基于以上的分析，前文才指出关赓麟得以赴日，很有可能与张百熙的关照有关。

三 《东游考察学校记》篇章序跋和《日本学校图论》的关系

关赓麟并非如当时许多考察日记一类出版物的作者那样，奉命到日本做专门的考察。在日本，他的身份是学生，赴日是"游学"，而非"游历"。但《东游考察学校记》和其姊妹篇《学校图论》，都是名副其实的游历之作。其记录之翔实，应该是有意为之，目的之一就是回国后向自己的恩师，正在主政全国教育改革的张百熙提供第一手的资料。

《东游考察学校记》共六卷，日记体，记事从光绪二十八年五月初八日（1902年6月13日）确定东游日本起，至同年十二月二十二日（1903年1月20日）回广州向督抚呈交《学校图说》止。卷一七月十二日止，时间跨度两月，主要记录从广州坐船到香港，转道上海，长崎入境再到东京入读弘文学院的整个过程。期间弘文学院院长嘉纳赴中国考察，校务委托他人代理。开课未久，就因成城学校入学事件（详见下文）影响，无人担任课程翻译而停课。卷二始于七月十三日，八月初六日止。时间跨度不到一月，入学事件继续发酵，部分留学生酝酿停课返国。在此期间，关赓麟和同学旅游东京及周边景胜。赴英参加英王登基庆典的清朝特使载振到访日本，赴留学生会馆演说。有关入学事件导致的留学生学潮，关赓麟记录较多。在正文前的"举例"中，他专门交待："壬寅岁中，为吾国学生历史发达之枢纽，数月以来，学潮层兴，是非纷如，公论之归，是在后日。风闻所记，或非足凭，而削草太促，亦遂不及更改。"①卷三起八月初七日，九月十五日嘉纳从中国考察回日本东京为止。关赓麟参观日本学校，主要是这一阶段。卷四起九月十六日，止十月三十日。除平时上课外，业余时间其仍赴各校参观考察，和同学一起商定购买油墨机，编纂《学校图说》并刻印。卷五起十一月初一日，十一月十九日止，时间不及一月，期间结

---

① （清）关赓麟：《东游考察学校记·举例》，陈建华、曹淳亮主编：《广州大典》第338册，广州出版社，2015年，第4页。

束速成班课程，同来日本留学者返国，关赓麟选择留下，离开东京，启程赴西京大阪考察。卷六起十一月二十日抵西京自费考察，止十二月二十二日，回广州向督抚呈交《学校图说》。期间主要考察西京大阪各校，并在归国途经上海时考察南洋公学。

在日本近七个月的时间，关赓麟考察了日本各地大、中、小学及其附属机构共70余所，另外还有东京上野博物馆等"教谕最要之场所"十一处。所过之处，无不详细记录学校设施、规模制度及自己的各种观感。关于书的体例，关赓麟在正文前、序后以"举例"方式，说明此书"本壬寅纪事之数卷，以事质言，颜曰东游，而更名曰东游考察学校记者，纪事其外部，考察学校其内容也"①。

为此书作序者，为顺德黄纯熙。黄纯熙（1873—1935），后以黄节名世，原名晦闻，字玉昆，别署晦翁、佩文、黄史氏、蒹葭楼主等，广东顺德甘竹右滩人，但世居广州河南（今海珠区），因鄙夷同宗黄士俊的变节行为，易名"节"，取号"甘竹滩洗石人"。黄节是著名的诗人、学者，擅长诗文和书法，其诗人称"唐面宋骨"。与梁鼎芬、罗瘿公、曾习经号称"岭南近代四家"。著有《蒹葭楼诗》《汉魏乐府风笺》《诗旨纂辞》等。

1902年，黄节诗名才华已经在广东学子中享有一定声名，与同样爱好诗歌的关赓麟有所交流。黄节比关赓麟年长7岁，关赓麟从日本归来，把考察记送给他看，邀他作序。序中，黄节介绍关赓麟结束东京速成师范科后独游西京，借关赓麟对速成师范的看法，说明关从"游学"变为"游历"的原因："所谓速成师范者，必尝有事于普通学，而后以数月之功专求之，非漫然而为之也。吾自戒途，即知六月之学无效，而因以游历内地，考察学校，为所以归报大府之意，敢条之日记，盍序焉。昔者朝廷谕使官撰日记呈报，以觇敌情，迄于今，纪外之日记夥矣，一二典丽，间亦详言彼国之得失，其余大都具文。意之所注于其国之学制，专研而参观之，矧有出自游学诸生如颖人者哉？"②晚清各类考察报告出版了许多，但没有一

<hr>

① （清）关赓麟：《东游考察学校记·举例》，陈建华、曹淳亮主编：《广州大典》第338册，广州出版社，2015年，第4页。

② 黄纯熙：《东游考察学校记·序》，（清）关赓麟：《东游考察学校记》，陈建华、曹淳亮主编：《广州大典》第338册，广州出版社，2015年，第3页。

本是出自游学人之手，故黄盛赞关赓麟所做远超一个留学生所为。而关之所以这样做，是"归报大府"，既然官府出资赴日，既然速成收获有限，便以考察之作，让此行所耗费用，价有所值。

跋是关赓麟兄长关庆麟所作。关庆麟比关赓麟年岁稍长，早年科名与关赓麟旗鼓相当。按照当时的规定，考生通过县试、府试以后，还要通过院试，才能获得秀才的称号。院试则必须由钦派之学政主持。光绪二十四年（1898），兄弟二人同时参加南海县试，弟弟第一，哥哥第六；广州府试，哥哥第二，弟弟第四；院试，哥哥是南海县第一名，弟弟是广州府学第三名。主持当时广东院试的，正是时任广东学政、南书房翰林的张百熙，兄弟二人因此进入张百熙的视野中。光绪二十六年（1900），兄弟二人再应广州府各属科考，名列前茅，一起被咨送广雅书院肄业。光绪二十七年（1901）二月，关庆麟补南海县学廪生，关赓麟补广州府学廪生。但在同年秋举行的乡试中，弟弟如愿晋升为举人，哥哥名落孙山，从而失去冲击会试的入场券。

在跋中，关庆麟称关赓麟"篝灯述所闻见之大概，意若憾是行之无价值，而期以考察学务偿之者"。更多篇幅，是针对新政推行后"新旧异学，冰炭殊致"带来的思想界骚动抒发感慨："国文之不知缀而言革新，普通之未毕而工演说，事之可怪，又有甚于此者乎？今之青年，非无有志之士也，然而抨击过量，憎甲及乙，意之所非，则百訾而无一韪，如此则何学之求哉！夫采彼之长，济我之短，此其说不俟今而言之矣。举一国之政治、学术、风俗、思想，而悬观其微，斯得失之数明，虽至愚而不必自讳，不必自讳则吾求吾学，吾求吾受益之地而已。"[1]结合《东游考察学校记》相关记录，成城学校入学事件爆发后学潮兴起，和关赓麟一起赴日留学的广东学子如胡汉民等选择退学以示抗议，不难发现，此时在日留学生中，反清排满思潮日盛一日，改良革命仍然在激辩中。关赓麟虽然对速成科和弘文书院的师资、课程安排都不满，但仍然坚持完成学业，其政治态度不言自明。

《东游考察学校记》与《日本学校图论》二书，都收录在《广州大典》

---

[1] 关庆麟：《东游考察学校记·跋》，（清）关赓麟：《东游考察学校记·举例》，陈建华、曹淳亮主编：《广州大典》第338册，广州出版社，2015年，第61页。

第338册，一并归于关赓麟名下。严格说来，前者是关个人著作，后者是集体编制，但关氏是最主要的编制者。《东游考察学校记》中，多处记载后者产生之缘起与编纂经过。某日，关赓麟和几个同学商议整理所听课程讲义，并购置钢板油墨机印刻，回国后与大家分享，作为"变通讲习"。"又群以参观各学校所得规则同异，最是为初建学堂之指南，复推余兼任编列学校规则之任，而季良为之绘图。"①但编讲义进展不顺："同人初约编讲义，寻以意气，有欲专其名者，不果。"②编制参观学校图录还能开展："与季良、养源、韵笙、辅臣、小舟，定编纂规则，分别眉目，使归画一。余系以总论，而后附以图。"③这里很明确地记录了参与《日本学校图论》编纂的几个同学名字，清楚地表明这是集体编制。

此后，关氏多篇日记记录了《日本学校图论》相关篇章的编纂，例言也出自关赓麟之手④。例言说明了此书体例，解释了参观和介绍小学最多的原因："教育要领，发源小学，兴办伊始，尤宜加慎。"例言之后又加"续例"，交待补充京都、大阪、神户学校资料，又说回广州后，"剂奉大府，加以讹舛，所印无多"⑤，所以增补内容，重新刊印。续例应该写于回国后书付印前，和叙同一时间。此书为资料性质的汇编，分为通表、学校图论两部分，通表收日本现行学校系统表、日本学龄儿童就学调查表等13种；学校图论介绍东京帝国大学、高等师范学校等各类学校35所及其附属机构的位置、沿革、学制、课程、经费、职员、学生人数等，一般都有"述论"，整体上评述该校。作者多是关赓麟，但也有其他同学。从内容上看，此书堪称《东游考察学校记》姊妹篇。只不过《日本学校图论》更宏观，特别是通表部分，有日本现行学校系统表、参观过的学校部分介绍，与

---

① （清）关赓麟：《东游考察学校记》，陈建华、曹淳亮主编：《广州大典》第338册，广州出版社，2015年，第31页。

② （清）关赓麟：《东游考察学校记》，陈建华、曹淳亮主编：《广州大典》第338册，广州出版社，2015年，第34页。

③ （清）关赓麟：《东游考察学校记》，陈建华、曹淳亮主编：《广州大典》第338册，广州出版社，2015年，第36页。

④ （清）关赓麟：《东游考察学校记》，陈建华、曹淳亮主编：《广州大典》第338册，广州出版社，2015年，第36页。

⑤ （清）关赓麟：《日本学校图论》，陈建华、曹淳亮主编：《广州大典》第338册，广州出版社，2015年，第68页。

《东游考察学校记》相关记载互为补充。比如后者会记录接待者以及校方负责人介绍时的建议、参观者的感受等。

关赓麟结束留学回国到广州后"分呈《参观学校图说》于督、抚、藩、臬、运诸宪及南、番两邑侯"，后又送此书给"广州府署"和"桂午师"①（周开铭，号桂午，时任广东督粮道）。关赓麟所送之书，应该是在日本翻刻的油印本。正文之外，有关赓麟撰写的叙、例言、原叙，沈诵清撰写的结论一篇。叙的写作时间是1903年初春，"比日又有中州之行"②，说明这是关赓麟去中州（开封）参加会试之前完成。但此书原叙标记的写作时间是"光绪辛丑中冬既望"③。正因为此，有论者以为此书以《参观学校图说》初版于光绪二十七年（1901），是年关赓麟等人赴日留学；光绪二十九年（1903）关赓麟再赴日考察了京都、大阪、神户等地后增补再版，并易名为《日本学校图论》④。

其实，"辛丑"应该是"壬寅"之笔误。1901年秋，关赓麟在广州参加举人考试，赴日留学是1902年的事，因此，此书不可能初版于1901年。是书"结论"，类似于后记的文字，为与关同时赴日留学的沈诵清所写，标注的时间就是壬寅年（1902）。关赓麟《东游考察学校记》有关此书编制的经过也清楚地证明了这一点。《参观学校图说》只是油印本阶段的名称，关赓麟在把油印本送去出版印刷时改为现在的名称，续例中交待得很清楚。《图说》上呈后，上司要求他补充京都、大阪考察的内容，而他马上又要去中州赶考，就匆匆忙忙把书交给了出版商。仅从该书目次表，就能见校订之粗。目次表下列原叙、后叙、例言，实际上该书刊印的顺序是叙、例言、原叙，并没有后叙。《东游考察学校记》封面标识有"光绪癸卯初春校于十三芝室"。"十三芝室"是关赓麟之兄关庆麟书房名，已见于

① （清）关赓麟：《东游考察学校记》，陈建华、曹淳亮主编：《广州大典》第338册，广州出版社，2015年，第60—61页。

② （清）关赓麟：《日本学校图论》，陈建华、曹淳亮主编：《广州大典》第338册，广州出版社，2015年，第67页。

③ （清）关赓麟：《日本学校图论》，陈建华、曹淳亮主编：《广州大典》第338册，广州出版社，2015年，第69页。

④ 吕顺长编著：《晚清中国人日本考察记集成·教育考察记》，《日本学校图论》解题，杭州大学出版社，1999年，第4页。

他为《东游考察学校记》写的跋中;《日本学校图论》光绪二十九年公利活板所铅印,没有校核人员的任何信息。估计关赓麟一则要匆忙上路奔赴中州参加会考,已无暇校订;二则想把两书加紧出版,或在中州托人把书带给张百熙,或自己会试结束后赴京呈送张氏,供他兴办新式教育参考。

作者通信地址:广东省广州市天河区珠江东路4号广州图书馆南8楼广州大典研究中心,邮编:510623。

责任编辑:陈子

民国专题

汪伪统治下的伪省立广东大学

李颖明[*]

南越王宫博物馆，广东广州，510030

摘　要： 1940年7月，"省立广东大学"在广州成立。彼时以汪精卫为首的伪国民政府已在南京建立，而在广州办学的各高校早因广州沦陷而被迫迁移，因此从1940年至抗战胜利前，广州市内高等院校只有伪省立广东大学一所，被汪伪政府称为"全省最高学府"。前人研究中只零星得见该校的记载，暂未见有专文研究探讨。目前所见关于该校的史料仅为其编印的校刊及各院概览等，兼有少量各年度学生学籍表，尚未见有系统整理。文章仅就目前掌握的相关资料作初步的整理，尽量系统介绍学校的办学与师生情况，望为以后更深入的研究提供参考。

关键词： 沦陷区教育；汪伪政权；伪省立广东大学

1938年10月，广州陷于日军之手，各高校被迫迁移，国立中山大学、省立勷勤商学院、省立教育学院、省立体育专科学校、私立岭南大学、私立国民大学、私立广州大学、私立光华医学院均迁离广州[①]。

1940年3月30日，伪国民政府在南京成立，汪精卫就任伪中央政治委员会主席。5月10日成立伪广东省政府及伪广州市政府。1940年7月26日，伪广东省政府第十八次省务会议通过临时动议，设立广东大学，并拟派伪教育厅长林汝珩暂兼校长[②]。至抗战胜利前，广州市内公私立高等教育学校

---

* 李颖明（1984—　），女，汉族，广东广州人，南越王宫博物馆馆员，历史学硕士。

① 广东省地方史志编纂委员会编：《广东省志·教育志》，广东人民出版社，1995年，第101页。

② （伪）广东省政府秘书处编：《广东省政府公报》第1期，广东省档案馆藏。

始终只有伪省立广东大学一所，被汪伪政府称为"全省最高学府"。计有4届毕业生共201人，至抗战胜利该校解体，仍在校未及毕业学生300余人。

鉴于以往的校史研究较少涉及汪伪治下的高等教育，"省立广东大学"暂未见有专文研究探讨，因此从加强汪伪政权研究及拓宽民国教育史研究而言，本文特具个案意义。

本文所用资料为校方及官方资料，广东省立中山图书馆地方文献馆及中山大学图书馆校史文献室均藏有少量该校编印的校刊及各院概览等，广东省档案馆藏有少量各年度学生学籍表等。2006年笔者曾与一位该校1944年的一年级生做过一次口述史记录，以供参考。除此以外关于伪省立广东大学的更多资料尚待发掘。

一 学校之成立与背景

1937年12月，王克敏等在日本的扶植下，在北平成立"中华民国临时政府"。1938年3月，梁鸿志等依赖日本，于南京成立"中华民国维新政府"。1940年3月，在日本的支持下，"临时"与"维新"合流，在南京成立以汪精卫为首的伪中华民国国民政府，俨然以"中央政府"地位自居，成为众傀儡政权之首。

在思想文化领域，日伪先后提出"建立东亚新秩序""建立东亚协同体"及"反共灭党""共同防共""新民主义"等奴化理论。汪精卫也提出伪三民理论、"大亚洲主义"等冠冕堂皇的旗号。汪精卫强调承继自孙中山的"大亚洲主义"，实质上严重歪曲孙中山先生的原意，根本抛弃其反帝立场，进而为自己的投降卖国行径辩护，并希望以此煽动人心。1940年5月，汪伪政权改组广州市公署为市政府，随即发表《广州市政府成立宣言》："誓以六事：一曰遵守和平反共建国方针，致力孙总理大亚洲主义，实现'善邻友好，共同防共，经济提携'三大原则。……四曰欢迎全省实业界，根据平等互惠之原则，实行中日经济合作。……六曰延请友邦技术人才，以为建设之指导。"[①]

太平洋战争爆发后，1943年6月，汪伪最高国防会议通过《战时文化

---

① 《广州市政府成立宣言》，《广州市政公报》第1期，1940年5月，第2页。

宣传政策基本纲要》规定："国民政府战时文化宣传政策之基本方针，在动员文化宣传之总力，担负大东亚战争中文化战思想战之任务，与友邦日本及东亚各国尽其至善至大之协力，期一面促进大东亚战争之完遂，一面力谋中国文化之重建与发展及东亚文化之融合与创造，进而贡献于新秩序之世界文化。"[①]据此，汪伪集团提出三个思想文化领域的任务，一是"发扬东亚文化，巩固东西轴心，完成战争之使命"；二是"清算英美侵略主义之罪恶，扫除英美个人自由主义之毒素思想"；三是"防止国际共产主义之扰乱，扫除阶级斗争之毒素思想"。所有这些任务，都是围绕"大东亚战争"提出的，都是日本侵略政策在我国沦陷区文化宣传领域内的具体实施。正是在这样一种背景下，伪省立广东大学诞生。

1940年7月26日，伪广东省政府第十八次省务会议通过临时动议，设立省立"广东大学"。校址初为广州市光孝寺，1942年4月23日，伪省府第一百零六次省务会议通过其收用的盘福路及附近民房扩充校址。同年夏，日本将原岭南大学校址（河南康乐村）贷与该校使用，七月该校奉伪省府令迁入新址，九月于新址继续开课。伪广东大学利用岭南大学留下来的校舍、仪器、图书等资源。校址一直未变，直到抗战胜利，学校解散[②]。

1945年8月15日，日本接受无条件投降。伪省立广东大学亦告解体。当年9月，国民政府确立了甄审收复区学生的处理原则，其中对专科以上学生作出如下规定：

> （三）敌伪专科以上学校肄业生须经登记甄审合格后分发。毕业生须经登记甄审合格者各机关方得任用。……（五）专科以上学校学生甄审委会由教育部派员组织，甄审地点分在南京、上海、武汉、广州、杭州、平津六处举行。（六）专科以上学校毕业生甄审合格者，予以二月至三月之补习，发给证明书，相当于专科以上学校毕业证书。（七）甄审科目一律考国文、英文、三

---

① （伪）广东省政府秘书处编：《广东省政府公报》第39期，广东省档案馆藏。
② （伪）广东省立广东大学编：《省立广东大学概况》，1945年，中山大学图书馆校史文献室藏。

民主义为共同必试科目，其余参照各系科科目办理。[①]

方法出台后，引起学生不满，认为对沦陷区之高校学生有歧视的嫌疑，后在处理原则中作了相应调整：

> 对专上学校员生较严，中小学校员生较宽。对于伪校学生之学业，一如对内地归来之学生同样关怀，同样予以便利，因学校虽有伪立，而学生均为国家可贵之青年，自不能谓之为伪学生或加以歧视。[②]

二 机构设置与师生来源

伪广东大学的管理机制与民国其他大学基本无异。校长统领全校教务校务，下辖校务委员会，同时直接管辖植物研究所。首任校长为伪广东省教育厅长林汝珩，1945年5月1日林汝珩辞职，由陈良士代该校长职。同年7月，改派当时伪广东省省长褚民谊任校长，下设校务委员会，负责学校实际行政职务，陈良士则改任校务委员会主任委员。

校务委员会下辖教务会议和校务会议，管理教务处、训导处、图书馆、农学院、工学院、文法学院等；行政系统包括秘书处、事务处及各类委员会，还设有附属第一中学、附属第二中学、附属教职工子女小学。导师制的各项事宜也归训导处管理，并设有导师会议。值得一提的是，伪广东大学的各机构名称均延用国人旧有习惯，并未使用带有浓厚日本色彩的"课"，如南京伪中央大学所设的训育课、体育课等。

伪广东大学成立后，图书馆也于1940年9月建立，1942年9月迁至岭南大学图书馆旧址。岭南大学迁出广州以后，该校图书馆由日本华南派遣军司令部接管，迨1943年9月移交伪广东大学接管。即今中山大学康乐园校区之马丁堂。在图书馆开馆之际，校刊同时刊出图书馆相关规定，当中有："三

---

① 《甄审收复区学生处理原则昨经大会通过》，《大公报》（重庆版）1945年9月26日第3版。

② 姚宝菅：《复原后的广东教育》，载《广东教育》，广东省立中山图书馆地方文献馆藏。

楼系日本军司令部阅览室，非领有特许证，不得上三楼。"①

在抗战时期高校内迁期间，图书馆资源在搬迁过程中的流失和损毁，可说是高等教育的明显损失。抗战时期，岭南大学的图书馆被日军占领，然后移交伪广东大学接管，客观上对保存图书馆资源确实起到了一定作用。

学校初设文、法、理工三学院。文学院设中国语言文学系、教育学系、史学系；法学院设政治学系、经济学系、法律学系；理工学院设数学系、土木工程学系、化学工程学系、建筑工程学系。1942年2月增设农学院，设植物生产、畜牧两学系。及迁新校址，理工学院院长袁武烈辞职，改由陈良士接充，遂改理工学院为工学院，并将该院数学系停办，改设机械工程系。史学系也因人数过少而停设。1945年7月，将法学院和文学院合办为文法学院，并以原法学院之政治、经济两系合并为政治经济一系，同时将工学院建筑工程学系并入土木工程学系，机械工程学系改为机械电气工程学系。

文学院初由陈嘉蔼任院长，法学院初由冯霈任院长，迁新校址后，冯霈辞职，由区文峰接任，后来文法学院合并，两院院长亦先后辞职，由董士修兼任文法学院院长。农学院相对后设，初由张焯堃任院长，1943年，张焯堃任伪广州市市长，院长由杜树材兼任。

伪广东大学本科学制为4年，采用学分制。另外各学院分招各科专修科或专修班生。如文学院附设师范专修科，法学院附设计政专修班，理工学院附设测绘专修班，在学校初建之时，曾录取学生430余名。迁新校址时，各专修班多已期满，因人数渐减，故一律停止办理。

学校师资一直不算充裕。据1945年的统计，当时任职的教师有86人，包括教授、讲师及助教。在伪省立广东大学成立初期，林汝珩即以厚薪拉拢如陈嘉蔼等于教育界颇有名望之人任职该校，以及一些国民党司法界元老人物如冯霈、罗赓镛、潘焱熊、潘冠英、罗其钟等，他们大多担任院长等重要职务。当时在任上的政府官员，如褚民谊、林汝珩等多有担任学校的行政职务。教师中的大多数是抗战前已在粤、桂、港、澳各大学任教的教师，其中不少原在岭南大学、国立中山大学、省勷勤大学任教。据1945

---

① （伪）省立广东大学出版部编：《省立广东大学校刊》第74期，1942年10月5日，广东省立中山图书馆地方文献馆藏。

年《省立广东大学概览》的教职员录，清楚记录的教职员有58位，中间缺了两页，缺失了约20多位教师的资料①。

据现存广东省档案馆的伪省立广东大学学生学籍表显示，于该校毕业学生人数，四届共有201人。学生中不乏当时军政界上层人物或伪政府官员和职员的亲属，如汪精卫之女汪文珣、伪军师长许延杰之女、伪财政厅长汪宗准之四妾等。也有在校教职员的亲属，如文法学院院长董士修之女董桂玲。从生源地看学生不限于广州市内，有相当一部分来自番禺、东莞等邻近县镇，也有来自香港、澳门的学生。而原广东省内各大学修业期中未及毕业的学生，伪省立广东大学一概承认这些学生的学历，准予其继续修读。另有一部分学生是从同由伪政府设立的省立中学毕业后继续升学的，这些学生入学的时候几乎全部具高中学历，有些是应届毕业生，有些有过工作经验。伪省立广东大学作为沦陷区里唯一的高等学府，为这些学生提供了继续深造的机会，在某种程度上减低了战争对教育的影响。

有学者认为"该校日籍学生有井上宗夫、武园直三等人，名为留学旁听，实则为日酋的特务，以监视师生的行动"②。在该校所出的同学通讯录中确实有此两人之姓名，但此两人1945年为法学院经济学系一年级学生，当时此校已经举办几年，该说法有待商榷。

对一些家庭贫困学生，该校实行奖学金办法，规定学生学年考试各科成绩均在80分以上且操行成绩列为甲等者，每期给予奖学金（军票）30元。迁校址后，改奖学金为半工半读制度。贫困学生自愿参加校内指定工作，如图书馆内的管理工作，或担任清洁校舍课室工作等，每月给"中储券"800元左右的报酬。

伪广东大学亦成立有学生自治会。1941年3月27日成立，迁校址后设会址于原岭南大学附小旧址，到第五届常委会改选成立，迁至旧岭大美基会继续办理会务。

伪广东大学办有校刊，初期每周一期，后来则十日一期，计有154

---

① （伪）广东省立广东大学编：《广东省广东大学概览》，1945年，中山大学图书馆校史文献室藏。

② 何国华：《民国时期的教育》，广东人民出版社，1996年，第378页。

期①。每期校刊均刊有每周例会上各教师的讲演词，有重要人物到来，亦会将演讲词刊出。校刊还会登出各学院的会议记录、学生考试时间、学期安排、学校生活各个方面的消息等等。

三 办学宗旨与教学研究

与日本在伪满洲国和台湾的殖民教育不同，广州教育面临的奴化教育并没有那么赤裸。日本一方面希望奴化人们的意识，放弃抗日，另一方面也不得不矫情地维持中国"自主"的形象。在日本扶植下的汪伪政府，同样希望以堂皇的形象欺骗民众，证明自己的合法性及"正统"地位。

伪省立广东大学并未如伪满洲国的"建国大学"一般，由日本人亲自组织成立及管理，当然也就未如"建国大学"申明的"以实践民族协和的理念为目标"这般明目张胆②。伪省立广东大学的姿态似与南京的伪中央大学更为接近。伪中央大学的校训是依据孙中山"知难行易"的哲理而提炼的"真知力行"，而伪省立广东大学的校训则是汪精卫亲提的"奋志力学"。

在伪省立广东大学附属中学学生自治会成立典礼上，林汝珩就此四字校训作了进一步的解说：

> 本校的校训"奋志力学"四个字，就是包涵立志向，求知识，受训练的意思……
>
> 先讲奋志……就是振奋精神立定志向……我知道各位同学来读书都是有一个最高的目的……就是为中华民国而读书，各位师长在此教书，也是为中华民国而教书，就是我个人在此办教育，也是为了中华民国而办教育，这一个目标，就是我们最高的志向。
>
> 说到力学，力学的意义，就是求知识，受训练。所谓力，是包括勤力和勉力，就勤字来讲，勤字是一切学问和事业成功之

① （伪）省立广东大学出版部编：《省立广东大学校刊》，广东省立中山图书馆地方文献馆藏。
② ［日］水口春喜著，董炳月译：《"建国大学"的幻影》，昆仑出版社，2004年，第2页。

母……就勉字来讲，勉字有包含克服困难的意思……至于学字，我们应该学什么呢？现在礼堂上，我们恭录国父两句的遗教，一面是"向世界文化努力迎头赶上去"，一面是"把固有道德从根本恢复起来"，这两句话，就是我们在求学的门径所在。

概括来说，我们的校训，奋志于理学，并不是分开的，而是一贯的，因为有救国之志，必须要有学问，有学问，也必须要有志向。①

校训所表现出来的日本与汪伪的"苦心"可谓用心良苦。一方面必须掩饰日本的奴化用心，笼统以一"为中华民国而读书"作口号，另一方面搬出孙中山的遗训作为巩固"正统"地位的依据，故意曲解孙中山的原意为自己作辩护。尽管如此，汪精卫的"大亚洲主义"依然表露无遗。

该校的教学研究情况则可从校刊中略窥一二。校刊中刊出的每周周会或者是校内重要讲座的演讲稿，不乏纯学术方面的话题。如医学博士李其芬演讲《学校与卫生》（1941年第3期），农学院院长张焯堃《造林常识》（1941年第6期）、《民食问题》（1941年第24期），农学院教授韩觉伟《牛瘟问题之研究》（1941年第10期），陈嘉蔼连续三周发表《自修书目》罗列大学生必读书目，理工学院院长袁武烈演讲纯数学问题（1941年第26期），许永年先生演讲《卫生常识》（1941年第37期）等。

另有学校成立的农事研究会，由张焯堃任主任，杜树材、杜树桐、韩觉伟、何仲葵、区国光、何启成、关伟文等为研究员。在校刊的第67期、68期、69期及71期刊出了一部分研究项目的成果（见下表）。

伪省立广东大学农事研究会部分研究文章

作者	题名	刊载期数
杜树材	繁殖白力行鸡及改良广东土鸡之研究	校刊第67期
何仲葵	蓬莱谷种栽培试验（第一造）	
何仲葵	蓬莱谷种栽培试验纲要（第二造）	

① （伪）省立广东大学附属中学编：《省立广东大学附中概况》，1941年8月，广东省立中山图书馆地方文献馆藏。

续表

作者	题名	刊载期数
何仲葵	蓬莱谷种栽培试验纲要（第二造）续	校刊第 68 期
区国光	园艺作物之研究	
何启成	阴生植物隐花植物药用植物有毒植物之研究	
关伟文	特用作物之研究	
关伟文	特用作物之研究（第二造）续	校刊第 69 期
关伟文	特用作物之研究（续第六九期）	校刊第 71 期

以上这些研究工作，至少能说明在伪广东大学中仍是有资源有条件继续学术研究的。在混乱的局势中，这所伪大学仍然为学术发展留有一定的空间，自有其价值。

结　语

通过梳理伪省立广东大学仅存的文献资料，可大致了解该校的沿革、办学等基本情况，其中自有值得讨论之处，笔者仅就师、生角度略谈一二浅见。

从坚持办教育者来看，自有为中国教育忍辱负重的信念。"我等所管理者为业经沦陷之土地及人民，所争者为敌人已经吞噬之利益，我等所欲保存者为国家之元气与沦陷区人民之利益。"[1]1941年任伪教育部部长的李圣五在战后审讯中，除强调多次婉拒汪精卫任命，但迫于武力不得不从外，亦抱有保存中国文化之心，"按照战时国际公法，沦陷地方是敌人暂时占领，并非永久割让，对于占领区文化之保存应由我们本国人来负责"[2]。李圣五的辩解自有开脱之嫌，但在沦陷区内庞大的教师队伍中，怀有此保存中国文化之心的教育者，必然存在。

在汪伪政权统治期间，各沦陷区恢复的中小学校八九千所，教科书被

---

[1] 梅思平：《自白书》，南京市档案馆编：《审讯汪伪汉奸笔录》，凤凰出版社，2004年，第400页。

[2] 李圣五：《李圣五审问笔录》，南京市档案馆编：《审讯汪伪汉奸笔录》，凤凰出版社，2004年，第575页。

统一修改重新发行，当中增加许多国民党党义、三民主义等内容，日语与英语也作为必修课。沦陷区的高等院校经费来源必然掺合有敌款，经济不独立自然处处受掣肘。事实上，在局势危机之际，日本人未必能时时处处监视各地教育情况，这就给一些抱有保存国家教育的真心办教育者留以一定的空间。这类坚持办教育者由于政治环境或其他原因，或许不能留下更多资料表达自己的真实想法，这是值得关注与发掘的领域。

对沦陷区的学生而言，大部分应是能自由选择是否继续学业。伪政权中的官员有碍于情势甚或碍于武力而不得不屈就者，高等院校中之教师也有碍于各种情况而不得不任教者，但学生应该说是可以比较自由地做出选择。选择继续接受高等教育之学生，需要在人心惶惶之际坚定信念，自付学费，这种渴望教育的殷切之心当属难能可贵。对于保存国家栋梁，不致其在战争期间因失学闲逸而至慵懒颓靡有值得肯定之处。

作者通信地址：广东省广州市越秀区中山四路316号南越王宫博物馆，邮编：510030。

责任编辑：官章奕

梁寒操的三次新疆之行

林宏磊[*]

新疆师范大学，新疆乌鲁木齐，830054

摘　要：梁寒操曾于1942年、1943年、1945年先后三次到过新疆，对新疆的和平稳定起到了重要作用。通过对其三次新疆之行的梳理，简要述评其背景、行程、意义等。

关键词：梁寒操；新疆；考察

梁寒操（1899—1975），字均墨，广东高要人。历任国民党中央党部书记长、桂州行营政治部主任、军委会总政治部副部长、国民党中央宣传部长、国防最高委员会副秘书长等。梁寒操曾三赴新疆，分别是：1942年秋跟随宋美龄到新疆安抚和拉拢盛世才；1943年春以中央特派员身份到新疆指导国民党新疆省党部成立工作；1945年秋协助张治中解决伊宁事件。他对新疆的和平稳定起了重要作用。

一　第一次新疆之行

1942年4月，因其弟盛世骐被暗杀，主政新疆的盛世才改变原本的亲苏政策，改信"三民主义"，通过时任第八战区司令的朱绍良，转达归顺国民政府的意图。为了加快实现国民政府对新疆的掌控，蒋介石于1942年8月15日飞抵兰州巡视西北，次日电令朱绍良到兰州一晤。朱绍良于8月19日回到兰州，与蒋介石商量"赴新或嘱盛（世才）来甘"。以迪化机场

---

* 林宏磊(1986—　)，男，汉族，山东栖霞人，新疆师范大学图书馆馆员，硕士研究生。

驻扎苏联驱逐机之故，最终改由宋美龄赴新传达意旨①。8月29日，宋美龄携带蒋介石手书，顾祝同、朱绍良、梁寒操、吴泽湘等随行，由嘉峪关飞抵新疆，对盛世才进行安抚和拉拢。宋美龄在迪化停留两日后于9月1日回到武威，留梁寒操等人与盛世才谈话。通过会晤，中央政府与盛世才达成了多项共识，新疆的党务、外交、军事等统一归中央政府领导。

据胡彦云《我所知道的梁寒操》②可知，梁寒操此次在新疆停留了约一个月，对新疆的政治、军事、教育文化、工业、币制金融及物价统制等基本情况有了初步了解。1942年10月26日，梁寒操在重庆中央纪念周上做了题为《西北观感》的报告，向政府官员介绍新疆的基本情况③。他认为，新疆煤、铁、铜、金等矿产资源丰富，是"建设新中国所必需的地方"；但由于交通不便和人口短缺，开发和建设要先解决这两个问题；新疆民族复杂，民族政策必须结合当地实际，等等。其报告和介绍，打破了世人对新疆固有的观念和误解，为以后新疆的开发和建设奠定了现实基础。

除了迪化（乌鲁木齐）外，梁寒操还到访过伊犁。其有《自迪化飞伊宁机中鸟瞰》诗可佐证④。

二 第二次新疆之行

新疆统一于中央政府后，国民党新疆省党部的成立就提上了日程。1943年1月9日，梁寒操以中央特派员身份再次来到新疆，指导国民党新疆省党部筹备成立工作。1月16日，国民党新疆省党部举行宣誓典礼仪式，梁寒操监誓并讲话。1月22日，新疆边防督办公署特别党部成立，梁寒操

---

① 秦孝仪总编纂：《总统蒋公大事长编初稿》卷五（上），中国国民党中央委员会党史委员会出版社，1978年，第179—187页。
② 胡彦云：《我所知道的梁寒操》，中国人民政治协商会议全国委员会文史和学习委员会编：《文史资料选辑合订本 第47卷总第137—139辑》，中国文史出版社，2011年，第202—211页。
③ 中国国民党中央委员会党史委员会编：《梁寒操先生文集》，中国国民党中央委员会党史委员会出版社，1983年，第649—655页。
④ 梁寒操第一次、第二次新疆之行均有诗作，后结集为《西行乱唱》行世。

参加并讲话。除了参加上述典礼外，梁寒操还向"军民、学生、公务员、军校员生、政干班员生及各界讲演"①，宣传"三民主义"。至2月9日，梁寒操一直待在迪化。

2月10日，梁寒操离开迪化前往南疆游历，与之同行的有新疆省党部委员张志智、督办公署承启官龚振华、秘书胡彦云、哈萨克族翻译扎克勤及6位士兵等12人。一行人乘坐一辆卡车，途经鄯善、吐鲁番、托克逊、焉耆、轮台、库车、拜城、阿克苏、疏附、疏勒、巴楚、喀什、英吉沙、莎车、叶城、皮山、和田、洛浦等地，行程五千公里，直到3月23日才返回迪化。梁寒操自述，南疆旅程原本只打算到疏勒即按原路返回，但因"目睹民众对中央倾诚之热烈，衷心为之感动不置"，于是再向南经英吉沙、莎车、泽普、叶城、皮山，直到和田、洛浦，再遵路返回②。所到之处得到了各族群众的欢迎，即使因迷路、维修车辆等半夜抵达，各城的群众都上街欢迎③。

梁寒操很好地保留了文人的习惯，路途中用写诗方式来记述自己的所见所想所感。其诗作标注了写作时间，由此我们可以大致勾画出其行程。

梁寒操第二次新疆之行行程

时间	所经之地	时间	所经之地
2月10日	达坂城	2月17日	铁门关、野云沟、策木雅、洋霞镇、轮台
2月11日	鄯善	2月18日	轮台
2月12日	吐鲁番	2月19日	大河坝
2月13日	托克逊④	2月20日	库车
2月14日	库米什、和硕	2月21日	库车
2月15日	焉耆	2月22日	盐水沟、拜城

① 梁寒操：《新疆之行》，《军事与政治》1943年第4卷第5期，第11—18页。

② 梁寒操：《新疆之行》，《军事与政治》1943年第4卷第5期，第11页。

③ 1943年2月26日和28日出版的《前线日报》报道了梁寒操南疆之行的消息，报道中有记述其备受当地人士欢迎；其诗集中有"居然子夜入轮台，民众欢呼迓我来"（《抵轮台》），"郊迎十里风仍在，万众胪欢我远来"（《车抵皮山》），可见群众对梁寒操欢迎的程度。

④ 到达托克逊的时间为笔者猜测。其诗集中未有明确记载何时抵达托克逊，只记有2月14日离开托克逊。

续表

时间	所经之地	时间	所经之地
2月23日	温宿	3月10日	和田
2月24日	阿克苏	3月11日	洛浦
2月25日	阿克苏	3月12日	叶城
2月26日	巴楚	3月13日	英吉沙、疏勒
2月27日	疏附	3月14日	疏附
2月28日	疏附、喀什	3月15日	伽师、巴楚、七兰台
3月2日	英吉沙、莎车	3月16日	阿克苏
3月3日	莎车	3月17日	温宿、拜城
3月4日	莎车	3月18日	库车
3月5日	泽普、叶城	3月19日	懊花堤、轮台
3月6日	皮山	3月20日	焉耆
3月7日	和田	3月21日	焉耆
3月8日	和田	3月22日	和硕
3月9日	和田	3月23日	托克逊、小草湖、迪化

在南疆的路途中，梁寒操不忘宣传"三民主义"，"每日都作公开讲演外，并接见领袖，畅谈当地情况，宣扬中央德意"[1]，如在鄯善宴请各族首长，在吐鲁番宴请维族同胞[2]，2月28日在喀什对各机关首长及阿洪等做题为《由思想到信仰》的演讲等[3]。作为中央大员，梁寒操更是与各行政区

① 梁寒操：《西陲漫谈》，原刊于《中央周刊》1943年第5卷第42期；该文又以《今日和明日的西陲》为题刊于《中苏文化》1943年第2期；后收入《梁寒操先生文集》中。本文转引自后者，中国国民党中央委员会党史委员会编：《梁寒操先生文集》，中国国民党中央委员会党史委员会出版社，1983年，第1220页。

② 梁寒操：《鄯善宴各族首长》《吐鲁番宴维族同胞》，中国国民党中央委员会党史委员会编：《梁寒操先生文集》，中国国民党中央委员会党史委员会出版社，1983年，第1380页。

③ 梁寒操：《由思想到信仰》，《新新疆月刊》1943年第1卷第1期，第29—33页；《中国青年》1943年第8卷第5期，第2—6页。

长官及各机构工作人员见面，如阿克苏区行政长刘汉升、莎车行政长康明远、喀什区行政长龚博仁、骑兵团团长王秀峰、焉耆行政长蒋啸洲、焉耆公安局局长高元璞等[①]，对他们加以黾勉。

本次新疆之行历时80余天。梁寒操不仅领略了新疆的自然风光，更是目睹了因马仲英祸乱而造成的萧条，实地察看了南疆各族群众生活的条件状况、精神面貌等。这让梁寒操对新疆，特别是维吾尔族、伊斯兰教等有了全面的了解和深刻的认识。在其诗集《西行乱唱》中专门有"维吾尔杂咏""伊斯兰咏"介绍维吾尔族的风俗、习惯、宗教、文字以及伊斯兰教的教义教规等。

在返回重庆后，梁寒操在多个场合就新疆情形做了报告。4月，在中央文化运动委员会做《新疆之文化》的报告，对新疆的物质文化、组织文化、精神文化、新文化等进行全面解读，提倡文化平等，打破新疆与内地的文化壁垒，促进文化交流，推动三民主义、科学文化知识进疆等[②]。

4月16日，梁寒操在广播大厦做《新疆之行》的报告，对新疆的民众观感、气候、地质条件、各个民族、矿产、社会习尚等做了全面介绍，对新疆的开发与建设提出了自己的观点。更可贵的是，他提倡民族平等，"我们要以平等的态度待他们，先去掉汉族本位的优越感，别以为我是天朝上国、文明民族，他们是落后民族，我来替你们开化，俨然效夜郎之自大"[③]。6月3日，梁寒操将此次演讲内容稍作整理修改发表于《中央周刊》并改名为《西陲漫谈》。

上述言论可以看出，梁寒操对新疆及新疆各族群众的态度是明确的。他始终认为新疆是中国不可分割的一部分，"版图自古归华夏"（《由嘉峪关飞迪化机中（一）》）[④]，只要遵循孙中山先生修铁路、增人力的政策，新

---

① 以上人员均根据梁寒操诗作统计。

② 《文化先锋》分2期转载了这篇讲稿，分别为：1943年第2卷第8期，第3—7页；1943年第2卷第9期，第20—21页转19页。

③ 梁寒操：《新疆之行》，《军事与政治》1943年第4卷第5期，第17—18页。

④ 梁寒操：《西行乱唱集》，中国国民党中央委员会党史委员会编：《梁寒操先生文集》，中国国民党中央委员会党史委员会出版社，1983年，第1374页。

疆是可以开发的，"何当通铁轨，此地亦中原"（《自库米什至和硕》）①。他认为新疆各族同胞是平等的，要和平共处，"种族纷争期永绝，要知共济本同船"（《车过温宿》）②，"仇恨恶因宁永种，和平真理要同参"（《阿克苏城》）③。这种各民族平等、各族文化平等的思想观念，对新疆的发展具有现实意义。

三 第三次新疆之行

1944年9月，盛世才离开新疆，吴忠信继任新疆省政府主席。一个多月后，伊宁发生变故，反对国民党的统治。1945年8月第二次世界大战结束后，伊宁方面的民族军队一路南下，攻占精河、乌苏，直到玛纳斯河西岸，直逼迪化。驻扎在迪化的国民党第八战区司令朱绍良向重庆频发告急电报，蒋介石派张治中到新疆调查情况。9月13日，张治中由重庆飞往迪化，在听取朱绍良汇报和接洽苏联驻迪化总领事后，建议蒋介石请求苏联政府出面调停，协调伊宁方面的民族军队暂停前进。9月16日，张治中返回重庆。不久，国民党中央政府与苏联政府达成调停协议，国民党中央政府和伊宁方面派出代表在迪化进行谈判，张治中被任命为中央代表。10月13日，张治中再次前往迪化，同行者有梁寒操、彭昭贤、张静愚、屈武、王曾善、邓文仪、刘孟纯等。

张治中与伊宁代表的会谈分两个阶段，梁寒操参加了第一阶段的会谈。从吴忠信的日记中可以大致了解梁寒操在第一阶段会谈中的行动轨迹：10月14日，与张治中、朱绍良、吴忠信、刘泽荣、李铁军等人会谈，商讨解决新疆问题的方案④；10月18日，参与张治中、吴忠信等人就伊宁代表

---

① 梁寒操：《西行乱唱集》，中国国民党中央委员会党史委员会编：《梁寒操先生文集》，中国国民党中央委员会党史委员会出版社，1983年，第1382页。

② 梁寒操：《西行乱唱集》，中国国民党中央委员会党史委员会编：《梁寒操先生文集》，中国国民党中央委员会党史委员会出版社，1983年，第1388页。

③ 梁寒操：《西行乱唱集》，中国国民党中央委员会党史委员会编：《梁寒操先生文集》，中国国民党中央委员会党史委员会出版社，1983年，第1388页。

④ 吴忠信：《吴忠信主新日记》，苗普生主编：《中国西北文献丛书二编·西北民俗文献》第15卷，线装书局，2006年，第106页。

提出先由中央政府提出解决方案一事的会谈①；10月20日，访问伊宁代表，解释民主政治，分析民主政治特点等②；11月13日，前往招待所慰问由伊宁返迪的伊宁代表③。

上述为吴忠信日记中明确记载有梁寒操参加的活动。不难推测，时任国防部最高委员会副秘书长的梁寒操参加了张治中与伊宁代表的谈判④，参与制定了《中央对解决新疆局部事变之提示案》等⑤。

12月3日，梁寒操与张静愚返回重庆⑥。尽管梁寒操没有全程参与对伊宁代表的研判，但可以肯定的是他对谈判得以顺利进行起到了不可或缺的作用。

有过三次新疆之行的梁寒操俨然成为新疆问题的专家。1947年发生"北塔山事件"，梁寒操从国际、民族、国内政治、经济四个方面来分析此问题⑦；1958年中国边疆历史语文学会成立，梁寒操为会员，并在该学会第十次讲演会上演讲《新疆问题剖视》⑧；1964年中国边疆历史语文学会出版《新疆研究》，梁寒操撰写序言⑨。

梁寒操的三次新疆之行与新疆重大的历史事件均有所联系，不论是拉拢盛世才，促成盛世才归顺国民政府，还是协助解决伊宁事件，建立联合

---

① 吴忠信：《吴忠信主新日记》，苗普生主编：《中国西北文献丛书二编·西北民俗文献》第15卷，线装书局，2006年，第127页。

② 吴忠信：《吴忠信主新日记》，苗普生主编：《中国西北文献丛书二编·西北民俗文献》第15卷，线装书局，2006年，第139页。

③ 吴忠信：《吴忠信主新日记》，苗普生主编：《中国西北文献丛书二编·西北民俗文献》第15卷，线装书局，2006年，第298页。

④ 张治中分别于1944年10月17日、10月20日、11月14日、11月15日、11月17日、11月18日与伊宁代表谈判。之后，张治中与伊宁代表仍有谈判，但梁寒操已返回重庆，未参加。详见张治中：《张治中回忆录》，华文出版社，2014年，第304—314页。

⑤ 该提示案依据民族平等、政治民主、地方自治的原则拟定，共12条，于10月20日提交伊宁代表。详见张治中：《张治中回忆录》，华文出版社，2014年，第306—307页。

⑥ 《立报》1945年12月5日第2版。

⑦ 梁寒操：《论新疆问题》，《中国青年（重庆）》1947年复刊第6期，第5—7页。

⑧ 梁寒操：《新疆问题剖视》，中国国民党中央委员会党史委员会编：《梁寒操先生文集》，中国国民党中央委员会党史委员会出版社，1983年，第931—939页。

⑨ 梁寒操：《〈新疆研究〉序言》，中国国民党中央委员会党史委员会编：《梁寒操先生文集》，中国国民党中央委员会党史委员会出版社，1983年，第1242—1243页。

政府，都对新疆的和平稳定起到了积极的作用。他的南疆之行，更是为国人揭开了南疆、维吾尔族、伊斯兰教的神秘面纱，真实再现了南疆百姓群众的生活状况。他提倡民族平等、文化平等的积极态度，对今天的新疆仍具有现实意义。

作者通信地址：新疆乌鲁木齐市沙依巴克区新医路102号新疆师范大学（昆仑校区）图书馆，邮编：830054。

责任编辑：黄小高

韦瀚章的艺术歌词与民国歌词学的发生[*]

刘兴晖^{**}

广东第二师范学院，广东广州，510303

摘　要： 在清末民初文学改良和音乐改良运动中，"歌词"作为一种可合乐可歌、长短句形式的新体韵文，逐步从诗词附属之地位独立出来。以上海音专为主要阵地，叶恭绰、韦瀚章、龙榆生等词学家、音乐家的歌词理论，体现出明显的"词学"色彩，促进了20世纪30年代艺术歌曲的兴盛。韦瀚章提出歌词创作的"三项原则"，并与音乐家携手，创制了大量带有古典诗词风格的艺术歌曲，成为诗中有乐、歌蕴词境的典范之作。

关键词： 歌词学；韦瀚章；上海音专；黄自；艺术歌词

清末民初，以西方乐理为基础的新音乐逐步盛行，但新音乐文学却并没有随之产生相对成熟的独立文体，往往是采用或改编古典诗词、白话诗词等，借用为新音乐文学的载体。

以古典诗词为新歌之词者，如陈厚庵谱曲编成的《宋词新歌集》^①。该集择录了宋徽宗《燕山亭》（北行见杏花）、柳永《雨霖铃》（离别）等12首宋词，另谱新曲，以"西洋规律"之声调、节拍等来传达"东方风趣"，赵元任评云："很有中国味，而和声也很得体。"^②这种"唐宋词新声"歌

---

* 本文为2017年度国家社科基金重大项目"中国词学通史"（批准号：17ZDA239）的阶段性成果。

** 刘兴晖（1975—　），女，汉族，湖南邵阳人，广东第二师范学院中文系副教授，博士。

① 陈厚庵：《宋词新歌集》，商务印书馆，1934年。

② 赵元任：《赵元任音乐论文集》，中国文联出版社，1994年，第84页。

曲，主要是以音乐家的眼光来遴选古典歌词，并不需要新体文学的参与。

以白话诗词为新歌之词者，如赵元任谱曲编成的《新诗歌集》①。该集选编了胡适《瓶花》、刘大白《卖布谣》、徐志摩《海韵》等14首新体诗词，结合诗之意蕴和音韵特点，创造出"能够概括其总体合适的特殊音型"②，声文相和，萧友梅赞为"这十年来"出版的"最有价值"的音乐作品。这种以新诗为歌的作品，也是由音乐家来主动斟酌唱词，文学家并未真正参与，音乐家甚至还有着不知"把他们的诗做好了还是做坏了"的担心和忐忑③。

因此，在民国新歌的创制中，无论以古典诗词还是以白话诗词为新歌之词，显然音乐家都是主要承担者，是新音乐文学发展初期的主要推动力。音乐家盼望着与诗人、词人的合作，然而好诗未必是好歌，曾经对新体诗人满怀期待的赵元任，也意识到新歌之词，应该有着独立的文体。1927年，中国第一所专业音乐学院国立音乐院成立④。以易韦斋、龙榆生和韦瀚章"三位歌词作家"⑤为旗帜，国立音专积极倡导新歌创作，成为学院派新音乐文学发展的主要阵地。终身致力于创作"艺术歌词"⑥的韦瀚章，成为民国艺术歌词作家⑦中最为杰出的代表。

韦瀚章（1906—1993），广东香山人，自称"野草词人"。1929年毕业于上海沪江大学文学系，同年应聘于国立音专，任注册主任。在国立音专的七年期间⑧，他与黄自、应尚能、陈田鹤、江定仙等作曲家合作，创作了大量有古典诗词风格的艺术歌词；并在中国新音乐文学史上，第一次从文体革新的角度确定"歌词"之名，由此揭开了中国现代歌词创作和歌词研

---

① 赵元任：《新诗歌集》，商务印书馆，1928年。

② 汪毓和：《中国近代音乐史》，中央民族大学出版社，2006年，第148页。

③ 赵元任：《新诗歌集·谱头语》，《新诗歌集》，商务印书馆，1928年。

④ 按：1929年，该院改名为国立音乐专科学校，萧友梅任校长。下文简称为国立音专。

⑤ 张雄：《国立音专的三位歌词作家》，《音乐爱好者》2009年第9期，第21—23页。

⑥ 韦瀚章在《野草词总集》的序中，将自己一生事业总结为"写作艺术歌词"。韦瀚章：《野草词总集》，东大图书股份有限公司，1989年，第2页。

⑦ 廖辅叔：《谈老一代的歌词作家》，《中央音乐学院学报》1994年第3期，第91页。

⑧ 1936年，韦瀚章辞去国立音专之职。中华人民共和国成立后，韦瀚章曾在香港中国圣乐院教授歌词写作。1973年11月，"韦瀚章词作音乐会"在台北举办，12月在香港举办。参见陈伟强《韦瀚章教授年谱》，引自韦瀚章教授纪念文集编辑委员会编：《韦瀚章教授纪念文集》，香港音乐专科学校，1995年。

究的序幕。

一 词体的"解放"与歌词文体的独立

基于新音乐而产生的"歌词"一名，在清末民初就已见使用。1905年，沈心工在《小学唱歌教授法》中，评价学堂乐歌要实现国民启蒙教育，应首先侧重"歌词"的创制而非"乐谱"①，只要歌词移人人情，就能口耳相传，达到人人能歌的目的。但晚清时期，并没有明确歌词作为独立文体形态的标准和范式，主要是以"能唱的诗"或"能唱的词"之面貌呈现，一般称为歌、学堂乐歌、新体乐歌、别体唱歌，因为重在"以诗合乐"的"文学复兴"②之目的，"徒歌"与"歌曲"一般并不加区分。如易韦斋认为，"歌"就是指"以西洋作谱法，在钢琴的音阶谱出来，使歌者能依谱唱出来的歌"③，兼容了歌与歌曲之意。易氏又言"谈到歌词的创作，我以为没有好得过李后主"④，则将唐宋词还原为可歌之词。词之"长短句"，在近代语境中，往往指代长短相间、句式变化自由的泛诗歌文体。但每一种新文体如白话诗、白话词、新体乐歌，都对词之内涵和形式做了不同取舍。易言之，近代新韵文大都是词的衍生文体，依托词体抒情言长特质，又试图摆脱词体格律的束缚。如翁漫栖《词改善的意见》云："我自己的改善却是把词谱完全解放……重立一体的词格，另创一格的声律便是谱。"⑤随着词体格律被逐步消解，只剩下长短句形式时，各种新文体的创制就显得自然和自如多了。

但词谱并不是乐谱，解放词谱，并不意味着歌的创作可以完全自由；遵循词谱，也不意味着可以恢复词之合乐(现代音乐)而歌。萧友梅在《为提倡词的解放者进一言》中，从音乐家的角度提醒："至于把旧词牌的句法和字数认作乐谱，或把旧词牌每句规定的平仄认作乐谱，在音乐的立场

① 沈心工：《小学唱歌教授法》，张静蔚编选校点：《中国近代音乐史料汇编(1840—1919)》，人民音乐出版社，1998年，第219页。

② 梁启超：《饮冰室诗话》，人民文学出版社，1959年，第59页。

③ 易韦斋：《"声""韵"是歌之美》，《乐艺》1930年第1卷第1号，第47页。

④ 易韦斋：《音乐里需要的歌》，《音乐杂志(上海)》1934年第1期，第31页。

⑤ 杨传庆编著：《词学书札萃编》，南开大学出版社，2015年，第528—529页。

看来，都是一种误会。"①指出能够"重新合乐"的新体韵文，虽然可能与古典诗词同形，但并非同质。

叶恭绰将这种"新体词曲"命名为"歌"，并提出"歌"的文体特性主要有三点："一必能合乐，二须有韵脚，三雅俗能共赏。"②并预言随着歌的发展，词"或先退位"。"须有韵脚"尚是文学家可为，"必能合乐"则有难度，"非尽人能学"，因此萧友梅在音专特设了"诗歌一科"③，旨在培养能进行"歌"创作的音乐人才。1931年，叶恭绰与龙榆生、萧友梅、易大厂等倡议成立歌社，以研究如何创制"融合古今中外之特长，藉收声词合一之效"的新体歌词为宗旨。《歌社成立宣言》呼吁师生积极创制"适应现代潮流"的新体歌词：

> 旧体文学，既日与音乐脱离，以失其普遍效能，致不为人所重视。而新兴歌曲，非逐效欧风，即相率为靡靡之音，苟以迎合青年病态心理。至于本身之责任，与其对社会民众所发生之影响为如何，不暇计也，同人等有鉴及此，将谋文艺界音乐界之结合，以弥诸缺陷，而从事于新体歌词之创造，以蕲适应现代潮流，爰有歌社之组织。④

《宣言》批评了当时歌词创作中的弊端：如句式过长，表达不畅，难晓其意；或失于浅薄，或失于艰涩，不关注乐歌化民成俗的价值，也失去了歌曲美听美声的传播意义。在"四不像"的创作现状中，歌词文体的独立，也成为新音乐文学发展的必然趋势。

---

① 萧友梅：《为提倡词的解放者进一言》，陈聆群、洛秦主编：《萧友梅全集》第一卷《文论专著卷》，上海音乐学院出版社，2004年，第592页。

② 叶恭绰：《俞平伯词集序》，叶恭绰著，姜纬堂选编：《遐庵小品》，北京出版社，1998年，第104页。

③ 萧友梅：《国立音乐专科学校发刊诗歌旨趣》，陈聆群、洛秦主编：《萧友梅全集》第一卷《文论专著卷》，上海音乐学院出版社，2004年，第365页。

④ 萧友梅、龙沐勋：《歌社成立宣言》，《乐艺》1931年第1卷第6号，第76—79页。

二 音、情、文相生：歌词创作的"三项原则"

韦瀚章曾回忆"歌词"提出的背景和过程，云："'歌词'这个名称，是我建议给黄自和应尚能之后订出来的。我们现在写的'词'，是从旧诗词中，采用他们的长处，参考他们的造句和格律方式。我们现在写歌词，要有现代的思想、现代的题材和现代的词语。……所以我建议用'歌词'这个名称，表示我们所写的歌词，跟以前的诗词、跟现代新体的诗都有区别。"[①]韦瀚章将新音乐歌曲中的歌词与新诗、古典诗词做了区分，将歌词放在"现代"的思想、题材和语言环境中，不受已有文体的束缚和限制，体现出初创文体的开放性和包容性。这种可以融汇、吸纳古典韵文之优长的现代新兴合乐文体，"与古代诗经、汉古诗、唐近体诗、宋词、元曲等并列"，并最终定名为"歌词"[②]。"歌词"文体的独立，标志着现代歌词学研究的发端。

早在1904年，曾志忞《音乐教育论》中就提出："欲发达音乐，第一当研究歌学，第二当研究曲学。"[③]从研究的角度，将新音乐歌曲中的徒歌与乐曲做了区分。作歌与作曲，应是分属于文学家与音乐家的二事。但实际创作中，正如萧友梅所言，诗人所作的诗歌，绝大多数"只宜于看读，不宜于歌唱"[④]，好诗与好歌并不完全对等，好唱好谱是作曲家必须要考虑的因素："字音响亮，句法比较的整齐一点，听了要容易懂，句尾要押韵，重复句子要多一点。"[⑤]如果不符合这些条件，也可以成为好诗，但是"做起歌调"来，"总比较的难服侍一点"[⑥]。

韦瀚章发展了叶恭绰对歌之"合乐""押韵""雅俗共赏"的要求，提

---

① 刘靖之编：《中国新音乐史论集》(1920—1945)，香港大学亚洲研究中心，1988年，第327页。

② 韦瀚章：《我的歌词创作经验》，刘靖之主编：《民族音乐研究》，商务印书馆(香港)有限公司，1989年，第247页。

③ 曾志忞：《音乐教育论》，张静蔚编选校点：《中国近代音乐史料汇编(1840—1919)》，人民音乐出版社，1998年，第205页。

④ 友梅：《介绍赵元任先生的新诗歌集》，《乐艺》1930年第1卷第1号，第73页。

⑤ 赵元任：《新诗歌集·序》，《新诗歌集》，商务印书馆，1928年，第6页。

⑥ 赵元任：《新诗歌集·序》，《新诗歌集》，商务印书馆，1928年，第6页。

出歌词创作的"三项原则"：

一、要合乎配曲的要求，适合演唱。

二、要协韵，因为它对抒情、分段方面帮甚大，每一协韵的地方，可能是一整句，亦可表示一抒情段落，令唱者易记忆，听者悦耳。

三、协韵须配合词的感情，悲哀之情协以低沉之音韵，激越之情，则须协以高亢之音韵；不过，值得注意的是：同一个字，用广州话与普通话念时，可能有高低音之别，所以写完歌词后，最好先用两种语言念一遍，找出有毛病的字眼加以修改。①

作为"耳的诗"而非"目的诗"，韦瀚章解释了歌词协韵之传情达意的意义，以及悦耳、易记的效果，又具体地谈及应该如何协韵方能恰切得声情相协、声意相通，以声情合乎文情，把"适合演唱"作为首要原则。如在创作轻松愉快的歌词时，遇上词中地名有"依""乌"等字眼时，就要放在句中，避免放在句尾押韵，否则，唱至句尾，由于歌者气息调节的原因，音量便会"大大减弱"②。此可略见韦瀚章对歌词文体之特殊性的重视。韦瀚章还从一名音专教师的角度，提出歌词创作者必备的基础知识和素养：

一、声韵的知识：……我们作词时，必须先了解声、韵的特质和分别，以便运用双声、叠韵字入词；四声（平上去入）亦须注意，如天（上平声）、田（下平声）的音高差距大，为"田"字配乐时，不能配上高音，否则便与"天"音混淆。

二、国学根底：对中国诗词、歌曲有基本的认识和欣赏能力。我们先要能辨别古诗、唐诗、宋词、元曲等体裁及其特色，进一步

---

① 韦瀚章:《我的歌词创作经验》,刘靖之主编:《民族音乐研究》,商务印书馆（香港）有限公司,1989年,第247页。

② 韦瀚章:《我的歌词创作经验》,刘靖之主编:《民族音乐研究》,商务印书馆（香港）有限公司,1989年,第247页。

培养欣赏分析能力，从描写、叙事、用字等角度领会诗中妙处。①

韦瀚章不仅注重汉字平仄抑扬的音声变化，也注重歌词内容的典雅意蕴。他创作的歌词多为"半文半白体"，也有纯然的古典风格的"宋元词曲体"，体现了古今融通的歌词观。1934年，现代词学"三大宗师"之一的龙榆生发表《从旧体歌词之声韵组织推测新体乐歌应取之途径》一文，从借鉴旧体诗词的角度，提出了歌词创作的建议和要求：

> （甲）声调必须和谐美听，而所以使之和谐美听者，必为轻重相权，疾徐相应；则四声平仄，即为运用此种方式之巧妙法门，未容疏忽；
> （乙）句度必须长短相间，乃能与情感之缓急相应。则旧词之形式，亦正足为吾人考镜之资；
> （丙）押韵必须恰称词情，乃能表现悲欢离合激壮温柔种种不同之情绪；于是四声韵部，以及宋元词曲叶韵之成规，与其缓急轻重配合之宜，皆为吾人之大好参考资料。②

龙榆生主张学习和模仿宋元词曲的声韵组织来创作新体歌词，即用长短相间的句式，音文相彰，疾徐相应，和谐美听，从而达到动情、入心的艺术效果。新歌的押韵比较自由，萧友梅主张作歌"用国音歌韵做韵脚"③，"国音"是"官音"，指1913年由"读音统一会"决议审定，1920年由当时国民政府教育部公布④的"以现代的北平音为标准"⑤的语音。萧友梅主

---

① 韦瀚章：《我的歌词创作经验》，刘靖之主编：《民族音乐研究》，商务印书馆（香港）有限公司，1989年，第247—248页。
② 龙榆生：《从旧体歌词之声韵组织推测新体乐歌应取之途径》（下），《音乐杂志（上海）》1934年第2期，第11—12页。
③ 陈聆群、洛秦主编：《萧友梅全集》第一卷《文论专著卷》，上海音乐学院出版社，2004年，第743页。
④ 萧友梅：《给作歌同志一封公开的信》注1，陈聆群、洛秦主编：《萧友梅全集》第一卷《文论专著卷》，上海音乐学院出版社，2004年，第773页。
⑤ 教育部国语统一筹备委员会编：《国音常用字汇·本书说明》，商务印书馆，1932年。

张，如果是一首长歌，在每章或数句之间"尽可以"换韵，并且平、上、去声都可通用。在萧友梅、易韦斋、龙榆生、韦瀚章等的积极倡议和组织下，上海音专成立音乐艺文社，并在《音乐杂志》上刊登"征求歌词启"：

> 本社同人渴望全国文学家，对于现实，下一种真确的观察来发挥无量的速写与素描及其督促，鼓舞，扶翊和振刷等种种创作歌词……
>
> 歌词，无所谓雅俗，但所望者：
> （一）协韵（或平仄互协及转韵），
> （二）长短句（非四五七言诗），
> （三）一题数首者字数如一。①

在启事中，仍然是面向"全国文学家"，试图寻求新音乐文学的合作者，旨在对现实做真确的观察与速写，并不以雅俗为歌词的价值判断，仅对句式体裁做了最基本的要求，给予歌词文体较大的自由，也降低了歌词的创作门槛，可视为韦瀚章歌词创作"三项原则"的降级和简约版，显见该社对"文学家"大胆尝试歌词文体的倡导和鼓励。

三 《宋词选注》与韦瀚章歌词中的古典词曲印象

对比萧友梅、叶恭绰、韦瀚章、龙榆生等的歌词理论，他们在押韵、长短句式、声情相生的观点上可谓同声相应，促进了20世纪30年代以艺歌为主流的风尚。"艺歌"即艺术歌曲（art song），原指18世纪末19世纪初，在欧洲盛行的一种抒情歌曲，主要咏叹"爱情、期待、大自然的美和人生中短暂易逝的幸福"②，与唐宋词要眇宜修、境深言长的美文特征极为契合。20世纪30年代前后，中国艺术歌曲发展极一时之盛，其"浓郁的文人气质和'阳春白雪'的高雅情韵"③，迥异于学堂乐歌实用、通俗的特征，体现

---

① 《音乐艺文社征求歌词启》，《音乐杂志（上海）》1934年第1期，第34页。
② 宋涛主编：《西乐鉴赏手册》，北京燕山出版社，2008年，第61页。
③ 吴宇红：《音乐欣赏》，社会科学文献出版社，2010年，第23页。

出浓郁的古典词曲印象①，其中又以韦瀚章的创作最为典型，也为中国艺术歌曲之"风范"奠定了基础。

韦瀚章在上海沪江大学求学期间，曾师从近代词学家吴遁生学习诗词。吴遁生选注有《唐诗选》《清诗选》《宋词选注》《温庭筠诗选》等数种。其所选偏倚性灵一派，"或意味深长，或自然成趣"②。以《宋词选注》为例，多录北宋小令词，选作家142人300余首。即使是以"极其工""极其变"著称的南宋词，也呈现出淡雅悠远的面貌。如所录吴文英词共五首，《思嘉客》《唐多令》《阮郎归》《西江月》《忆江南》，都为疏朗浅明之作；所选姜夔词《鹧鸪天·正月十一日观灯》也颇有晚唐五代之致：

> 巷陌风光纵赏时。笼纱未出马先嘶。白头居士无呵殿，只有乘肩小女随。
> 花满市，月侵衣。少年情事老来悲，沙河塘上春寒浅，看了游人缓缓归。③

"花满市，月侵衣"与李煜词"花满渚，酒满瓯"句式相仿；"笼纱未出马先嘶"与温庭筠词"门外草萋萋，送君闻马嘶"的情境相似。但与温、李原词相比，该词较为沉郁，保留了姜词特有的健笔和清气。

韦瀚章的词风受乃师影响较大，宗尚唐五代北宋之风，用词活脱，语言浅近，故能由词体自然过渡到清丽而不乏诗意的歌体，保留了唐五代北宋词中"粗服乱头"、纯粹淋漓的抒情色彩。他发表在《音乐杂志》上的"诗歌"，也主要是词或是仿词体的歌词创作，此录两首以"旧格律填词"之作：

忆江南

西湖好，最好是新晴！垂柳乍分波面绿，行云才过远山青；

---

① 详见拙文《晚清民国的唐宋词"新声"与近代乐歌的雅俗分化——以陈厚庵〈宋词新歌集〉为中心》，《广东第二师范学院学报》2017年第1期，第47—52页。

② 吴遁生选注：《宋词选注》，商务印书馆，1935年，第2页。

③ 吴遁生选注：《宋词选注》，商务印书馆，1935年，第108页。

时节近清明。①

卜算子

经岁未还乡，乡思因人老。屡约归期总误期，知道和春恼。

欲待不言愁，翻觉愁多好，俯首扪心细料量，春为侬颠倒。②

第一首词将白居易《忆江南》"江南好，风景旧曾谙"与"江南忆，最忆是杭州"中的"好""最"句式合并，"晴""青""明"悠远平长，应和词中山长水远之意。第二首《卜算子》中的"经岁未还乡"化自韦庄词"未老莫还乡，还乡须断肠"，"乡思因人老"出自汉乐府《行行重行行》"思君令人老，岁月忽已晚"，但如"俯首扪心细料量，春为侬颠倒"则为元曲字面。

除按格律填词外，韦瀚章还创作有自度曲，如《春深几许》《踏残红》：

春深几许

春深几许？连日东风，吹起乱红如雨。曾记越台春欲暮，啼莺翻树，红棉正妩媚。怅前约空留，难觅旧时游侣。寒食清明，都向愁中消去。闲凝伫，问春光：匆匆别我归何处？③

踏残红

踏碎残红，访春踪。几番暴雨几番风？平堤浪渌，锁柳烟浓，底事黄莺，巧语撩人，惊破辽西梦，更有多情燕子，呢喃飞过小桥东。好风光，且行乐，莫待春归花谢，好景成空。④

两首都为创调，题名由首句而来，押韵则仿元曲"一韵到底"。虽是自度曲，但系列语汇如"深几许""乱红如雨""啼莺翻树""旧时游侣""闲

---

① 《音乐杂志（上海）》1934年第1期，第39—40页。

② 《音乐杂志（上海）》1934年第1期，第39—40页。

③ 《音乐杂志（上海）》1934年第3期，第49页。

④ 《音乐杂志（上海）》1934年第3期，第49—50页。

凝伫""归何处"等，仍是密集的诗词语汇和意象。也有"抛开'词牌'格律而肆意作'曲'"①的，如《一半儿》：

一半儿·西湖船娃

眉分柳叶眼波横，腮泛残霞百媚生，含羞带怯，犹自低垂颈。"若为情？"一半儿支吾，一半儿哽。②

《一半儿》为元代曲牌，以一个五字、一个四字句"一半儿"收束，很适于表达复杂矛盾的心情，或体现事、物、情的丰富性和多面性。如元人王举之的"一半儿啼痕一半儿酒"等，情境大抵相似。韦瀚章的《一半儿》作于1934年，描摹西湖船女的妖媚多情和隐曲心事。第一句语出宋王观《卜算子》"水是眼波横，山是眉峰聚"，第二句化自唐白居易《长恨歌》"回眸一笑百媚生"，却带有曲之流利风格，虽未能在神韵上出蓝而胜，但也可见出韦瀚章在歌词创作中，主动汲取散曲口语化、通俗化以及叙事化特点的尝试。

但韦瀚章广为流传的作品，大多既不是按唐宋词格律所作的歌，也不是按曲牌而填的歌，而是与音乐家合作，以古典意象为内核，摆脱格律限制、融合现实情境创作的艺术歌词。

四　韦瀚章与音乐家合作的"艺术歌词"

韦瀚章"艺术歌词"创作的成功，是与音乐家黄自、应尚能等的合作分不开的。韦瀚章曾回忆这种词人与作曲家的合作："与其说是偶然的机缘，毋宁说是必然的趋势。词作者需要作曲家，和作曲家需要词作者，是同样切要的。"③

---

① 韦瀚章教授纪念文集编辑委员会编：《韦瀚章教授纪念文集》，香港音乐专科学校，1995年，第27页。

② 《音乐杂志（上海）》1934年第1期，第39页。

③ 韦瀚章：《长恨歌·前序》，刘靖之编：《中国新音乐史论集》（1920—1945），香港大学亚洲研究中心，1988年，第310页。

作于1932年的《思乡》是韦翰章创作的第一首歌词，也是他与黄自的第一次合作。歌词为：

> 柳丝系绿，清明才过了，独自个凭栏无语。更那堪墙外鹃啼，一声声道："不如归去。"惹起了万种闲情，满怀别绪。问落花，随渺渺微波，是否向南流？我愿与他同去。[①]

歌词化用了大量唐宋词句，浅近的文言，纡徐的节奏，典雅但不深奥，诚挚而不刻露。黄自用音声效果传达了"微波"和"鹃啼"的意象，渲染出细腻真切的现场氛围，"若隐若现的渺渺微波和声声鹃啼，衬托着清丽流畅的旋律"[②]。抒情意味浓郁，入耳入心。

第二首歌《春思曲》也作于是年，同样情致绵长、清丽婉约，表达了对未婚妻的思念之情：

> 潇潇夜雨滴阶前，寒衾孤枕未成眠。今朝揽镜，应是梨涡浅，绿云慵掠，懒贴花钿。小楼独倚，怕睹陌头杨柳，分色上帘边；更妒煞无知双燕，吱吱语过画栏前。忆个郎，远别已经年，恨只恨，不化成杜宇，唤他快整归鞭。[③]

歌词从对面设想，拟闺阁女子的语气，再现王昌龄《闺怨》中"忽见陌头杨柳色，悔教夫婿觅封侯"之情境，又融汇诗词典故，呈现出"古色古香"的歌体风格。

韦瀚章也有相对晓畅的歌，如《五月里蔷薇处处开》：

> 五月里蔷薇处处开，胭脂淡染，蜀锦新裁。霏红疑是晚霞堆，

---

① 韦瀚章：《野草词总集》，东大图书股份有限公司，1989年，第3页。
② 韦瀚章教授纪念文集编辑委员会编：《韦瀚章教授纪念文集》，香港音乐专科学校，1995年，第58页。
③ 韦瀚章：《野草词总集》，东大图书股份有限公司，1989年，第4页。

蜂也徘徊，蝶也徘徊。五月里蔷薇处处开，不见春来，只送春回。[①]

略有民间小调风味，但语言雅致匀净，并不涉谐谑。重叠回环，错落中有呼应，体现出相对成熟的歌体特色。虽带伤春之意，但初夏的繁花似锦，霏红如霞，洋溢出洒落和宽广的生命气息。另如《农歌》（江定仙作曲）：

> 春天三月雨绵绵，坭土不燥也不黏。东风吹人不觉寒，辛苦农夫好耕田。柴门外，麦田边，工作个个要争先。如今勤力收成好，大家得过太平年。[②]

写春日所感所见，语汇已近日常口语，"坭土不燥也不黏""工作个个要争先""如今勤力收成好"，书写明快乐观，充满对未来的憧憬和集体劳作的欣悦感。"东风吹人不觉寒"，化用南宋诗人释志南"吹面不寒杨柳风"句。这时的歌词文体，渐由以词的长短句转为以新诗之长短句为架构。

韦瀚章还创作了大量振顽起懦、慷慨激昂的爱国歌曲，如《旗正飘飘》《吊吴淞》《抗敌歌》等。兹节录他与黄自合作的《旗正飘飘》歌词如下：

> 旗正飘飘，马正萧萧，枪在肩，刀在腰，热血似狂潮。旗正飘飘，马正萧萧，好男儿，好男儿，报国在今朝。快奋起，莫作老病夫；快团结，莫贻散沙嘲。快奋起，莫作老病夫。快团结，莫贻散沙嘲。好男儿，好男儿，报国在今朝。国亡家破，祸在眉梢。要生存，须把头颅抛。不杀敌人，恨不消。快团结，快团结，快奋起，团结，奋起，团结！[③]

起句两组四四三三五句式，参差往复、坚定有力。"好男儿，好男儿"，急切如唤，见劝勉殷殷；"奋起""团结"二字句与"旗正飘飘""马正萧

---

① 韦瀚章：《野草词总集》，东大图书股份有限公司，1989年，第8页。

② 韦瀚章：《野草词总集》，东大图书股份有限公司，1989年，第29页。

③ 韦瀚章词、黄自作曲：《旗正飘飘》，《音乐杂志（上海）》1934年第1期，第1—10页。此选录第一段，歌词中重复之处有删节。

萧"四字句，齐整有度，形成步履坚定、飒爽高迈的音声效果。所押萧肴韵，声调昂扬，与大量去声字相应，抑扬顿挫，节奏鲜明，又注意了歌之复沓、回环的特点，使得全歌具有鼓舞人心、团结民众的效果。韦瀚章自述此词写作的灵感来自杜甫《兵车行》，"马正萧萧""枪在肩，刀在腰"显然化自"车辚辚，马萧萧，行人弓箭各在腰"，"但是这首诗（指《兵车行》）比较消沉，在抗战的大时代里，我们需以大气魄、坚决的意志来抵抗侵略，于是我把意境完全反正过来"①。与杜甫诗出以诗史之沉郁画面不同，《旗正飘飘》体现出团结一心、勇敢无畏的情感色彩。1931年3月，在杭州西湖艺专大礼堂排练演唱时，乐队伴奏和着雄壮的歌声，听者无不动容，奋起"同仇敌忾之情"②。

《吊吴淞》作于抗战期间，即景抒情，沉痛悲惋：

> 春尽江南，不堪回首年前事。到如今，一寸山河一寸伤心地！极目吴淞，衰草黄沙迷废垒……可怜未竟干城志！ ③

起句用"尽头语"，截取宋阮阅词句"春尽江南归已迟"与五代李煜词句"故国不堪回首月明中"而成。歌词还化用杜牧、姜夔咏叹扬州的诗词，由眼前之景发愤懑之情，出以口语化、散文化笔法，颇有稼轩词慷慨悲郁而意深言长的特点，"逐字铿锵，令人流连"④。

韦瀚章与黄自还有过在歌词写作上的联手。《韦瀚章传》记录了作曲家黄自创作的半首歌词：

> 中华锦绣江山谁是主人翁，我们四万万同胞。强虏入寇逞凶暴，快一致，永久抵抗将仇报。家可破，国须保；身可杀，志不挠。一心一力团结牢，努力杀敌誓不饶。⑤

---

① 赵琴：《野草词人韦瀚章》，《人民音乐》1986年第1期，第60页。

② 赵琴：《野草词人韦瀚章》，《人民音乐》1986年第1期，第60页。

③ 韦瀚章：《野草词总集》，东大图书股份有限公司，1989年，第9页。

④ 韦瀚章教授纪念文集编辑委员会编：《韦瀚章教授纪念文集》，香港音乐专科学校，1995年，第3页。

⑤ 文谷：《韦瀚章传》，韦瀚章：《野草词总集》，东大图书股份有限公司，1989年，第8页。

黄自拿这阕歌给韦瀚章："这首歌太短了，你可否替我补上一阕？"[1]韦瀚章续补了下阕：

> 中华锦绣江山谁是主人翁？我们四万万同胞。文化疆土被焚焦，须奋起，大众合力将国保。血正沸，气正豪；仇不报，恨不消。群策群力团结牢，拼将头颅为国抛。[2]

韦瀚章的续补，以复沓、押韵等方式保留了原歌的语脉，并在意绪上深化了歌中救亡图存、誓死报国的坚定意志。从这首歌的创作过程中，也可看出民国音乐家和文学家对于歌词创作的一些基本原则和文体特征，已有了较为一致的认知。

回顾近百年前现代歌词和歌词学的发生过程，不难发现，韦瀚章"多以宋词为体"[3]的艺术歌词，也与这一时期歌词学理论有着互动相生的联系。既传承了诗词典雅含蓄的美感特质，又精心于"字音有四声平仄的分别"[4]，熟稔于歌体与词体间的语汇和意脉转换之桥梁，使之富有可歌性；又能融汇现代语汇和现代精神的新元素，使之生动活泼、富有生活气息。虽然也因古典色彩浓郁，被讥讽为"陈旧的词藻太多"，但平心而论，在近代文言与白话的过渡时期，其歌典雅而不繁缛、清丽而不浅俗，如《思乡》《春思曲》等，矩律自由却不失古典印象，故能传唱不绝，成为中国百年艺术歌曲中丽而有则的经典之作。

民国歌词学带有明显的"词学"色彩，焦点主要集中在如何以古典诗词特别是唐宋诗词之语汇、意象为素材，创作出具有现代人文色彩和审美风格，声文符契、移情感人的新体歌词；这种由词而歌词、由词学而歌词学的自觉传承和文体递嬗，为中国现代歌词特别是艺术歌词之清疏味永、浑瀚高华的"中国味"和"东方风趣"奠定了基础，也开启了中国现代歌

---

① 文谷：《韦瀚章传》，韦瀚章：《野草词总集》，东大图书股份有限公司，1989年，第8页。
② 文谷：《韦瀚章传》，韦瀚章：《野草词总集》，东大图书股份有限公司，1989年，第8页。
③ 韦瀚章教授纪念文集编辑委员会编：《韦瀚章教授纪念文集》，香港音乐专科学校，1995年，第3页。
④ 韦瀚章：《野章词总集·序》，《野草词总集》，东大图书股份有限公司，1989年，第2页。

词文体本源丰厚的创作之路。

作者通信地址：广州市海珠区新港中路351号广东第二师范学院教工宿舍4栋，邮编：510303。

责任编辑：赵晓涛

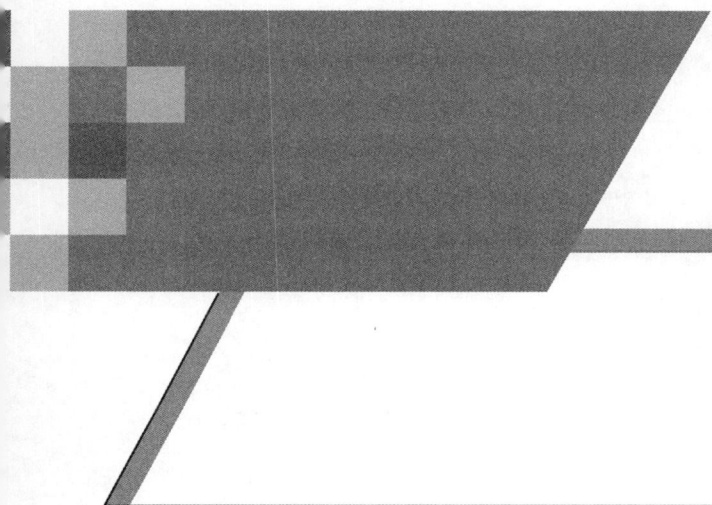

研究动态

广州高第街许氏家族研究综述

黄 悦[*]

广州大典研究中心，广东广州，510623

摘 要：广州高第街许氏家族的历史，不仅是数十位优秀族人的个人史所组成的家族史，在广州近代史发展中亦占有一席之地。许氏族人参与了晚清至民国的一系列重大历史事件，对广东社会变迁乃至全国局势变动均形成一定的影响。历年以来，学界关于许氏家族及其族人的研究与讨论已形成学术脉络，文章通过收集整理现有研究论文，梳理并呈现学界对高第街许氏家族研究的已有成果和面貌，希望引起学界进一步关注，就未尽之处继续深入挖掘，或另辟蹊径从新的角度观照与高第街许氏家族相关的人生史、家族史、军事史、地方史、社会史乃至大历史。

关键词：高第街；许地；许氏家族研究

在今日广州越秀区中东起北京路、西接起义路、总长约为600米的高第街，在明万历年间的地方史志刻本《粤大记》中就被提及："李孔修，字子长，顺德大良人，自号抱真子，侨居广州之高第街，混迹人群。张诩识之，则荐于其师陈献章……"[①]其中所提及人物张诩的生卒年是公元1456—1515年，由此可见，高第街的有文献可循的历史最早可以上溯到明景泰至正德年间。根据道光《广东通志》，高第街位于外城，曾是广州府

---

* 黄悦(1982—)，女，汉族，广东广州人，中山大学史学博士。

① （明）郭棐撰，黄国声、邓贵忠点校：《粤大记》（下册），中山大学出版社，1998年，第745页。

署、按察使司署、司狱司及狱、城隍庙等衙门和寺庙的所在①。根据《［同治］番禺县志》，高第街属于"新城内街"②，即处于外城城墙与内城城墙之间，同时是当时盐务公所的所在地③。在《［宣统］番禺县续志》实业志中有一段关于高第街的描述，如下：

> 本邑与南海县均广州附郭。自老城双门底、新城小市街城外、五仙直街以东属本邑境，均非商场所在。其中惠爱街、双门底、高第街一带，虽素称繁盛，然各店营业多属门市，范围至狭，果栏、菜栏、东猪栏、东鱼栏各栏口为四乡农民与全城商贩交易之枢纽，范围较广，麦栏街、海味街、太平沙、增沙各盐馆为全省盐业交易之枢纽，范围更广，但均未能出国门一步。综观捕属，各街行口固无，庄口亦不多也。据旧志广州快览采访册。④

因这段文字是"据旧志广州快览采访册"而写成，可以估计高第街一带在清光绪至宣统年间是一块交易繁盛之地，交易范围涵盖了农产品、粮食、海味、盐这些类别。

现今许地位于高第街中段北侧，由东至西有三个门牌：东门（112号）、西门（126号）、正门（152号），后来另编有独立的从1号到41号的门牌号码，现称为高第街许地，为许氏家族后人所有，其中房屋或自住或租出为仓库，经多次改建以及火灾之后，已经难以辨认出大宅的原貌，只有拜庭许大夫家庙、许应骙故居等几处作为市级文物保护单位而得以部分保存。

---

① （清）阮元修，（清）陈昌齐、刘彬华等纂：《广东通志》卷一百二十九、卷一百五十二，清道光二年刻本，上海古籍出版社，1990年。

② （清）李福泰修，（清）史澄等纂：《［同治］番禺县志》卷三，成文出版社，1967年，第19页。

③ （清）李福泰修，（清）史澄等纂：《［同治］番禺县志》卷十五，成文出版社，1967年，第162页。

④ （清）梁鼎芬等修，（清）丁仁长等纂：《［宣统］番禺县续志》卷十二，成文出版社，1967年，第185页。

一　对许地及许氏家族的整体研究

在今天许多广州本地人的心目中，高第街和许地、许氏是联系在一起的，但其实许氏之于广州高第街的历史而言，是一个来自潮汕的年轻家族。自他们第一个落籍番禺的祖先许赓飏出生（1772年）至拜庭许大夫家庙建成（1849年），许氏家族仅仅用了77年的时间，在广州新城内街购置了占地计八百余井的一片房产，成为城内财富声望兼有的绅士，并在其后继续壮大，成长为学者认为的"广州第一家族"。

许氏家族的成长过程引起了多位学者的注意。张竞在2004年已根据广州市越秀区地方志办公室所编的《广州高第街许氏家族》一书及许广平侄儿许锡申的口述，概述了许氏家族十代族人在中国社会变迁中的概况，并以历史时期与贡献领域为标准划分，将其中11位突出者分列为清朝四位大臣、孙中山麾下三将领、著名教育家、女中英杰、工农红军将领、地下共产党员予以详细介绍[1]。黄蓉芳则通过梳理自许拜庭落户广州高第街到许崇清在新中国任中山大学校长的许氏家族中的五代佼佼者生平与建树，展示"广州第一家族"传奇性发展和繁衍[2]。李吉奎认为，到了民国，许氏家族已经走过了鼎盛时期，开始走向各自寻求出路的时代，许氏三位军事将领自响应武昌起义始参与革命并逐渐成为孙中山在粤军事主力将领。孙中山去世后，蒋介石乘调查廖仲恺被刺案成功夺权并掌握国民政府军事力量，许崇智等三人均失去军权，被边缘化至退出政治舞台，保持中立不参与派系争夺的许崇清在教育方面光芒渐显，"还有一批替国民党政权掘墓的人"让许氏没有伴随"国民党政权在大陆的崩溃"而彻底破败，"认识清季以降许氏家族的变迁，实有助于了解这个时段的晚清民国历史"[3]。刘明则提出在大时代变迁的社会环境中，每一个时期都有许氏家族子弟的身影，并主要聚焦于许崇智等"广东三许"在辛亥革命中的贡献[4]。

---

[1]　张竞：《广州许氏家族的历史风云人物》，《上海鲁迅研究》2004年第1期，第278—307页。

[2]　黄蓉芳：《落户高第街200年　许氏家族传奇迭现》，《潮商》2013年第1期，第84—86页。

[3]　李吉奎：《广州许地许氏家族与国民党——以1925年"廖案"前后为中心》，《粤海风》2013年第5期，第26—36页。

[4]　刘明：《广州许氏家族与辛亥革命》，《党史博采（理论）》2015年第5期，第17—18页。

张启龙与徐哲得到29份高第街许地相关房地产买卖契约文书，他们通过对其中9份涉及妇女参与高第街房地产买卖的契约文书的研究，发现广州妇女能以寡居身份对家庭房产进行买卖，提出广州乃至珠三角地区对妇女参与大宗交易和经济活动有一定程度的认同。相较于以男性为尊的、夫权至上的社会大传统是一定程度的突破和进步，并将此归功于广州社会经济的进步与多元文化的融合①。刘正刚与他的学生张启龙通过对38份高第街房产买卖契约的进一步研究指出许氏在高第街业盐致富并通过协助两任两广总督围剿海盗实现"与官府建立联系"，并注重培养"仕宦人才"稳定了家族的财富与地位后，在高第街购置房产、建设许地及家庙的过程，同时也是清代盐法改革在高第街落实的过程②。

二 对"应"字辈族人的研究

前文学者关注整个许氏家族的研究和讨论，许氏族人经过几代的积累，自"应"字辈开始官至一品，许应鑅、许应骙两位族人走进清政府权力中心，亦走进了学者的研究视野。

苏州大学在研究过云楼所藏名人书札的过程中，发现了与许应鑅相关的数份书札。张之望、张嵋珥在研究二通由翁同龢写给星台大公的帖子时，考订出星台大公即时任浙江巡抚的许应鑅，并通过对翁同龢的经历与书法艺术的讨论及对许应鑅政治业绩与家族背景的研究得出结论，作为帝师的翁同龢一方面对许应鑅的政绩感到钦佩，一方面亦有需要与其背后的许氏家族建立友好关系③；而在研究俞樾信札时，除对俞樾、许应鑅两位的业绩展开介绍外，还就书法风格及对照两人生平经历对信札真伪判断进行了进一步讨论，并据此对许应鑅孙女许广平的婚姻作出

---

① 张启龙、徐哲：《被动的主动：清末广州高第街妇女权利与地位研究——以契约文书为例》，《妇女研究论丛》2015年第2期，第96—105页。

② 刘正刚、张启龙：《嘉道时期广州高第街许氏房产契约研究》，《广东社会科学》2019年第2期，第123—134页。

③ 张之望、张嵋珥：《新发现过云楼秘藏翁同龢〈星台帖〉考》，《文物鉴定与鉴赏》2015年第6期，第57—61页。

猜测①。

许应骙在清朝为官 50 余年的时间里，最广为人知的可能是他在戊戌维新运动中作为"保守派"的立场和身份，在前述张竞、黄蓉芳、刘明的研究中均有提及。此后他任闽浙总督兼任福建巡抚，正式成为一方大员后，他的政绩亦为研究者所关注。熊秋良、李玉通过研读台北"中研院"近代史研究所档案馆藏相关档案与《清季外交史料》《光绪朝东华录》《申报》等史料，勾勒出许应骙到任福建后三都澳开埠和鼓浪屿公共租界设立的因由与过程，指出许应骙作为地方大员从自身对国际局势与国内政局的理解出发主动求变，并且在领土安全受到威胁时被动做出开放租界的应对，但同时积极寻求在租界中保留一定的中国自主权，这已是晚清皇朝官员在中外不平等条约限制下的不易之举②。许应骙自闽浙开缺回籍后，在广州继续作为绅商代表，利用他对清政府的影响力和与张之洞等在任地方大员的关系，为在粤绅商表达意见和诉求。朱从兵使用大量《申报》史料及《张之洞全集》的史料，梳理粤汉铁路路权从美国赎回后在粤湘鄂三省分省合办阶段中在广东因岑春煊与绅商分期产生冲突而引发丙午广东粤汉铁路风潮的过程与解决。在黎国廉被捕后，许应骙以"粤省绅士"的名义代表广东绅商的利益多次通过电报和公函与军机处、商部、政务处、同乡京官、张之洞、广州将军寿荫联系，在多方劝和与妥协后，最终将粤汉铁路从"官督商办"转化为商办，并顺利筹组资金进行赎回和建设。朱从兵指出："这次风潮和体制的转型是广东粤汉铁路筹建进入自办阶段必然发生的现象，也是广东粤汉铁路筹建取得进展的结果和表现，在这个过程中，岑春煊和绅商都在探索筹款办法和体制问题，他们都不是阻挠路政或扰乱路政者，而是粤汉路政的推进者。"③

---

① 张之望、张媚珥：《过云楼秘藏俞樾信札的发现》，《文物鉴定与鉴赏》2015年第10期，第41—43页。

② 熊秋良、李玉：《从三都澳到鼓浪屿——闽浙总督许应骙涉外政务观考论》，《福建论坛（人文社会科学版）》2014年第6期，第81—86页。

③ 朱从兵：《谁阻路政：岑春煊与丙午广东粤汉铁路风潮》，《史学月刊》2020年第4期，第59—78页。

三 对"炳/秉"字辈族人的研究

"应"字辈的许氏族人任官结束后,下一辈(炳/秉字辈)因为晚清皇朝的衰亡而没有亮眼的成就,改朝换代之际他们的人生道路也更为曲折难行,因而留存下来的史料并不多,学界对其研究亦甚少。刘平清从《广州大典》所收许炳榛著作两本入手,依据《申报》《两广官报》《东方杂志》等晚清民国报刊以及《那桐日记》等丰富的近代史史料,对许炳榛的生平作出翔实的考订和介绍,填补了学界对许氏家族研究中炳/秉字辈的研究空白,使形成代际断层的家族史得以接续;并指出通过许炳榛的社会角色不断转换可以看出时代的变化及西潮对传统中国的影响,许炳榛由于其出身家族的独特性及本人际遇的典型性,具有以"小人物"观照"大历史"的研究价值,他的思想变化和改革主张都可以在已发掘史料的基础上进行更为深入的研究[①]。

四 对"崇"字辈族人的研究

炳/秉字辈的儿子们——"崇"字辈则伴随着辛亥革命一声炮响走上了历史舞台,上文提到的"广东三许"军事将领及许崇清即四位较为突出的族人。

其中学界聚焦最多的是许崇智与其统领下的粤军。关玲玲详述了许崇智的"早期革命生涯"。包括其在日本留学期间与在福州新军中的革命活动,参加福州起义、二次革命的过程,二次革命失败后在海外参加中华革命党主持军务部和海外筹款的工作,以及参与中华革命东北军的经历,并且在结语中总结了许崇智在此阶段的四个贡献:在福州光复中发挥举足轻重的作用;二次革命时心志坚定;流亡东京时以外围同盟会分子身份加入中华革命党支持孙中山先生再举革命;任军事部长期间在不熟悉的非军事领域表现优秀。最后指出在此时期许崇智暴露的处事无方、领导能力不佳

---

① 刘平清:《许炳榛其人其事考订(1871—1929)》,《广州大典研究》(2020年第1辑 总第5辑),国家图书馆出版社,第3—24页。

的缺点，是其日后被淘汰的原因①。曾庆榴根据《鲍罗廷在联共（布）中央政治局使团会议上的报告》等史料，聚焦廖仲恺遇刺案前后许崇智下台的过程，指出鲍罗廷通过玩弄权术驱逐许崇智，扶持蒋介石，本身就是"不问证据""只问政见"的不妥做法，因此无法建立他们期待中的"诚实的政府"②。葛美荣则聚焦于许崇智与蒋介石的关系与互动，展现了许、蒋自在日本第一次见面至许在香港去世蒋发来唁电的整个过程，其中包括在孙中山去世前许、蒋在军事政治上的合作，"廖案"发生后蒋介石夺取许崇智权力的过程，其后重点突出了许崇智被驱逐后围绕蒋介石亲笔信件的几次博弈③。李吉奎从许崇智于1964年写给叶剑英的一封函件入手，溯源许崇智与叶剑英在东路讨陈军时始建立部属关系，在第一次东征时张民达和叶剑英很可能曾对许崇智进言不能重用蒋介石，但许崇智并未采纳，随后在"廖案"调查中被蒋夺权驱逐，粤军瓦解。此后许、叶二人于1940年冬在重庆会晤，即信件开头所提到的"渝市晤谈"，李吉奎根据当时形式对会谈内容作出推断，指出他们不会旧事重提，应当"实事求是地解读"，此外，还对日后叶剑英在统战工作中为何未提起与许的私交作出了分析④。

许崇清选择的方向与他从事军事的兄长们不同，他自日本留学期间开始醉心于教育学，归国后历任广东省教育厅厅长、三任中山大学校长，对中国教育事业做出了许多贡献，他一生论文著述甚多，自20世纪80年代起，中山大学就开始进行编辑整理工作，出版了《许崇清教育论文集》⑤，随后以此为文献基础，召开了"隆重纪念著名教育家许崇清先生诞辰一百周年学术报告会议"并将会议论文结集出版⑥。许崇清幼子许锡挥教授自20世纪70年代始整理家藏遗稿，并收集许崇清的论文，于1994年编辑出版《许崇清文集》⑦，于2004年精选其中内容并撰写《许崇清传略》为序，再次编辑出版

① 关玲玲：《许崇智与民初之三次革命》，《东吴文史学报》1990年第3期，第355页。

② 曾庆榴：《驱逐许崇智：玩弄权术的事件》，《粤海风》2009年第4期，第27—29页。

③ 葛美荣：《许崇智：蒋介石拜把兄弟的宦海沉浮》，《湖北档案》2014第4期，第43—46页。

④ 李吉奎：《围绕许崇智致叶剑英函件的若干思考》，《红广角》2018年第5期，第94—98页。

⑤ 中山大学学报编辑部：《许崇清教育论文集》，中山大学科研处，1981年。

⑥ 中山大学学报编辑部：《隆重纪念著名教育家许崇清先生诞辰一百周年学术报告会议论文摘编》，1988年。

⑦ 许锡挥主编：《许崇清文集》，广东教育出版社，1994年。

《许崇清文集》①。2013年，笔者应广州市民主促进会之邀，将近年的相关纪念文章、媒体报道、学术论文、口述史稿等编辑整理，出版《崇正树德清风亮节：纪念教育家许崇清》纪念文集②。许崇清教育哲学思想的相关研究，在20世纪80年代始由他的研究生黄凤漳提出，在《许崇清教育思想简介》一文中他将许崇清教育思想发展过程分为六个时期，以许崇清发表的教育相关论文为线索，逐篇分析总结其中的哲学和思想含义③。赵锦英的硕士论文以1994年、2004年出版的《许崇清文集》及1981年出版的《许崇清教育论文集》为依托，梳理了许崇清的教育思想，将自出生起至中华人民共和国成立初年视为其教育思想发展的主要阶段，并从教育哲学、高等教育思想两个方面整理概括了许崇清教育思想的主要内容，随后分析了其产生的社会历史背景和理论基础，并对其作出了较高的评价④。在《许崇清与"人的全面发展"的教育哲学》一文中，赵锦英则以许崇清《人的全面发展的教育任务》一文为中心，结合当时高教部的教育方针，分析许崇清"人的全面发展"教育哲学理念与高教部所下达的教育方针相左之处，并得出许崇清"人的全面发展"教育哲学更为贴近马克思主义教育哲学，并至今仍有现实意义的结论⑤。在教育实践方面，梁山⑥、易汉文⑦、张荣芳⑧的文章介绍了许崇清校长在执掌中山大学时期的功绩，以梳理文史资料、整理史实为主，具有重要的史料价值和参考意义。冯永忠的硕士论文《许崇清早期教育思想与实践研究（1920—1934）》探讨了其在民国早期的工作，其中主要论述其教育思想

① 许锡挥主编：《许崇清文集》，中山大学出版社，2004年。
② 黄悦主编：《崇正树德 清风亮节：纪念教育家许崇清》，广东人民出版社，2013年。
③ 黄凤漳：《许崇清教育思想简介》，中山大学学报编辑部：《许崇清教育论文集》，中山大学科研处，1981年，第364—381页。
④ 赵锦英：《许崇清教育思想研究》，中山大学硕士论文，2005年。
⑤ 赵锦英：《许崇清与"人的全面发展"的教育哲学》，《学术研究》2007年第12期，第92—95页。
⑥ 梁山：《建国后许崇清先生对中大的主要贡献》，黄悦主编：《崇正树德 清风亮节：纪念教育家许崇清》，广东人民出版社，2013年，第124—129页。
⑦ 易汉文：《三次执掌中大的许崇清校长》，黄悦主编：《崇正树德 清风亮节：纪念教育家许崇清》，广东人民出版社，2013年，第110—117页。
⑧ 张荣芳：《许崇清校长的孙中山情怀》，黄悦主编：《崇正树德 清风亮节：纪念教育家许崇清》，广东人民出版社，2013年，第96—109页。

在广东教育界的实践①。胡杨介绍了许崇清教育思想的起点以及他所持的唯物主义教育理论的出发点，并结合其民国时期的工作经历讨论了该时间段的教育实践，全文史实介绍和文献摘取居多，未能对该时期作出深入分析②。笔者结合其在中山大学任职期间的工作探讨了其教育哲学理念的形成、发展与实践，其中教育哲学理念部分多数来源于其发表的论文，并未与其在教育领域的实践相互结合分析③。接贵霞则通过对许崇清"教育本质论"教育思想和"人的全面发展"教育主张及他在高等教育领域的教育实践的介绍，提出"'教育由来，端在实践'，是贯穿许崇清一生的教育理念"④。刘娟的博士论文《许崇清与中国现代教育（1921—1928）》详细探讨了许崇清在1921—1928年间的教育实践及其与中国现代教育体制的联系⑤。刘娟随后发表了《许崇清教育哲学思想探微——以留日和大革命时期为中心》一文，将其博士论文中关于许崇清在民国时期教育思想的部分提炼整理，勾勒出许崇清在日留学期间思想从新康德哲学转向杜威实用主义，在大革命时期因教育实践的受阻和新的政治社会形势向唯物史观和苏俄新教育革命模式转变的过程⑥。在《许崇清与"收回教育权"运动》一文中，她介绍了许崇清任广东省教育厅厅长时落实"宗教与学校教育分离"政策，许通过对学校进行调研，发表《教育方针草案》，颁布并实施《私立学校规程》《私立学校校董会设立规程》《学校立案规程》等方式实现回收、统一教育权。她将许崇清的做法与其后蔡元培在大学院的做法相比较，体现出两位教育家不同的侧重点⑦。在其他方面，李竟先、王祥介绍了许崇清生平经历与书法风格的形成⑧，王祥

---

① 冯永忠：《许崇清早期教育思想与实践研究（1920—1934）》，中山大学硕士论文，2002年。

② 胡杨：《试论民国时期许崇清的教育理论与实践》，《高教探索》2010年第5期，第98—102页。

③ 黄悦：《许崇清教育哲学理念的形成、发展及其在中山大学的实践》，《中山大学学报（社会科学版）》2014年第5期，第36—49页。

④ 接贵霞：《许崇清：教育由来　端在实践》，《教育与职业》2014年第28期，第108—109页。

⑤ 刘娟：《许崇清与中国现代教育（1921—1928）》，未出版博士论文，2015年。

⑥ 刘娟：《许崇清教育哲学思想探微——以留日和大革命时期为中心》，《教育文化论坛》2019年第6期，第24—31页。

⑦ 刘娟：《许崇清与"收回教育权"运动》，《深圳社会科学》2020年第1期，第98—106页。

⑧ 民盟广东省委员会编：《风云翰墨——粤盟先贤及其书法研究》，群言出版社，2013年，第61—92页。

提出了其书法作品"全人格"的特点①。

许崇清被誉为"开拓辩证唯物主义教育理论的先驱",他的堂兄弟许卓(原名许崇耆)则比他更早走上拥护共产主义的红色道路。但是由于他早在1934年战斗中牺牲,所留下来可供学界研究的史料极少,目前仅有两篇介绍性的文史类文章。钟春林从介绍许卓出身的广州高第街许氏家族开始,展现了许卓的出生成长以及到日本、法国的求学过程,在此过程中他选择了共产主义,与兄长许崇智走上不一样的道路;此后对许卓参加广州起义、赴广西后带领红七军千里会师、在中央苏区"肃反"运动中保持忠诚、释放后协助周恩来工作并保持与邓小平的革命友情、最后在第五次反围剿战斗中牺牲等事件和历程均有阐述,多处有时间、地点、人物等关键线索②。较之前者,叶介甫更详细地介绍了许卓自北伐战争时参加叶挺独立团开始显露军事才能,此后参加广州起义,赴广西成立红七军保卫红色政权,在红七军中与邓小平并肩战斗,转战千里突破国民党围剿与中央红军会师,此后在周恩来、刘伯承的领导下多次作战,最后于1934年3月12日在战斗中牺牲的人生历程③。

五 对女性族人的研究

许氏族人中代有人才出,除了男性以外,女性也在家族发展和历史舞台中占有一席之地,如孕育了许庚飏并且大力推动子弟读书出仕的黄太夫人;又如夫亡后以一己之力抚养许崇灏、许济、许崇清、许崇年兄弟及三个女儿成人的朱太夫人,从中可见许家的女性之坚韧心性和勇于承担责任。

新时代女性的楷模许广平,她作为女学生代表带领了1925年的女师大学潮,她勇敢奔赴爱情与鲁迅先生走进婚姻的选择亦作为新女性的榜样影响了众多中国近代女性。

钱江涵以性别话语的角度,从一封署名为"一个女读者"的《现代评论》上的来信入手,指出该来信的作者抓住性别身份的特性,试图让"校

---

① 王祥:《从"全人格"看许崇清的书法艺术》,《文化遗产》2015年第2期,第129—134页。
② 钟春林:《"对革命有功的优秀干部"许卓》,《广东党史》1996年第2期,第15—19页。
③ 叶介甫:《许崇智堂侄许卓的革命生涯》,《党史纵览》2013年第11期,第38—44页。

长/学生"的矛盾冲突被"男/女"之间的性别冲突所掩盖，并观照鲁迅与许广平就此产生的书信讨论，分析他们对女性写作话语的态度与要求，同时亦提出石评梅的女性写作亦是"女学生"书写中的一种动人模式①。杭苏红着重分析了女师大学潮及许广平在其中的行动及心路历程，指出在这次学潮中，新女性这个代表了中国现代化的群体，并没有能够维护群体同质性，反而在社会现实的作用下走向分解，许广平亦从群体中的一员乃至领导者从被学校挂牌开除时始，孤独地坚守着自己的"血性"②。陈红旗从《许广平文集》中与妇女相关的文章出发，并附上"四书五经"中的相关文字，分析她对中国古代社会夫权的反对和对女性附庸地位的反抗，指出经历了多年妇女运动和抗战的许广平有了更成熟的见地，能够提出"要争取进步男性、开明家庭、社会组织乃至政府力量的大力支持"这样的更有"前卫性、前瞻性和超越性"的性别平等思想和主张③。葛涛、谷红梅则从广州鲁迅纪念馆馆藏档案史料出发，展现了许广平与广州鲁迅纪念馆的多次通信、到访及纪念品捐赠，指出她在广州鲁迅纪念馆建设过程中的贡献及她对广州与广州鲁迅纪念馆的深情和厚爱④。

结　语

以上是近年来学界对于许氏家族及其族人的研究与讨论，此外还有数量较多的不以许氏家族及其族人为主要讨论对象的研究，其中也有涉及许氏的讨论。例如梁凤莲关于广州士绅的整体来源研究中，对许祥光、许应骙、许秉琦等多位许氏族人有所讨论⑤；暂时还没有专文讨论的许济在曾庆

---

① 钱江涵：《女学生如何讲述"女学生"：论女师大风潮论争中的性别话语——以许广平为中心》，《鲁迅研究月刊》2018年第5期，第82—90页。

② 杭苏红：《无根之"群"：民国新女性的精神困境——以许广平及其经历的女师大学潮分化为例》，《社会学研究》2015年第6期，第193—214、245—246页。

③ 陈红旗：《论许广平的性别平等意识》，《汕头大学学报（人文社会科学版）》2020年第7期，第5—11、94页。

④ 葛涛、谷红梅：《"我早已知无不言，言无不尽"——许广平与广州鲁迅纪念馆》，《新文学史料》2020年第3期，第14—23页。

⑤ 梁凤莲：《近代广州士绅的来源与介入城市事务的特点》，《探求》2017年第4期，第22—27页。

榴等学者的东征研究中亦多有提及①；许崇智、许崇清亦是作为民国时期多件历史事件的参与者被研究者所提及②。

　　自清朝乾隆年间至今，广州高第街许氏家族已在广州落户繁衍了十数代人，经历了许多历史变迁。许地一片房屋亦从一族聚居之地变为需要维修保护的文物建筑群，拜庭许大夫家庙修缮工程已于2021年启动，老房子将在修旧如故的修缮中恢复当初的面貌。许氏家族的历史则有待学界进一步发掘和研究，广州大典研究中心计划于2022年春举办"广州许氏家族与中国社会近代化研讨会"，希图引发海内外各高校、科研院所的学人与文献整理者的关注与兴趣，让曾经的"广州第一家族"在字里行间重现其丰富的历史内涵、精彩的家族故事、广州模式的家训家风。

　　作者通信地址：广东省广州市珠江东路4号广州图书馆广州大典研究中心，邮编：510623。

责任编辑：蒋方

---

① 曾庆榴：《蒋介石与广东革命政府的两次东征》，《近代史研究》1988年第6期，第75—92页；李吉奎：《第一次东征结束后粤陈双方的暂短妥协》，《广州社会主义学院学报》2014年第2期，第67—74、87页；周云：《第一次东征中的淡水之役述论》，《红广角》2013年第2期，第35—37页。

② 王怀洲：《黄埔军校与粤军》，《改革与开放》2013年第2期，第119—120、122页；安东强：《国民政府教育行政委员会与北伐政局初探》，《中山大学学报（社会科学版）》2007年第2期，第39—45、125页；童亮：《文化的反动：陈济棠与广东读经运动》，《深圳社会科学》2018年第2期，第116—125、159页；欧治华：《近现代广东师范教育思想的历史回溯与现实观照》，《高教探索》2013年第2期，第89—94、128页。